유튜브 영상 편집을 위한

파이널 컷 프로 X

유튜브 영상 편집을 위한 파이널 컷 프로 X

ⓒ 2021. 정세영 All rights reserved.

1쇄 발행 2021년 10월 20일
4쇄 발행 2024년 1월 5일

지은이 Sera(정세영)
펴낸이 장성두
펴낸곳 주식회사 제이펍

출판신고 2009년 11월 10일 제406-2009-000087호
주소 경기도 파주시 회동길 159 3층 / **전화** 070-8201-9010 / **팩스** 02-6280-0405
홈페이지 www.jpub.kr / **원고투고** submit@jpub.kr / **독자문의** help@jpub.kr / **교재문의** textbook@jpub.kr

소통기획부 김정준, 송찬수, 박재인, 배인혜, 나준섭, 이상복, 송영화, 권유라
소통지원부 민지환, 이승환, 김정미, 서세원 / **디자인부** 이민숙, 최병찬

기획 및 교정·교열 송찬수 / **내지 및 표지 디자인** 책돼지
용지 타라유통 / **인쇄** 한길프린테크 / **제본** 일진제책사

ISBN 979-11-91600-40-7 (13000)
값 29,800원

제이펍은 여러분의 아이디어와 원고를 기다리고 있습니다. 책으로 펴내고자 하는 아이디어나 원고가 있는 분께서는
책의 간단한 개요와 차례, 구성과 저(역)자 약력 등을 메일(submit@jpub.kr)로 보내 주세요.

Final Cut
Pro X

구독 👍 🔔

Sera(정세영) 지음

유튜브 영상 편집을 위한

파이널 컷 프로 X

Jpub
제이펍

파이널 컷 프로 사용 언어 변경 방법

2022년 4월 업데이트로 드디어 파이널 컷 프로에서도 한글을 지원하게 되었습니다. 다만, 이 책은 영문 버전을 기준으로 설명합니다. 학습을 위해 파이널 컷 프로를 영문으로 사용하고 싶다면 다음과 같이 설정하세요.

01 맥에서 [시스템 환경설정]을 열고 [언어 및 지역]을 실행합니다.

02 [언어 및 지역] 시스템 환경설정 창에서 [앱] 탭을 클릭한 후 왼쪽 아래에 있는 [+] 버튼을 클릭합니다.

03 응용 프로그램과 언어 설정 창이 열리면 [응용 프로그램: Final Cut Pro], [언어: English]로 설정하고 [추가] 버튼을 클릭합니다. 파이널 컷 프로를 다시 실행하면 영문으로 사용할 수 있으며, 언제든 언어 설정을 제거하고 다시 한글로 사용할 수 있습니다.

드리는 말씀

- 이 책에 기재된 내용을 기반으로 한 운용 결과에 대해 저자, 소프트웨어 개발자 및 제공자, 제이펍 출판사는 일체의 책임을 지지 않으므로 양해 바랍니다.

- 이 책에 등장하는 회사명, 제품명은 일반적으로 각 회사의 등록 상표(또는 상표)이며, 본문 중에는 ™, ©, ® 마크 등을 생략하고 있습니다.

- **[보조 클릭]**은 macOS에서 사용하는 용어로, Windows에서 사용하는 **[마우스 우클릭]**과 같은 기능입니다.

- 이 책은 Final Cut Pro X을 기준으로 하며, 10.5.4 버전까지 반영하였으나, 업데이트로 인해 일부 아이콘 모양 등에서 차이가 있을 수 있습니다.

- 이 책의 예제 파일은 본 도서의 실습용으로 제공하며, 이외의 용도로 사용 시 발생하는 문제에 대해 저자 및 제이펍 출판사는 일체의 책임을 지지 않으므로 양해 바랍니다.

- 예제 파일은 https://bit.ly/fcpx_jpub 에서 챕터별 압축 파일로 다운로드할 수 있습니다.

- 출간 후 안내사항 및 정오표는 https://bit.ly/as_fcpx 에서 확인할 수 있습니다.

- 책 내용과 관련된 문의사항은 지은이 혹은 출판사로 연락해 주시기 바랍니다.

  지은이: seyoung423@gmail.com

  출판사: help@jpub.kr

 # 차례

 # 머리말

'어떻게 하면 편집을 잘할 수 있을까?' 사막에서 오아시스를 찾는 듯한 마음으로 수많은 편집 프로그램 책을 정독하고, 전시회와 세미나를 부지런히 쫓아다니던 영상 편집 초보자 시절을 떠올려 봅니다. 멋진 영상을 만들고 싶은 의욕은 가득했으나, 만드는 방법을 몰라 참으로 막막했던 시절이었습니다.

책으로만 정보를 접할 수 있었던 예전과는 달리 요즘은 유튜브 등 다양한 방법으로 영상 편집을 배울 수 있습니다. 하지만, **필요한 정보를 찾아서 보려고 해도 어느 정도 기본기가 갖춰진 상태라야 수월합니다.** 대체 어떤 것부터 봐야 할지 선택하는 것부터 어려울 테니까요.

이 책은 파이널 컷 프로라는 프로그램을 이용해 영상 편집을 막 시작하려는 여러분이 탄탄한 기본기를 갖추고, 좀 더 쉽게 영상을 편집하는 데 도움이 되길 바라는 마음으로 준비했습니다. 영상에 대한 기초 이론부터 다양한 이펙트 적용 방법, 자막 사용 방법, 색상 보정 방법 등 재미있는 영상 콘텐츠를 만들기 위한 다양한 노하우를 체계적으로 정리했습니다.

집필 중에 특히 신경 쓴 부분은 이펙트 사용법입니다. 실습뿐만 아니라 여러분의 실제 영상에 동일하게 적용했을 때도 멋진 영상이 완성될 수 있도록, 10년 이상을 광고/뮤직비디오 프로덕션과 MCN에서 일하면서 사용한 실용적인 노하우를 꾹꾹 눌러 담았습니다. 책만으로 어렵다면 제가 운영 중인 유튜브 채널 https://www.youtube.com/sera의인생방송 에 방문해 보세요. 독자 여러분의 의견을 반영하여 강의 영상을 보강하겠습니다.

차근차근 처음부터 끝까지 정독한 후 이 책을 덮는 순간에는 분명 완성도 높은 영상 한 편을 만들 수 있는 실력을 갖추게 되었을 것입니다. 부디 이 책이 영상 편집이라는 진입 장벽 앞에서 발을 동동 구르는 여러분의 막막함을 조금이나마 덜어 줄 수 있기를 진심으로 바랍니다.

이 책이 나오기까지 함께 고생해 주신 편집자 송찬수 님과 디자이너 책돼지 님, 제이펍 출판사 관계자분들과 사랑하는 가족, 친구들에게 이루 말할 수 없이 감사한 마음을 전합니다. 또한, 보이지 않는 곳에서 늘 응원해 주시는 유튜브 채널 구독자님들과 이 책을 선택해 주신 독자 여러분께 깊이 감사드립니다. Soli Deo Gloria!

Sera(정세영) 드림

이 책의 구성

이 책은 10년 이상 현업에서 영상을 편집하고 있는 저자의 경험과 노하우를 바탕으로 누구나 쉽게 파이널 컷 프로 영상 편집을 시작할 수 있도록 체계적으로 구성하였습니다.

Lesson: 차근차근 학습하는 것을 추천하며, 영상 편집 과정에 따라 8개의 CHAPTER로 나눈 후 다시 Lesson으로 구분하였습니다. 각 Lesson에서 10년 경력의 영상 편집 노하우를 배워 보세요.

친절한 화면과 지시선: 지금 당장 파이널 컷 프로를 실행하지 않아도 학습할 수 있도록 다양한 화면과 친절한 지시선 표기로 학습 이해도를 높였습니다.

한 걸음 더, 깨알 Tip: 실습을 진행하거나 기능을 설명할 때 함께 알아 놓으면 좋은 다양한 정보를 정리했습니다.

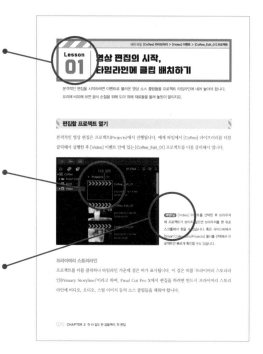

Sera의 Tip & Tech: 영상 편집에 필요한 부수적인 기능 혹은 실력을 중급까지 끌어올릴 수 있는 다양한 노하우가 담겨 있습니다.

예제 파일 다운로드

이 책을 학습할 때 필요한 예제 파일은 다음 링크에서 챕터별 압축 파일로 다운로드할 수 있습니다.

`https://bit.ly/fcpx_jpub`

상위 버전에서 만든 라이브러리는 하위 버전의 Final Cut Pro에서 열 수 없으며, 하위 버전에서 만든 라이브러리를 열면 팝업 창이 열리고, [Update] 버튼을 클릭하면 열립니다.

CHAPTER 1

- - - - - - -

누구나 할 수 있는
영상 편집

영상 편집 한 번 해볼까? 마음은 먹었지만, 영상 편집의 장벽은 너무 높아 보입니다. 급한 마음에 영상 편집 프로그램부터 실행하는 것은 금물입니다. 기본기가 탄탄해야 더 멋진 영상을 완성할 수 있으니, 조금 지루하더라도 기초부터 살펴보세요.

영상 제작은 어떠한 과정으로 진행되는지, 프레임과 픽셀, 주사 방식이란 무엇인지 등 영상 촬영과 편집에 필요한 핵심 이론만 쏙쏙 뽑아서 정리했습니다. 그런 다음 Final Cut Pro X을 설치하고 기본 인터페이스와 대략적인 기능까지 파악하면서 워밍업을 마칩니다.

Lesson 01 | 영상 제작 과정을 알아보자

영상 제작은 요리 과정과 유사합니다. 어떤 요리를 할지 정해지면 재료 준비 및 손질 과정을 거쳐 조리를 시작합니다. 끝으로 데코레이션을 더하면 요리가 완성됩니다. 영상도 마찬가지입니다. 영상 종류에 따라 미디어 파일을 준비한 후 기본 편집부터 시작합니다. 그런 다음 그래픽, 음향 작업으로 영상에 풍성함을 더하여 완성합니다.

영상 기획

영상을 만들 때 가장 먼저 할 일은 어떤 영상을 만들지 기획(Pre Production)하는 단계입니다. 이 단계를 철저히 준비해야 이후 단계에서 시간 소모를 줄일 수 있습니다. 어떻게 기획해야 할지 모르겠다면 육하원칙에 의거해서 간략하게 적어 보세요. 그렇게 만든 뼈대에 살을 붙여 점점 구체화시키면 됩니다. 스토리보드를 이용하여 콘티를 작성하면 더 좋습니다.

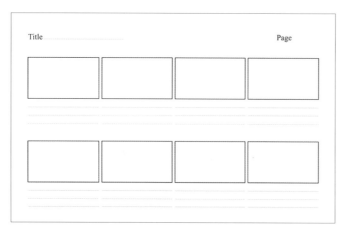

깨알Tip 장면을 그림으로 정리한 판을 스토리보드라고 부르며, 콘티는 스토리보드에 카메라 앵글, 워킹, 대사 등 구체적인 상황을 적은 것입니다.

▲ 나만의 콘티를 계획할 수 있는 스토리보드

촬영, 2D/3D 미디어 파일 준비

목적과 예산에 맞는 촬영, 음향, 조명 장비를 갖췄다면 촬영(Production)을 시작합니다. 직접 촬영을 하는 것이 아니라면 영상에 사용할 2D/3D 멀티미디어(비디오, 오디오, 스틸 이미지) 데이터 파일을 준비해 주세요.

후반 작업

후반 작업(Post Production)부터 흔히 이야기하는 영상 편집 과정이라고 할 수 있습니다. 세부적으로 다음과 같은 과정을 거칩니다.

01 **편집하기** 촬영하거나 미리 준비한 멀티미디어 데이터를 편집 프로그램으로 가져와 자르고 붙여서 매끄럽게 배열합니다. 미디어 파일 가져오기는 060쪽, 타임라인 배치는 072쪽에서 설명합니다.

02 **그래픽 및 자막 작업하기** 편집하기 단계가 끝나면 필요한 부분에 2D/3D 그래픽 합성 작업을 진행하거나 자막을 넣습니다. 2D/3D 작업이 많아질수록 렌더링하는 데 많은 시간이 소요됩니다. 영상 효과 적용은 131쪽, 자막 작업은 227쪽에서 설명합니다.

깨알Tip 효과를 적용한 비디오나 오디오 클립을 용도에 맞춰 최종 결과물로 만드는 작업을 렌더링이라 합니다.

03 **색 보정하기** 2D/3D 그래픽 작업까지 완료되면 색을 보정합니다. 영상의 색감에 따라 전체적인 분위기가 결정되고, 스토리에 설득력을 더해 시청자로 하여금 몰입하게 하므로 빼놓을 수 없는 중요한 과정입니다. 색 보정 작업은 301쪽에서 설명합니다.

04 **음향 작업하기** 내레이션, 효과음, 배경음악을 추가해서 영상을 풍성하게 만듭니다. 오디오 작업은 267쪽에서 설명합니다.

05 **파일 내보내기** 최종으로 완성한 영상을 적절한 포맷으로 압축해서 한 편의 완벽한 동영상으로 저장합니다. 파일 내보내기는 339쪽에서 설명합니다.

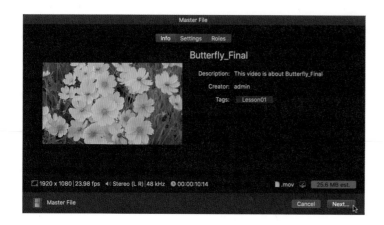

Lesson 02 | 프레임이란 무엇일까?

1분은 60초이며, 시간을 세는 가장 하위 단위가 초라는 사실은 누구나 알고 있습니다. 하지만 영상 편집 작업에서는 1초를 프레임(Frame)이라는 단위로 더 세밀하게 나눌 수 있습니다. 그렇다면 1초는 몇 프레임일까요? 영상 편집을 시작하려면 영상의 기본 단위인 프레임에 대한 정확한 이해가 필요합니다.

프레임(Frame)은 영상의 기본 단위로, 한 장의 이미지를 의미합니다. 어린 시절 교과서 모서리에 그림을 그린 후 빠르게 넘겨서 애니메이션을 만든 기억이 있을 겁니다. 여러 장을 이용해 그림을 표현할수록 움직임은 더 부드럽고 자연스럽게 보입니다. 이것이 프레임 레이트(Frame Rate)의 기본 원리입니다. 프레임 레이트란 1초당 보여지는 프레임의 개수, 즉 프레임의 재생 속도를 의미하며, 단위는 fps(Frame Per Second)를 사용합니다. 일반적으로 초당 15프레임 이상이면 인간의 눈은 착시현상을 일으켜 끊김 없이 재생되는 동영상이라고 인식하며, 초당 이미지의 개수가 많아질수록 훨씬 더 부드러운 움직임을 표현할 수 있습니다.

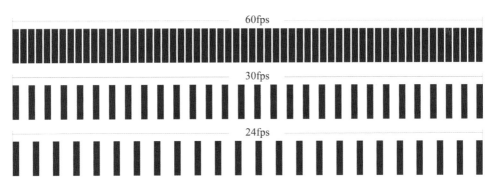

▲ 프레임 레이트가 높을수록 영상의 움직임이 부드럽습니다.

영상의 종류에 따라 주로 사용하는 프레임 레이트가 정해져 있습니다. 영화는 1초에 24프레임, 한국/미국 방송은 1초에 30프레임, 중국/유럽 방송은 1초에 25프레임을 사용합니다. 스포츠 관련 영상이라면 더욱 더 섬세한 움직임을 표현하기 위해 초당 60프레임 이상으로 촬영하기도 하며, 물방울이 떨어지거나 가루가 날리는 것처럼 찰나를 매우 느리게 보여 주는 영상은 초고속 카메라를 사용하여 초당 10,000장 이상으로 촬영하기도 합니다. 이렇게 프레임 레이트를 높여서 촬영하는 것을 고속 촬영이라고 부릅니다.

▲ 고속 촬영을 하면 찰나의 순간도 포착할 수 있습니다.

깨알Tip 영상에서 슬로우 효과를 표현하고 싶다면 처음부터 60fps 이상으로 고속 촬영한 후 Final Cut Pro X에서 [Automatic Speed] 옵션을 사용하는 것이 좋습니다. 그러나 슬로우 효과를 넣을 계획이 없다면 고속 촬영을 권장하지 않습니다. 고속 촬영 시 똑같은 1초를 찍어도 담고 있는 프레임 수가 많기 때문에 데이터 용량을 많이 차지하기 때문입니다. [Automatic Speed]의 자세한 사용법은 110쪽을 참고하세요.

깨알Tip 영화는 24fps로 촬영하므로 움직임이 빠른 장면에서 약간의 끊김이 느껴질 수 있습니다. 이를 필름룩이라 하는데, 우리 눈에 더 자연스러운 30fps 비디오에 비해 다소 비현실적인 느낌을 주는 필름룩을 선호하는 이들도 많습니다. 카메라 촬영 옵션에서 23.98P 혹은 24P를 선택하면 필름룩 느낌으로 촬영할 수 있습니다.

Lesson 03 | 픽셀과 해상도는 높을수록 좋을까?

유튜브와 같은 영상 플랫폼에서 화질이 좋지 않을 때 [1080p]나 [720p]로 옵션 값을 변경합니다. 이 숫자가 무엇을 뜻하는지는 정확하게 모르지만 대충은 해상도라고 알고 있으며, 값이 클수록 영상이 선명해진다는 사실을 체감으로 알 수 있을 겁니다. 이번 기회에 그동안 정확히 알지 못했던 픽셀과 해상도에 대해 정확하게 알아보겠습니다.

가장 작은 사각형, 픽셀

픽셀(Pixel)은 화면 혹은 이미지를 구성하는 가장 작은 사각형이며, 화소와 같은 의미입니다. 아래 사진을 볼까요? 포토샵과 같은 이미지 프로그램에서 한 부분을 최대한으로 확대해 보면 마치 모자이크 처리한 것처럼 여러 개의 사각형들이 보입니다. 이 사각형 하나가 바로 픽셀입니다.

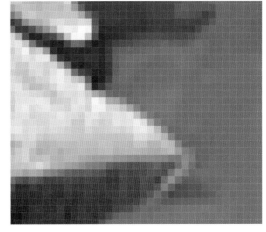

▲ 사진 이미지를 최대한 확대하면 픽셀을 확인할 수 있습니다.

각 픽셀은 색상과 밝기 정보를 담고 있으며, 여러 개가 모여 하나의 라인(Line)을 만들고, 여러 라인이 모여 하나의 프레임을 이룹니다.

영상의 선명한 정도를 표현하는 해상도

픽셀이 프레임을 구성하는 요소라면, 화면 안에 픽셀(화소) 수가 많을수록 이미지는 더욱 선명하게 보이겠죠? 즉, 고해상도 이미지일수록 선명하게 보이는 것입니다. 정리하면 해상도(Resolution)란 화면의 선명한 정도를 표현하는 다른 말이며, '가로 픽셀(개수) × 세로 픽셀(개수)' 공식으로 계산할 수 있습니다.

만약 가로와 세로의 픽셀 수가 5개씩인 사진이 있다면 해상도는 25 화소이며, 형태를 거의 알아볼 수 없는 저해상도 이미지라고 할 수 있습니다. 반면, 가로와 세로가 각각 300개의 픽셀로 구성된 9만 화소 이미지라면 픽셀의 밀도가 촘촘하여 어떤 이미지인지 또렷하게 보입니다. 이처럼 해상도가 높을수록 이미지(화면)는 풍부한 색과 밝기, 선명함을 표현할 수 있습니다.

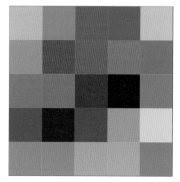 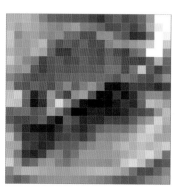 

▲ 5 × 5, 25 화소   ▲ 20 × 20, 400 화소   ▲ 300 × 300, 90000 화소

영상의 표준 해상도

화질이 좋은 영상을 만들기 위해 무조건 픽셀 수를 높여서 고해상도로 작업하면 될까요? 문서나 이미지를 출력할 때 A4, A3 등 종이 규격을 맞추는 것처럼 해상도도 국제적으로 정해진 규격이 있습니다. 그러므로 특수한 디스플레이에서 상영하는 것을 제외하고는 가급적 표준 규격에 맞춰서 작업해야 합니다. 가장 많이 쓰는 규격은 FHD(FullHD) 해상도로 1920 × 1080이며, 영상을 편집하기로 마음 먹은 이상 FHD 해상도의 가로/세로 픽셀 수는 반드시 외우기 바랍니다.

구분	해상도(픽셀 종횡비)	픽셀 수	화면 종횡비
SD(Standard Definition)	720×480(0.91)	345,600	4:3
HD(High Definition)	1280×720(1.0)	921,600	16:9
FHD(FullHD)	1920×1080(1.0)	2,073,600	16:9
UHD(UltraHD)	3840×2160(1.0)	8,294,400	16:9
4K(Digital Cinema Initiatives)	4096×2160(1.0)	8,847,360	17:9
8K UHD	7680×4320 (1.0)	33,177,600	16:9

옛날 아날로그 TV는 화면의 가로:세로 비율(화면 종횡비)이 4:3인 SD(Standard Definition, 표준 화질) 형식이었습니다. 그러다 디지털 방송이 도입되며 16:9 비율인 HD(High Definition, 고화질) 포맷을 사용하게 됩니다. 훌쩍 늘어난 픽셀 수만 봐도 그 차이를 알 수 있듯이 화질과 음질이 SD 형식에 비해 눈에 띄게 향상되었습니다. 최근 카메라나 TV 제조사에서 강조하는 4K, 8K 등 UHD(Ultra High Definition, 초고화질)의 선명함이란 두말할 필요도 없겠죠? 아래의 해상도 비교 이미지를 통해 그 차이를 느껴 보세요.

▲ SD, HD, FHD, UHD, 4K, 8K UHD 해상도 비교

유튜브 화질 설정 옵션에서 1080p, 720p의 의미

유튜브 화질 설정 옵션에서 p는 Progressive Scan의 약자이며, p 앞에 붙은 숫자는 비디오 프레임의 세로 픽셀 수입니다. 세로 픽셀 수를 알고 있다면 화면의 가로와 세로 비율인 종횡비를 활용하여 가로 픽셀 수도 계산할 수 있겠죠? 예를 들어 16:9 비율인 1080p 영상의 가로 픽셀 수는 1,920이며, 720p 의 가로 픽셀 수는 1,280입니다. Progressive Scan은 025쪽에서 자세히 다룹니다.

▲ 유튜브 화질 설정 옵션에 따른 선명도 비교 144p(좌), 1080p(우)

4K FHD 해상도와 유튜브 영상

요즘 유튜브 영상에서도 4K로 촬영하고 편집하는 사례가 점차 늘고 있습니다. 여기서 K는 Kilo의 약 자로, 1,000의 단위입니다. 즉, 4K란 가로 픽셀 개수가 4,000에 가까운 화면을 말하는 것이지요. 엄밀히 말하면 4K는 4096×2160을 의미하지만, 이는 점차 디지털 영화 포맷으로 사용되고, 우리가 일반적으로 부르는 4K는 3840×2160입니다. 즉, FullHD 해상도의 4배인 UHD(UltraHD)를 말합니다. 픽셀 수가 많아 고화질이면서 넓은 범위의 색상을 표현할 수 있지만, 담고 있는 정보가 워낙 많으니 그만큼 많은 용량을 차지합니다. 따라서 4K 영상을 제작하려면 비용이 대폭 증가합니다.

우선 4K 촬영을 지원하는 카메라가 필요하고, 데이터 처리 속도가 빠른 메모리 카드가 필요합니다. 편집을 위해 고사양의 컴퓨터도 필요합니다. 컴퓨터 사양이 낮다면 대용량의 4K 영상을 컴퓨터가 감당하지 못해 실시간으로 재생하는 도중 자주 멈추거나 동영상 파일로 출력하는 데 오랜 시간이 소요될 것입니다. 또한 어마어마한 데이터량을 원활히 주고받을 빠른 속도의 대용량 하드디스크도 필요합니다. 그러므로 표면의 질감을 선명하게 보여 줘야 하는 음식, 풍경, 제품 리뷰처럼 고화질이 필요한 콘텐츠라면 4K로 촬영한 후 4K 혹은 FHD로 후반 작업하는 것이 좋지만, 그렇지 않다면 FHD로 촬영하고 편집해도 충분합니다.

Lesson 04 | 영상은 어떻게 모니터에 표시될까?

무엇인가를 그림으로 표현하려면 캔버스에 물감을 칠해야 하고, 사진으로 보여 주려면 인화지에 출력해야 합니다. 그렇다면 영상을 보여 주려면 어떻게 해야 할까요? 여기서는 영상이 표시되는 두 가지 비디오 주사 방식(스캔 방식)을 배워 봅니다. 카메라 설정에서도 필요한 지식이니 꼼꼼하게 잘 살펴보세요.

영상 정보를 TV나 모니터에 출력하는 기술을 주사(Scan)라고 합니다. 주사는 라인 단위로 이뤄져 있으며, 책을 읽는 방향처럼 왼쪽에서 오른쪽으로 진행되는 것이 수평 주사, 위에서 아래로 진행되는 것이 수직 주사입니다. 수평 주사가 수직 주사보다 먼저 일어나며, TV나 모니터로 주사하는 방식은 크게 순차 주사와 비월 주사로 나뉩니다. 순차 주사? 비월 주사? 용어가 너무 딱딱하고 어렵지요? 어려우면 어려운 대로 넘어가도 좋습니다. 사진을 함께 보면 분명 '아! 언젠가 비슷한 화면을 본 적이 있어요!'라고 생각하게 될 것입니다.

왼쪽 위부터 오른쪽 아래까지, 순차 주사

화면의 왼쪽 위부터 오른쪽 아래까지 한 줄씩 차례대로 주사하는 것을 순차 주사(Progressive Scan)라고 합니다.

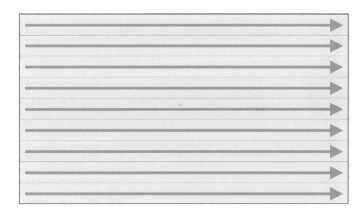

한 번에 한 프레임을 통째로 보여 주기 때문에 선명하고 떨림이 없지만, 데이터 용량이 크다는 단점이 있습니다. 영화나 대부분의 디지털 모니터, UHD 이상의 고해상도 TV는 순차 주사 방식을 사용합니다. 카메라 설정 옵션이나 유튜브 화질 옵션에서 숫자 뒤에 붙은 p가 바로 Progressive Scan의 P를 표현한 것이며, 순차 주사 방식으로 영상이 표시된다는 의미입니다.

두 필드를 빠르게 교차하는 비월 주사

화질이 우수한 순차 주사 방식은 데이터 전송량이 많기 때문에 주사 속도가 느린 초창기 아날로그 TV 송수신에 적합하지 않았습니다. 이런 순차 주사의 단점을 보완한 것이 비월 주사(Interlaced Scan)입니다.

비월 주사를 다른 말로 격행 주사라고도 합니다. 비월은 몸을 날려 뛰어넘는다는 의미고, 격행은 한 줄 건너뛴다는 뜻이지요. 단어에서도 알 수 있듯이 화면의 라인을 하나씩 건너뛰어 홀수 라인(Odd Line)을 먼저 주사한 후 짝수 라인(Even Line)을 주사합니다. 한 줄씩 건너뛰어 주사한 반쪽짜리 화면을 필드(Field)라고 부르는데 홀수와 짝수 두 필드를 빠르게 교차하여 주사하면 인간의 눈은 착시 현상을 일으켜서 두 필드가 겹쳐 보이고, 마치 하나의 완벽한 프레임인 것처럼 인식합니다.

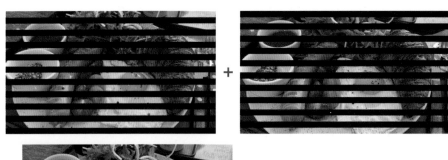

▲ 홀수 필드와 짝수 필드가 빠르게 교차하여 한 프레임으로 인식됩니다.

이처럼 홀수 필드와 짝수 필드로 나눠서 한 번에 프레임 정보의 절반만 송출하니 데이터 용량도 효율적으로 줄고, 1초에 60번 수직 주사(60/2=30fps)해서 움직임도 훨씬 부드러워집니다. 그렇다면 이렇게 장점이 많은 비월 주사 방식을 왜 모든 영상에서 활용하지 않고, 방송에서만 주로 사용하는 걸까요? 혹시 컴퓨터로 동영상을 재생하다가 다음 이미지처럼 가로 줄무늬 잔상이 남는 화면을 본 적이 있나요? 이것은 필드의 시간 차로 생기는 라인 트위터(Line Twitter) 현상입니다.

▲ 비월 주사 방식은 라인 트위터 현상이 발생할 수 있으며, 이는 합성 시 장애 요소가 됩니다.

영상이 지저분해 보이는 문제도 있지만, 가장 큰 문제는 합성이 어렵다는 점입니다. 자동차 문 옆에 자막이나 이미지를 합성한다고 가정하면 라인 트위터 현상이 있는 비월 주사 방식에서는 깔끔한 작업이 힘들겠죠? 이러한 이유로 영화, 광고, 뮤직비디오와 같이 그래픽 작업이 많은 영상에서는 대부분 순차 주사 방식으로 촬영합니다.

(깨알Tip) 카메라 촬영 설정 옵션에서 숫자 뒤에 붙은 i는 비월 주사(Interlaced Scan)를 의미합니다.

Lesson 05 | 아는 것이 힘, 카메라 샷, 앵글, 황금 비율

같은 피사체를 담아도 화면 크기와 카메라 앵글에 따라 전혀 다른 분위기를 냅니다. 어차피 만들 영상이라면 의도에 맞게 잘 찍고 조화롭게 구성하여 사람들의 주목을 끄는 것이 좋겠죠? 촬영, 편집에 모두 유용한 카메라 샷, 앵글, 황금 비율에 대해 알아보겠습니다.

촬영의 최소 단위, 샷

샷(Shot)은 촬영의 최소 단위입니다. 카메라에서 녹화 버튼을 눌러 켤 때부터 끌 때까지를 말하며, 카메라와 피사체(주로 인물)의 거리에 따라 구분합니다. 촬영 전 영상의 목적에 따라 어떤 샷이 잘 어울릴지 고민하고 녹화 버튼을 누르는 것이 좋습니다.

구분	설명
익스트림 롱샷(ELS)	드론 촬영처럼 아주 멀리서 찍은 샷, 광활하고 시원한 느낌, 도입부, 객관적 상황 설명
롱샷(LS)	멀리서 찍은 샷, 전체적이고 시원한 느낌, 도입부, 객관적 상황 설명
풀샷(FS)	피사체 전체가 담긴 샷
니샷(KS)	인물의 무릎부터 머리끝까지 찍은 샷
미들샷(MS)	인물의 허벅지부터 머리끝까지 찍은 샷
웨이스트샷(WS)	인물의 허리부터 머리끝까지 찍은 샷
바스트샷(BS)	인물의 가슴부터 머리끝까지 찍은 샷, 인물 촬영의 기본
클로즈업(CU)	인물의 얼굴 혹은 피사체를 가까이 찍은 샷, 감정 표현
익스트림 클로즈업(ECU)	극단적으로 가까이 찍은 샷, 집중, 강조, 몰입감, 주관적 감정을 표현

카메라와 피사체의 각도, 앵글

카메라와 피사체와의 각도를 앵글(Angle)이라고 합니다. 샷과 마찬가지로 전체적인 분위기나 느낌을 결정하는 요소이므로 촬영 전 앵글에 대한 고민도 필요합니다.

구분	설명
하이 앵글(High Angle)	위에서 아래로 피사체를 내려 보는 앵글, 상황 설명, 귀엽고 연약한 느낌, 음식 조리, 제품 사용법 영상을 촬영할 때 효과적
아이 레벨(Eye Level)	수평 앵글, 피사체의 눈높이에 설치, 편안하고 안정감 있는 화면
로우 앵글(Low Angle)	낮은 위치에서 피사체를 올려 보는 앵글, 웅장함, 위압감, 우위에 있는 느낌을 표현
더치 앵글(Dutch Angle)	사각 앵글, 카메라를 비스듬히 기울여 찍는 앵글, 불안정한 느낌을 표현
포인트 오브 뷰(P.O.V)	촬영자가 바라보는 시점에서 촬영, 1인칭 시점
오버 더 숄더(O.S)	피사체를 다른 사람의 어깨 너머에서 촬영

삼등분의 법칙, 황금 비율

프레임의 상하좌우를 가상의 선으로 삼등분한 후 피사체를 가상선 혹은 가상선이 만나는 네 개의 꼭짓점에 위치시키는 것을 말합니다. 카메라의 기본 기능 중 하나인 격자 설정을 이용하면 편리하게 황금 비율로 촬영할 수 있습니다.

Final Cut Pro X
설치하기

영상 기초 지식을 배우니 영상에 대한 막연한 두려움이 조금은 사라진 기분이 드나요? 드디어 기다리던 파이널 컷 프로 영상 편집 프로그램과의 첫 대면의 시간이 다가왔습니다. 이미 Final Cut Pro X이 설치되어 있다면 이번 레슨은 넘어가도 좋습니다. 그렇지 않다면 Final Cut Pro X을 설치하기 위한 컴퓨터 최소 사양과 다운로드 방법을 알아보세요.

설치 최소 사양 확인하기

Final Cut Pro X은 맥에서만 사용할 수 있는 영상 편집 프로그램입니다. 그렇다고 모든 맥에서 사용할 수 있는 것은 아니겠죠? 맥 상단에 있는 메뉴 막대에서 가장 왼쪽에 있는 [애플] 아이콘을 눌러서 [이 Mac에 관하여] 메뉴를 선택합니다. 현재 사용 중인 맥의 사양을 확인할 수 있습니다.

여러분의 맥 사양을 확인했으니 이제 다음과 같은 Final Cut Pro X을 설치하기 위한 최소 사양과 비교해 보세요.

- macOS 10.15.6 이상

- 4GB 이상의 메모리 (4K 편집, 3D 타이틀, 360° 비디오 편집 시 8GB 이상 추천)

- 메탈 지원 그래픽 카드

- 3.8GB 이상의 디스크 여유 공간

앞서 언급했듯 설명한 사양은 최소한으로 갖춰야 할 설치 사양을 말하는 것입니다. 원활한 편집을 위해서는 최소 사양보다 높은 넉넉한 메모리와 하드 디스크 용량을 갖추는 것이 좋습니다.

Final Cut Pro X 체험판 다운로드 및 설치

여러분의 맥 사양이 최소 설치 사양을 충족한다는 가정 하에 이제 Final Cut Pro X을 설치하겠습니다. 설치 파일은 애플 공식 홈페이지에서 다운로드할 수 있습니다.

01 **설치 파일 다운로드** 인터넷 주소 창에 https://www.apple.com/kr/final-cut-pro/trial/ 을 입력하여 접속한 후 [Download now]를 클릭합니다.

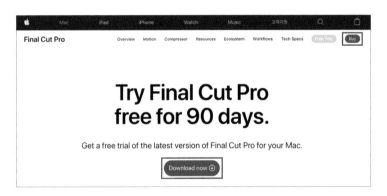

깨알Tip 유료로 비용을 지불하고 사용하려면 오른쪽 위에 있는 [Buy] 버튼을 클릭한 후 [App Store]에서 결제를 진행합니다. 우선은 90일의 무료 사용 기간에 충분히 사용해 본 후 필요하다고 생각되면 그때 유료로 결제하는 것을 추천합니다. 369,000원이라는 다소 높은 가격이 부담스럽지만 한 번 구매하면 이후 모든 업데이트를 무료로 제공받으며, 영구적으로 사용할 수 있다는 장점이 있습니다.

02 **설치 파일 실행** 다운로드가 끝나면 [Finder]를 실행한 후 [다운로드] 폴더에서 [FinalCutProTrial. dmg] 파일을 확인할 수 있습니다. DMG 파일을 더블 클릭해서 실행합니다.

03 **설치 시작** 패키지 파일이 포함된 새 창이 열리면 [FinalCutProTrial.pkg] 파일을 더블 클릭하여 설치를 시작합니다.

04 Final Cut Pro X Trial 설치 창이 열리면 오른쪽 아래에 있는 [계속] 버튼을 클릭하면서 이후 진행 과정에 따라 설치를 완료합니다.

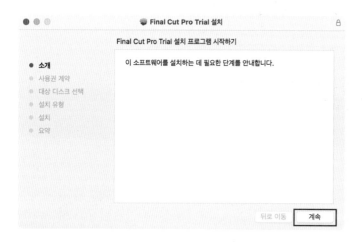

깨알Tip 교육용 프로 앱 번들

대학생, 교사, 교육 기관 사용자라면 좀 더 저렴한 가격으로 교육용 프로 앱 번들을 구매할 수 있습니다.

Final Cut Pro, Motion, Compressor, Logic Pro, MainStage 프로그램이 패키지로 묶인 상품으로 Final Cut Pro X 단품만 구매하는 비용(369,000원)보다 훨씬 저렴한 가격(249,000원)에 5개의 프로그램을 이용할 수 있습니다.

https://bit.ly/edufinalcutpro에 접속하여 구매할 수 있으며, 결제 후 3일 내에 애플 아이디로 사용 중인 이메일로 코드가 전송됩니다. [App Store]에서 프로그램을 다운로드할 때 코드 교환란에 이메일로 받은 코드를 입력하면 됩니다.

▲ 교육용 프로 앱 번들

Lesson 07

Final Cut Pro X 시작하기

드디어 Final Cut Pro X과 첫 만남이 시작됩니다. 설치가 끝났으면 바로 실행해 보세요. 온통 검은색으로 보이는 첫 인상이 그리 익숙하지는 않아 당황할 수 있습니다. 이제 하나씩 각 영역의 명칭은 무엇인지 어떤 기능을 하는지 대략적인 기능을 알아봅니다.

Final Cut Pro X 기본 화면 구성 살펴보기

Final Cut Pro X은 크게 사이드바(Sidebar), 브라우저(Browser), 뷰어(Viewer), 인스펙터(Inspector), 타임라인(Magnetic Timeline) 패널로 구성되어 있습니다.

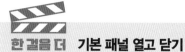

한걸음더 기본 패널 열고 닫기

인스펙터 패널 위에는 왼쪽부터 순서대로 브라우저(사이드바+브라우저), 타임라인, 인스펙터 패널을 켜거나 끄는 버튼이 있습니다. 다음 3개의 버튼을 각각 클릭해 보면서 전체 인터페이스가 어떻게 변화하는지 확인해 보세요. 영상 편집 작업을 하면서 뷰어를 넓게 쓰고 싶을 때는 인스펙터 패널을 잠시 가리면 좋겠죠?

▲ 패널 표시 및 숨기기 버튼

사이드바

사이드바는 다음과 같이 라이브러리(Libraries), 포토&오디오(Photos&Audio), 타이틀&제너레이터 (Titles&Generators) 총 3가지 영역으로 나뉘며, 사이드바 위에 있는 탭 아이콘을 클릭해서 변경할 수 있습니다.

- **라이브러리(Libraries):** 라이브러리, 이벤트를 관리합니다.

- **포토&오디오(Photos&Audio):** 맥에 저장된 사진(Photos), 음원(GarageBand, iTunes), 효과음 (Sound Effects)을 확인하고 사용할 수 있습니다.

- **타이틀&제너레이터(Titles&Generators):** Final Cut Pro X에서 제공하는 자막(Titles), 클립 생성기 (Generators)를 활용합니다.

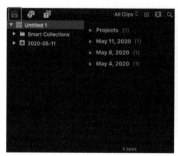

▲ 라이브러리

▲ 포토 & 오디오

▲ 타이틀 & 제너레이터

브라우저

사이드바에서 선택한 항목의 하위 항목이나 포함된 내용을 확인할 수 있습니다. 프로젝트, 소스 클립 등을 훑어본 후 선택하고 정리할 수 있습니다.

뷰어

브라우저에서 선택한 프로젝트나 소스 클립, 타임라인에서 진행 중인 편집 결과를 실시간으로 재생하는 곳입니다. 간단하게 화면에 효과를 줄 수 있는 메뉴와 전체화면으로 전환하는 버튼도 아래쪽에 배치되어 있습니다.

전체화면 전환

◀ 최근 업데이트로 아이콘 모양이 일부 변경되었습니다.

인스펙터

라이브러리, 프로젝트, 클립, 효과 등 선택한 항목에 따라 속성을 확인하고 변경할 수 있는 곳입니다. 인스펙터 패널 왼쪽 위에 탭 아이콘을 클릭하면 세부 정보들이 나타납니다. 자세한 사용 방법은 추후 실습을 통해 확인하세요.

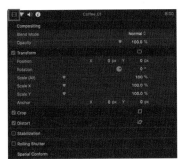
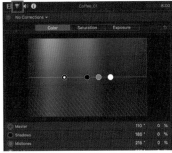
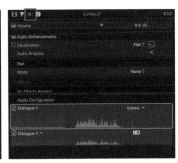

타임라인

프로젝트 편집이 실제로 이루어지는 공간입니다. 클립들을 트랙에 배치한 후 자르고, 붙이며 효과를 덧입히는 영역으로, 영상 편집 중에 가장 빈번하게 활용하는 패널이라고 할 수 있습니다.

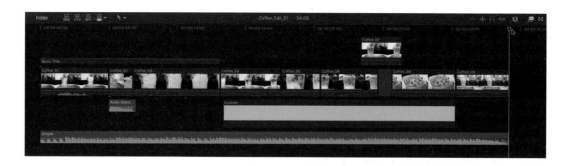

🎬 한 걸음 더   타임라인 패널의 트랙 알고가기

타임라인 패널에서 트랙은 클립이 배치되는 라인을 말합니다. 샌드위치나 버거를 만들 때 재료를 겹겹이 쌓아 올리듯 클립을 트랙에 겹겹이 쌓아 배치합니다. 포토샵과 같은 이미지 편집 프로그램을 사용해 봤다면 레이어 개념과도 비슷합니다.

샌드위치나 버거를 위에서 내려다보면 어떤가요? 맨 위에 있는 빵만 보이고 안에 있는 내용은 보이지 않죠? 타임라인 트랙에 배치한 영상도 마찬가지입니다. 맨 위에 있는 트랙에 배치된 비디오만 보입니다. 단, 자막 파일은 텍스트를 제외한 나머지 부분이 투명하기 때문에 비디오 위에 겹쳐서 배치해도 텍스트를 제외한 나머지 부분이 함께 보입니다. 또한 오디오는 여러 트랙을 겹쳐서 배치해도 모두 재생됩니다.

프리미어 프로를 포함한 여러 영상 편집 프로그램은 비디오 트랙(V1, V2, V3)과 오디오 트랙(A1, A2, A3)이 서로 분리되어 있습니다. 그러나 Final Cut Pro X에서는 고정적인 트랙이 없습니다. 말하자면 몸통이라고 할 수 있는 프라이머리 스토리라인에 메인 클립을 배치한 후 위아래로 자유로이 다른 클립을 배치할 수 있습니다. 단, 오디오 클립은 프라이머리 스토리라인 아래로만 배치할 수 있습니다.

이펙트&트랜지션 브라우저

이펙트와 트랜지션 브라우저는 기본 상태에서는 보이지 않습니다. 타임라인 패널의 오른쪽 위에 있는 아이콘을 클릭해서 표시하거나 다시 가릴 수 있습니다. 일반적으로 타임라인 패널을 넓게 사용하여 작업하는 것이 효율적이므로, 평소에는 이펙트&트랜지션 브라우저를 닫고, 필요할 때만 열어서 사용하는 것이 좋습니다.

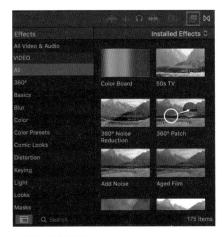

▲ 이펙트 브라우저　　　　　　　　▲ 트랜지션 브라우저

이펙트 브라우저(Effects Browser): 타임라인 패널 오른쪽 위에 있는 아이콘 중 2개의 사각형이 겹쳐진 형태의 [Effects Browser] 아이콘을 클릭하면 이펙트 브라우저가 열립니다(단축키 command + 5). 타임라인 패널에 배치한 클립에 적용할 수 있는 비디오, 오디오 효과를 미리 볼 수 있으며, 효과를 더블 클릭하거나 클립으로 클릭&드래그해서 적용할 수 있습니다.

트랜지션 브라우저(Transitions Browser): [Effects Browser] 아이콘 오른쪽에 있는 나비 모양의 [Transitions Browser] 아이콘을 클릭하면 트랜지션 브라우저가 열립니다(단축키 control + command + 5). 트랜지션 브라우저에서는 클립과 클립 사이에서 화면이 전환되는 장면 전환 효과들을 확인할 수 있으며, 더블 클릭하거나 타임라인의 클립으로 드래그하여 적용합니다.

상단 메뉴 바

맥 화면에는 항상 화면 위에 메뉴 바가 있고, 실행한 프로그램에 따라 메뉴 바의 항목이 바뀝니다. Final Cut Pro X의 경우 설정은 [Final Cut Pro(Trial)], 파일 관리는 [File], 편집 관련해서는 [Edit]와 [Trim], 표시 및 범위 지정은 [Mark], 클립 관련 및 수정과 렌더는 [Clip]과 [Modify], 보기 방식은 [View], 패널 및 보이스 레코딩은 [Window] 메뉴에서 확인할 수 있습니다.

🍎 **Final Cut Pro Trial**　File　Edit　Trim　Mark　Clip　Modify　View　Window　Help

편집을 하다 '이런 기능이 어디에 있더라?' 싶을 때는 [Help] 메뉴를 선택한 후 검색란에 원하는 기능을 영문으로 입력해서 찾을 수 있습니다. 이후 실습을 진행하면서 자연스럽게 기능을 체득할 수 있으니 여기서는 메뉴 바가 있다는 정도로만 알고 넘어가도 좋습니다.

한 걸음 더 **Final Cut Pro X 실행하기**

Final Cut Pro X을 사용하기 위해 처음 맥을 구매했다면 맥에서 프로그램을 실행하는 것조차 어려울 수 있습니다. 간단하게 프로그램 실행 방법을 소개하겠습니다.

▲ Dock에 있는 [Finder]

Windows의 탐색기와 같은 역할을 하는 것이 [Finder]입니다. macOS를 실행하면 화면 아래쪽에 독(Dock)이라고 하는 아이콘 모음 막대가 있으며, 독 왼쪽 끝에 [Finder]가 배치되어 있습니다.

[Finder]를 클릭해서 실행하면 파일 탐색기와 비슷한 Finder 창이 열립니다. 왼쪽 사이드바에서 [응용 프로그램] 폴더를 클릭한 후 [Final Cut Pro]를 찾아 더블 클릭하면 Final Cut Pro X이 실행됩니다.

이후로 좀 더 편리하게 Final Cut Pro X을 실행하고 싶다면 독에 아이콘을 등록하면 됩니다. [응용 프로그램] 폴더에서 [Final Cut Pro] 아이콘을 독으로 드래그하면 아이콘이 독에 고정되고 이후로는 독에서 아이콘을 클릭하기만 하면 Final Cut Pro X이 실행됩니다. Windows의 바로가기 아이콘과 같다고 생각하면 됩니다.

▲ Final Cut Pro X 아이콘을 독에 드래그하여 등록할 수 있습니다.

패널 자유롭게 다루기

Final Cut Pro X을 실행한 후 표시된 인터페이스는 고정이 아니라 자유롭게 변형해서 활용할 수 있습니다. 원하는 패널을 표시하거나 숨길 수 있고, 패널의 크기도 조절할 수 있습니다.

패널 표시 및 숨기기

메뉴 바에서 [Window − Show in Workspace]를 선택하면 패널 이름으로 구성된 하위 메뉴가 표시되며 여기서 체크되어 있는 항목이 현재 워크스페이스(작업 화면)에 보이는 패널입니다. 하위 메뉴를 선택해서 체크를 추가/삭제하여 필요한 패널을 표시하거나 숨기면서 나만의 워크스페이스를 만들 수 있습니다.

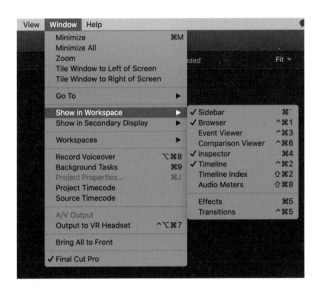

패널 크기 조절하기

브라우저나 뷰어 같은 특정 패널의 크기를 조정하고 싶다면 어떻게 해야 할까요? 패널과 패널이 맞닿는 경계선에 마우스 커서를 올리면 좌우 혹은 상하 화살표로 커서의 모양이 바뀝니다. 브라우저와 뷰어 패널처럼 세로로 배치된 패널이라면 경계에서 좌우로 드래그하여 패널의 가로 폭을 조절할 수 있으며, 뷰어와 타임라인 패널처럼 가로로 배치된 패널이라면 상하로 드래그하여 패널의 높이를 조절할 수 있습니다.

▲ 패널과 패널의 경계를 드래그하여 크기를 조절할 수 있습니다.

작업 환경 관리하기

자유롭게 완성한 나만의 워크스페이스를 한 번 사용하고 끝낼 것이 아니라면 저장해 놓고 필요할 때마다 불러와서 사용하면 편리하겠죠?

워크스페이스 저장: 사용자 편의에 따라 완성한 워크스페이스를 저장하려면 메뉴 바에서 [Window – Workspaces – Save Workspace as]를 선택한 후 Save Workspace 창이 열리면 적당한 이름을 지정하여 워크스페이스를 저장합니다.

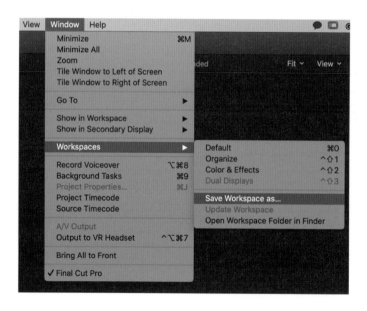

워크스페이스 불러오기: 저장한 워크스페이스를 다시 불러올 때는 메뉴 바에서 [Window – Workspaces]를 선택한 후 하위 메뉴 중에 사용할 워크스페이스 이름을 선택합니다.

워크스페이스 초기화: 메뉴 바에서 [Window − Workspaces − Default]를 선택하면 워크스페이스를 처음 상태로 초기화할 수 있습니다.

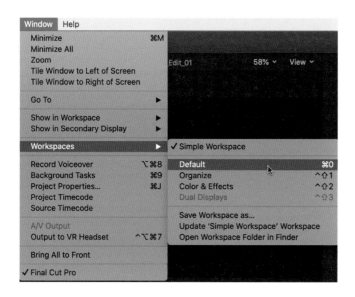

여전히 의문점이 많이 남지만 이제 Final Cut Pro X의 기본 생김새 정도는 파악했을 겁니다. 잠시 쉬어 가는 의미로 Final Cut Pro X을 종료해 보겠습니다. Final Cut Pro X은 자동 저장 시스템이므로 따로 저장할 필요는 없습니다. 그러니 작업을 마칠 때는 그대로 메뉴 바에서 [Final Cut Pro − Quit Final Cut Pro]를 선택하거나 단축키 command + Q 를 눌러 종료하면 됩니다.

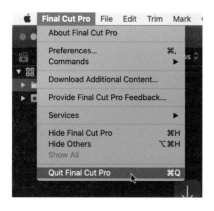

Lesson 08 | 라이브러리, 이벤트, 프로젝트란?

Final Cut Pro X은 라이브러리, 이벤트, 프로젝트라는 독특한 방법으로 파일을 관리합니다. 라이브러리? 이벤트? 프로젝트? 이 알쏭달쏭한 단어들의 정체는 무엇일까요? 막상 이해하고 나면 별다를 것 없으니 너무 어려워하지 마세요. 우선 각 용어의 개념을 정리해 보겠습니다.

라이브러리, 이벤트, 프로젝트의 구조 이해하기

[Finder 〉응용 프로그램] 폴더에서 Final Cut Pro X을 실행한 후 사이드바를 확인해 보세요. 프로그램을 실행하고 아무것도 저장하지 않았더라도 사이드바에는 [Untitled], [Smart Collections], [연-월-일] 폴더가 생성되어 있습니다. 타임라인에는 슬레이트가 모양의 [New Project] 아이콘도 보일 것입니다. 이 폴더들과 아이콘이 의미하는 것은 무엇이며, 자동으로 만들어진 [Untitled]는 어디에 저장되는 것일까요? 편집을 시작하려면 어디부터 손을 대야 할까요?

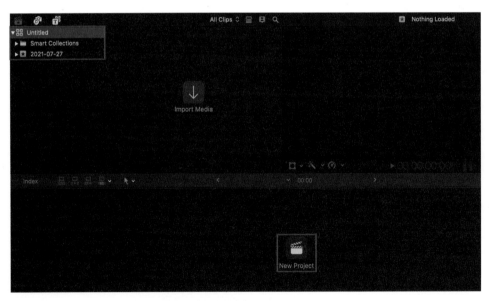

▲ 처음 실행한 Final Cut Pro X의 사이드바와 타임라인 패널

우선 Final Cut Pro X의 파일 구조를 표현해 놓은 아래 그림을 살펴보세요. 별이 그려진 4개의 조각이 뭉쳐 있는 라이브러리(Library)가 가장 바깥에 있습니다. 라이브러리 안에는 4개의 조각이 분리된 듯한 이벤트(Event)가 있고요, 이벤트 안에는 필름 모양의 클립(Clip)과 슬레이트 모양의 프로젝트(Project)가 보입니다.

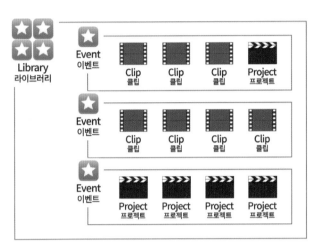

▲ Final Cut Pro X의 파일 관리 구조

라이브러리를 수납장에 비유해 보면 좀 더 쉽게 이해할 수 있을 겁니다. 수납장은 하나 이상의 칸으로 구성되어 있습니다. 그 칸이 바로 이벤트에 해당하며, 각 칸에는 각종 미술 재료와 도화지를 담아 놓을 수 있습니다. 미술 재료는 편집에 사용할 비디오, 오디오, 스틸 이미지(그래픽 파일) 클립이며, 도화지는 편집본, 다시 말해 프로젝트입니다. 한 칸에 미술 재료와 도화지를 모두 담을 수도 있고, 여러 칸에 미술 재료와 도화지를 적절히 분류하여 정리할 수도 있겠죠? 마찬가지로 하나의 이벤트 안에 각종 클립과 프로젝트를 모두 저장할 수도 있고, 알맞게 분류해 깔끔하게 관리할 수도 있는 것이죠.

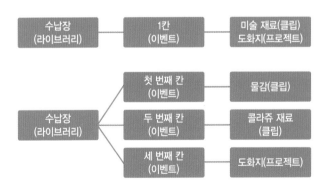

정리하면 가장 큰 단위인 라이브러리부터 가장 작은 단위인 프로젝트, 클립은 다음과 같습니다.

라이브러리: 라이브러리는 이벤트, 프로젝트, 클립을 포함해 편집에 사용한 모든 정보를 담은 마스터 파일이자 폴더입니다.

이벤트: 마스터 폴더인 라이브러리 내에서 파일(프로젝트, 클립)을 관리하는 서브 폴더입니다. 아이콘 모양만 보더라도 라이브러리를 구성하는 요소임을 알 수 있으며, 라이브러리를 새로 만들면 날짜명으로 된 이벤트가 자동으로 생성되는 등 라이브러리와 이벤트는 서로 뗄 수 없는 관계입니다. 하나의 이벤트에 편집에 사용할 모든 소스 클립과 프로젝트를 모두 넣어도 되고, 여러 개의 이벤트를 만들어서 분류해도 좋습니다.

프로젝트: 실제로 편집이 이루어지는 곳으로 클립들을 타임라인에 올려 놓은 후 다듬고 배치합니다. Final Cut Pro X에서 프로젝트라 부르는 개념을 다른 편집 프로그램에서는 시퀀스라 말하기도 하지만, 용어만 다를 뿐 편집본이라는 의미는 같습니다.

클립: 편집에 사용하기 위해 Final Cut Pro X으로 불러온 모든 미디어 파일을 클립이라 부릅니다. Final Cut Pro X에서 클립을 타임라인에 배치한 후 변형하더라도 원본 미디어 파일에는 영향이 없으니 자유롭게 편집해도 됩니다.

라이브러리 파일의 저장 위치 알기

라이브러리, 이벤트, 프로젝트, 클립의 개념은 어느 정도 파악되었을 겁니다. 그렇다면 이 파일들은 대체 어디에 저장되어 있을까요? 가장 상위 구조인 라이브러리의 저장 경로만 알면 되겠죠? 기본적으로 Final Cut Pro X에서는 별도로 저장 위치를 지정하지 않으면 자동으로 [동영상] 폴더에 라이브러리를 저장합니다.

[동영상] 폴더를 열면 보라색 아이콘으로 표시된 라이브러리 파일을 확인할 수 있습니다. Finder 창 상단 도구 막대에서 [계층 보기]로 설정하고 라이브러리 파일을 선택해 보세요. 파일 오른쪽으로 아이콘이 큼지막하게 보이고, 그 아래에는 굵은 글씨로 파일명(Untitled)과 파일 유형(Final Cut Pro Library), 파일 용량(202KB) 및 생성일 등의 정보가 표시됩니다.

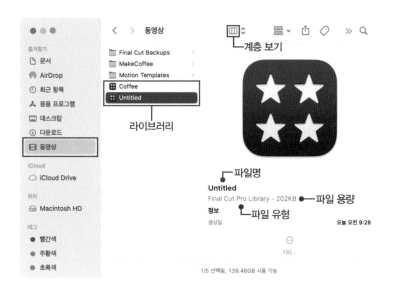

라이브러리 파일의 용량은 편집에 사용한 미디어 파일의 개수, 비디오/오디오 이펙트 사용 정도에 따라 달라집니다. 심지어 수백 GB 정도로 커질 수도 있으니 원활한 컴퓨터 사용을 위해 라이브러리 용량 관리는 필수입니다. 이제 우리가 흔히 사용하는 파워포인트 파일(.pptx)이나 엑셀 파일(.xlsx)처럼 라이브러리 파일을 더블 클릭하면 Final Cut Pro X이 실행됩니다.

한 걸음 더 Finder 창에서 [동영상] 폴더로 빠르게 이동하기

Finder 창 왼쪽 사이드바에는 '즐겨찾기' 영역이 있어 원하는 폴더를 등록하여 빠르게 이동할 수 있습니다. Finder 창의 사이드바에 [동영상] 폴더가 보이지 않는다면 Finder 메뉴 바에서 [Finder – 환경설정]을 선택하고, Finder 환경설정 창이 열리면 [사이드바] 탭에서 [동영상]에 체크하면 됩니다. 이후로는 Finder 창의 사이드바에서 [동영상]을 클릭하여 라이브러리를 빠르게 확인할 수 있습니다.

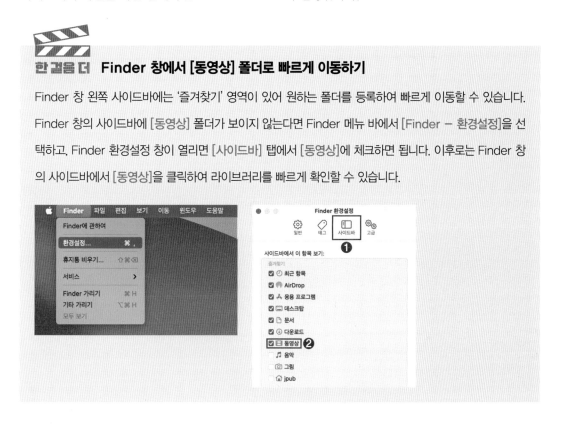

마스터 파일,
라이브러리 다루기

Final Cut Pro X을 실행한 후 사이드바를 보면 이제는 어느 것이 라이브러리고, 그 안에 포함된 이벤트, 프로
젝트는 무엇인지 알 수 있는 정도가 되었을 것입니다. 여기서는 간단한 실습을 진행하면서 라이브러리와 이벤
트 등을 새로 만들거나 삭제하는 기본 관리 방법을 익혀 보겠습니다.

라이브러리 닫기, 새로 만들기

하나의 라이브러리에서 여러 건의 영상 편집 작업을 다 할 수도 있습니다. 그럴 경우 라이브러리 파일
용량이 어마어마하게 커지고, 프로젝트 관리도 힘들어집니다. 따라서 만들고자 하는 영상별로 라이브
러리를 새로 만들어 관리하는 것이 효율적입니다. 또한, 사이드바에는 편집 중인 라이브러리만 남겨
두는 것이 깔끔하고 편리합니다. Final Cut Pro X을 처음 실행할 때 자동으로 만들어진 [Untitled] 라
이브러리를 닫고, 원하는 위치에 새로운 라이브러리를 만들어 보겠습니다.

01 라이브러리 닫기 사이드바에서 [Untitled] 라이브러리를 [보조 클릭]([control] + 클릭)한 후
[Close Library "Untitled"]를 선택하거나 [Untitled] 라이브러리를 선택한 후 메뉴 바에서 [File –
Close Library "Untitled"]를 선택하여 라이브러리를 닫습니다.

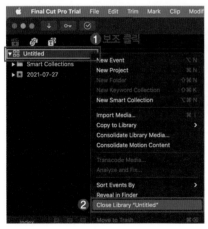 

02 **새 라이브러리 생성** 사이드바에 라이브러리가 하나도 없으면 [Open Library] 아이콘이 표시됩니다. [Open Library] 아이콘을 클릭하면 Open Library 창이 열리고 여기서 [New]를 클릭합니다. 메뉴 바를 이용할 때는 [File – New – Library]를 선택합니다.

 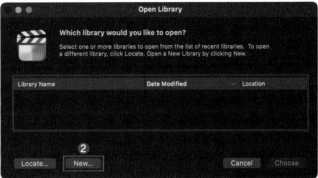

03 **저장 옵션 설정** 새로 만들 라이브러리를 어디에 저장할지 결정하는 Save 창이 열립니다. 새로운 폴더를 만들어 저장하기 위해 'Where' 옵션에 있는 [확장] 아이콘을 클릭합니다.

04 **새 폴더 생성** Save 창이 확장되면 저장할 위치와 라이브러리 이름 등을 지정합니다. [데스크탑] 폴더에 [Coffee] 폴더를 만들고 그 안에 라이브러리를 저장하기 위해 Save 창 사이드바에서 [Desktop](데스크탑)을 선택하고 왼쪽 아래에 있는 [New Folder]를 클릭합니다. New Folder 창이 열리면 폴더 이름으로 [Coffee]를 입력하고 [Create]를 클릭합니다.

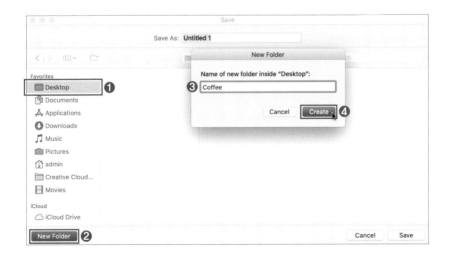

05 **저장** 새로 만든 [Coffee] 폴더가 선택된 채 Save 창으로 돌아오면 'Save As' 입력란에 라이브 러리 파일명으로 사용할 [Coffee]를 입력하고 [Save]를 클릭합니다.

(깨알Tip) 새 라이브러리를 아무 위치에나 저장하기보다는 영상 콘셉트에 따라 마스터 폴더를 만들고 그 안에 라이브러리와 편집에 사용 할 소스 클립들을 모두 저장하는 것이 좋습니다. 그래야 파일을 빠르게 찾을 수 있고, 편집에 사용한 파일을 실수로 지우는 불상사를 방 지할 수 있기 때문입니다. 또한, 데이터를 백업할 때도 마스터 폴더를 그대로 옮기면 되니 관리에도 효과적입니다.

06 **결과 확인** Final Cut Pro X의 사이드바와 Finder 창의 [데스크탑 〉 Coffee] 폴더를 보면 [Coffee] 라이브러리가 제대로 생성된 것을 확인할 수 있습니다.

자동으로 분류되는 Smart Collections

저장 위치를 지정하여 새로운 [Coffee] 라이브러리를 만들었더니 자동으로 생성된 것이 보입니다. 바 로 [Smart Collections] 폴더와 [연-월-일] 이벤트 폴더입니다. 여기서는 [Smart Collections] 폴더를 살펴보겠습니다. 이벤트는 이어지는 [Lesson 10]에서 자세히 소개합니다.

▲ 라이브러리를 생성하면 [Smart Collections] 폴더와 [연-월-일] 이벤트 폴더가 자동으로 생성됩니다.

[Smart Collections] 폴더는 라이브러리에 포함된 여러 소스 클립과 프로젝트를 자동으로 분류해 주는 역할을 합니다. 여러 파일이 뒤죽박죽 섞여 있으면 빠르게 찾기가 힘들겠죠? 이럴 때 [Smart Collections] 폴더에 있는 삼각형 모양의 [펼침/축소] 아이콘을 클릭해 보세요. 비디오(All Video), 오디오(Audio Only), 즐겨찾기(Favorites), 프로젝트(Projects), 스틸 이미지(Stills) 등 같은 속성의 파일들만 일괄 모아 볼 수 있습니다. 속성을 확인했으면 다시 [펼침/축소] 아이콘을 클릭해서 폴더를 닫습니다.

라이브러리 열기, 이름 변경, 삭제하기

라이브러리를 닫으면 사이드바에서 사라집니다. 이렇게 사라진 라이브러리는 삭제된 것이 아니라 잠시 숨긴 것입니다. 그러므로 언제든 다시 불러올 수 있습니다. 또한, 기존 라이브러리의 이름을 변경하거나 삭제할 수도 있습니다.

라이브러리 불러오기: 메뉴 바에서 [File - Open Library - Other]를 선택해서 Open Library 창을 열고, [Locate]를 클릭한 후 불러올 라이브러리를 찾아 선택하고 [Open]을 클릭합니다. 좀 더 간편하게는 Finder 창에서 불러올 라이브러리를 찾아 더블 클릭하면 됩니다.

깨알Tip 상위 버전에서 만든 라이브러리는 하위 버전의 Final Cut Pro에서 열 수 없으며, 하위 버전에서 만든 라이브러리를 열면 팝업 창이 열리고, [Update] 버튼을 클릭해서 열 수 있습니다.

라이브러리 이름 변경하기: 사이드바에서 라이브러리를 선택한 상태에서 다시 한 번 클릭하고 잠시 기다리면 텍스트 편집 상태가 활성화됩니다. 이 상태에서 새로운 이름을 입력하고 return 을 누르면 라이브러리 이름을 바꿀 수 있습니다.

▼ 🔡 Coffee ⌶

라이브러리 삭제하기: 사이드바에서 라이브러리를 [보조 클릭](control + 클릭)한 후 [Reveal in Finder]를 선택하면 해당 라이브러리가 저장된 폴더가 열립니다. 폴더에서 라이브러리 파일을 선택한 후 command + backspace 를 눌러 삭제합니다. 그런 다음 Final Cut Pro X을 종료한 후 다시 시작하면 해당 라이브러리가 사이드바에서도 사라집니다.

깨알Tip 라이브러리 닫기는 사이드바에서 보이지 않게 가리는 것이므로 언제든 다시 불러올 수 있습니다. 하지만 삭제는 [휴지통]에 버리는 것이므로 신중하게 실행해야 합니다.

▲ [Reveal in Finder] 메뉴를 선택하면 Finder 창에서 해당 라이브러리가 저장된 폴더가 열립니다.

Lesson 10 | 라이브러리의 서브 폴더, 이벤트 다루기

라이브러리를 생성하면 1개의 별 조각 모양 아이콘인 [연-월-일] 이벤트가 자동으로 생성됩니다. 라이브러리의 서브 폴더라는 기본적인 개념은 파악했으니, 이제 간단한 조작 방법을 알아보겠습니다.

새 이벤트 추가 및 이름 변경하기

이벤트 이름 변경: 이벤트 이름 변경은 라이브러리 이름을 변경하는 방법과 같습니다. 이벤트를 선택한 후 다시 한 번 클릭하면 텍스트 편집 상태가 활성화되고, 원하는 이름을 입력한 후 return을 누릅니다. 자동으로 생성된 [연-월-일] 이벤트를 [Video] 이벤트로 변경해 보세요.

이벤트 추가: 사이드바의 빈 영역에서 [보조 클릭](control + 클릭)한 후 [New Event]를 선택하거나 단축키 option + N을 누르면 팝업 창이 열립니다. 여기서 저장할 라이브러리를 선택하고 이벤트 이름을 입력한 후 [OK]를 클릭하면 됩니다. 메뉴 바에서는 [File - New - Event]를 선택합니다.

 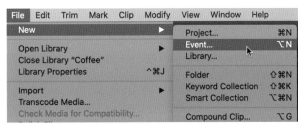

[Coffee] 라이브러리에 [BGM] 이벤트를 추가해 보세요. BGM 이벤트를 만들어서 편집에 사용할 배경 음악만 넣어 놓으면 관리가 수월해지겠죠? 소스 클립의 수가 많을수록 여러 개의 이벤트를 만들어 적절히 분류하여 관리하는 것이 좋습니다.

▲ 이벤트를 추가할 때 저장할 라이브러리와 이름을 결정할 수 있습니다.

이벤트 복제 및 이동하기

사이드바에 여러 개의 라이브러리가 열려 있을 때 라이브러리 간 이벤트를 복제하거나 옮길 수 있습니다.

이벤트 복제: 사이드바에서 이벤트를 선택한 후 복제할 라이브러리로 드래그합니다. 팝업 창이 열리면 복제 시 포함할 항목에 체크한 후 [OK]를 클릭하여 복제합니다.

이벤트 이동: 사이드바에서 이벤트를 선택한 후 command 를 누른 채로 이동할 라이브러리로 드래그합니다. 팝업 창에서 포함할 항목에 체크한 후 [OK]를 클릭하면 기존의 라이브러리에서는 사라지고, 옮긴 라이브러리에 이벤트가 표시됩니다.

▲ 이벤트 복제하기

▲ 이벤트 이동하기

이벤트 삭제하기

생성해서 사용 중인 이벤트가 더 이상 필요하지 않을 때는 삭제할 수 있습니다. 삭제할 이벤트를 [보조 클릭]([control] + 클릭)한 후 [Move Event to Trash]를 선택하거나 단축키 [command] + [backspace]를 누릅니다. 이벤트를 삭제할지 묻는 팝업 창이 나타나면 [Continue]를 클릭해서 삭제합니다. 메뉴 바에서는 [File – Move Event to Trash]를 선택합니다.

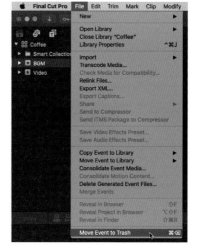

깨알Tip 방금 막 지운 이벤트를 다시 복구시키려면 되돌리기 단축키인 [command] + [Z]를 누르고, 복구했으나 다시 지우려면 다시하기 단축키인 [shift] + [command] + [Z]를 누릅니다.

한 걸음 더 Finder 창에서 이벤트 확인하기

Finder 창에서 쉽게 찾을 수 있는 라이브러리와 달리 이벤트는 라이브러리 안에 숨겨진 서브 폴더이기 때문에 Final Cut Pro X을 실행해서 확인하는 것이 가장 좋습니다. 반드시 Finder 창에서 이벤트를 보고 싶다면 Finder 창에서 라이브러리 파일을 [보조 클릭]([control] + 클릭)한 후 [패키지 내용 보기]를 선택해서 강제로 확인할 수 있습니다. 하지만 패키지 내용을 잘못 건드리면 라이브러리 파일이 손상될 수 있으므로 추천하지는 않습니다.

▲ 라이브러리 패키지에는 이벤트 이름과 동일한 폴더가 포함되어 있습니다.

Lesson 11 실제 편집이 진행되는 프로젝트

이벤트는 서브 폴더, 즉 껍데기라고 할 수 있습니다. 껍데기 안에 알맹이가 알차게 채워져 있어야 의미가 있겠죠? 그 알맹이가 바로 클립과 프로젝트입니다. 여기서는 프로젝트에 대해 배웁니다. 프로젝트는 다른 편집 프로그램에서는 시퀀스 혹은 편집본이라고도 합니다.

새 프로젝트 만들기

그림을 그리려면 도화지가 필요하듯이 영상 편집을 시작하려면 반드시 프로젝트가 있어야 합니다. 새로운 프로젝트를 만드는 방법은 다음과 같이 다양합니다.

- 사이드바의 빈 공간에서 [보조 클릭]([control] + 클릭)한 후 [New Project] 선택

- 메뉴 바에서 [File – New – Project] 선택

- 타임라인 패널에서 [New Project] 아이콘 클릭

- 임포트한 클립을 [보조 클릭]([control] + 클릭)한 후 [New Project] 선택

- 단축키 [command] + [N]

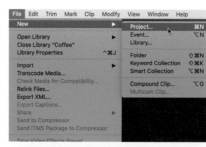

◀ 메뉴 바에서 만들기

▲ 사이드바에서 만들기 　　　▲ 타임라인에서 만들기

어느 것이든 가장 편한 방법을 선택해서 새 프로젝트를 시작하면 팝업 창이 열립니다. 여기서 'Project Name'에 프로젝트 이름을 입력한 후 [OK]를 클릭하면 새로운 프로젝트 생성이 완료됩니다. 만약 프로젝트 관련하여 세부 옵션을 설정하려면 왼쪽 아래에 있는 [Use Custom Settings]을 클릭합니다.

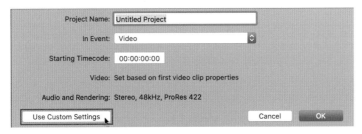

▲ 새 프로젝트의 세부 옵션을 설정하려면 [Use Custom Settings]을 클릭합니다.

프로젝트 옵션 설정하기

새 프로젝트 만들기 창에서 [Use Custom Settings]을 클릭하면 세부 옵션이 표시됩니다. 다음과 같이 각 옵션을 확인하고 설정한 후 [OK]를 클릭해 새로운 프로젝트를 생성합니다. 이러한 세부 옵션 설정이 어렵다면 브라우저 패널에서 비디오 클립을 [보조 클릭]([control] + 클릭)한 후 [New Project]를 선택합니다. 클립과 동일한 포맷, 해상도, 프레임 레이트로 프로젝트를 만들 수 있습니다. 자세한 방법은 129쪽의 '클립으로 프로젝트 만들기'를 참고해 주세요.

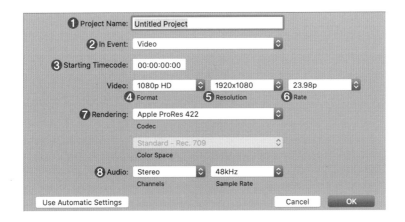

❶ **Project Name:** 새로 만들 프로젝트 이름을 입력합니다.

❷ **In Event:** 프로젝트가 저장될 이벤트를 선택합니다. 클릭하면 현재 라이브러리에 있는 이벤트 목록이 나타납니다.

❸ **Starting Timecode:** 타임코드 시작점을 입력합니다. 타임코드는 [시:분:초:프레임] 형태로, 보통은 [00:00:00:00]을 사용하지만 방송 영상은 비디오 테이프 레코딩을 위해 [01:00:00:00]을 사용하기도 합니다.

❹ **Format:** 비디오 포맷을 설정합니다. 'Format' 옵션을 클릭해서 비디오 해상도와 주사 방식을 선택할 수 있습니다. [1080p HD]는 세로 픽셀의 수가 1,080개인 순차 주사 방식의 HDTV 포맷으로 유튜브용 영상에 적당합니다. 정사각형이나 세로 영상을 만들려면 [Custom]을 선택하고 해상도를 직접 입력합니다.

❺ **Resolution:** 세로 픽셀의 개수에 따라 가로 픽셀의 개수를 선택합니다. 보통은 16:9 화면 비율에 1:1 종횡비를 지닌 픽셀을 사용하므로 유튜브 영상을 제작한다면 [1920X1080]을 선택하면 됩니다.

❻ **Rate:** 프레임 레이트를 결정하는 'Rate' 옵션은 신중하게 선택해야 합니다. 편집을 시작한 후 다른 속성들은 손쉽게 바꿀 수 있지만 프레임 레이트는 비디오와 오디오의 싱크가 틀어지는 등의 문제가 생기기 때문에 바꾸기 어렵습니다. 영화 같은 느낌을 연출하려면 초당 24프레임인 [23.98p]를 선택하고, 조금 더 부드러운 움직임의 영상을 만들고 싶다면 [29.97p]를 선택합니다.

❼ **Rendering:** 비디오 코덱을 선택합니다. 위에 있는 항목일수록 화질과 색상 재현력이 좋습니다. 단, [ProRes 4444 XQ] 코덱을 사용하면 프로그램이 느려질 수 있으므로 FullHD 해상도 작업이라도 [Apple ProRes 422] 혹은 [Apple ProsRes HQ(High Quality)] 정도면 충분합니다. [Uncompressed 10-bit 4:2:2]는 무압축을 의미하며, 용량이 굉장히 커지므로 대체로 사용하지 않습니다.

❽ **Audio:** 오디오 채널과 샘플 레이트를 설정하는 옵션입니다. 대부분은 변경하지 않고 기본 값을 유지합니다.

프로젝트 생성 후 옵션 변경하기

프로젝트를 생성한 후에도 앞서 설정한 옵션을 변경할 수 있습니다. [Video] 이벤트에 [Coffee_ Edit_01]이라는 이름으로 프로젝트를 만들어 보세요. 그런 다음 사이드바에서 [Video] 이벤트를 선택한 후 브라우저에서 생성된 프로젝트를 클릭해서 선택하고, 뷰어 오른쪽의 인스펙터 패널에서 보라색으로 표시된 [Modify]를 클릭합니다.

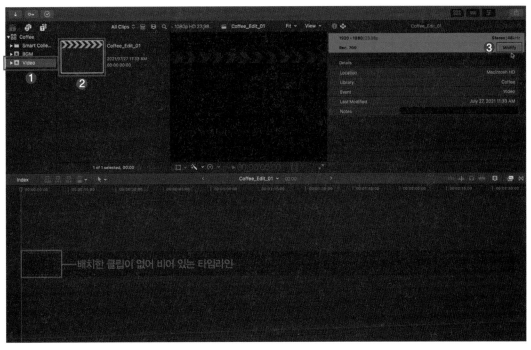

▲ 생성한 프로젝트 옵션은 인스펙터 패널에 있는 [Modify]를 클릭해서 변경할 수 있습니다.

앞서와 유사한 세부 옵션 창이 열립니다. 프로젝트 이름을 포함하여 모든 속성을 변경할 수 있으나 클립을 타임라인 위에 올린 이후로는 프레임 레이트(Rate)를 변경할 수 없다는 사실에 주의하세요.

깨알Tip 세로 영상을 만들고 싶다면 Video 옵션에서 [Format: Custom], [Resolution: 1080x1920]으로 설정합니다.

프로젝트 복제 및 삭제하기

여러분은 과제나 보고서를 제출할 때 문서 파일을 어떻게 저장하시나요? 흔히 날짜, 버전에 따라 번호를 매겨 저장하곤 합니다. '영상과제_20210301', '영상과제_20210302' 이런 식으로요. 파일의 개수는 늘어나지만 예전 버전의 문서가 그대로 보존되어 있어 안심할 수 있지요. Final Cut Pro X은 자동 저장 시스템이라 매번 저장 버튼을 클릭하지 않아도 자동으로 저장되어 편리합니다. 어제 영상을 작업하고, 오늘 수정했는데 완성하고 보니 어제의 결과물이 더 마음에 들거나, 클라이언트가 어제 만든 버전으로 영상을 달라고 한다면 Finder 창를 열고 [동영상 〉 Final Cut Backups] 폴더를 확인해 보세요. 라이브러리별로 백업 데이터가 저장되어 있습니다.

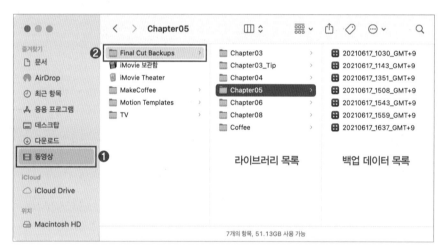

▲ [Final Cut Backups] 폴더에는 라이브러리마다 날짜별로 백업 데이터가 자동 저장됩니다.

프로젝트 복제하기

Final Cut Pro X의 자동 저장 기능과 백업 기능이 편리하긴 하지만, 완벽하진 않습니다. 그러므로 이전에 했던 편집을 수정하기 전에는 미리 복제해서 관리하는 것을 추천합니다. 프로젝트를 복제하려면 사이드바 오른쪽에 있는 브라우저에서 복제할 프로젝트를 [보조 클릭]((control) + 클릭)한 후 [Duplicate Project], [Duplicate Project As], [Snapshot Project] 중 하나를 선택하면 됩니다. 프로젝트를 복제하여 브라우저에 복사본 프로젝트가 추가되면 프로젝트 이름을 변경하여 새 버전의 편집용 혹은 백업용으로 사용하면 됩니다.

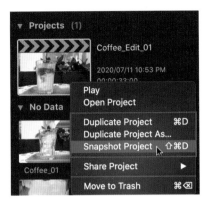

◀ 프로젝트 복제 메뉴

 Snapshot Project

복제 관련 메뉴 중 [Snapshot Project]는 복제한 시간을 기준으로 백업한 별도의 독립적인 프로젝트입니다. 따라서 컴파운드 클립, 멀티캠 클립에 변화가 일어나면 [Duplicate Project] 메뉴로 복제한 프로젝트는 변경사항이 함께 적용되지만 [Snapshot Project]로 복제한 프로젝트는 변경사항이 적용되지 않습니다.

컴파운드 클립에 대한 설명은 200쪽, 멀티캠 클립에 대한 설명은 364쪽을 참고하세요.

▲ [Snapshot Project]는 복제한 시간을 기준으로 백업한 별도의 독립적인 프로젝트입니다.

프로젝트 삭제하기

이벤트를 삭제할 때와 마찬가지로 프로젝트를 [보조 클릭]([control] + 클릭)한 후 [Move to Trash]를 선택하거나 단축키 [command] + [backspace]를 눌러 프로젝트를 삭제할 수 있고, 방금 막 삭제한 프로젝트는 [command] + [Z]를 눌러서 되돌릴 수 있습니다.

지금까지 잘 따라왔다면 라이브러리부터 시작해서 이벤트, 프로젝트까지 만들 수 있게 되었습니다. 빈 도화지를 펼친 단계라고 할 수 있지요. 이어지는 레슨에서는 도화지를 채울 미술 재료들, 다시 말해 프로젝트를 채울 미디어 파일들(비디오, 오디오, 스틸 이미지)을 불러오는 방법을 알아보겠습니다.

Lesson 12 | 편집에 사용할 미디어 파일 불러오기

영상을 편집하려면 편집에 사용할 재료가 있어야겠죠? 편집에 사용할 미디어 파일(비디오, 오디오, 스틸 이미지)들을 Final Cut Pro X으로 불러와서 클립으로 활용합니다. 파일을 불러오는 행위를 임포트(Import)라고 하며, 이 용어는 Final Cut Pro X뿐만 아니라 대부분의 영상 편집 프로그램에서 동일한 개념으로 사용합니다.

미디어 파일 불러오기, Import

미디어 파일을 불러오는 방법은 다양하므로, 상황에 따라 편한 방법을 사용하면 됩니다.

메뉴 바 이용하기: 메뉴 바에서 [File – Import – Media]를 선택합니다.

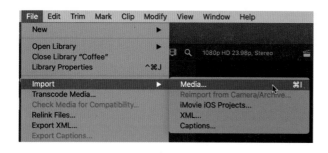

사이드바에서 불러오기: 사이드바에서 클립이 저장될 이벤트를 [보조 클릭](control + 클릭)한 후 [Import Media]를 선택합니다.

기능 아이콘 이용하기: 브라우저 중앙 혹은 상단 도구 막대의 왼쪽 끝에 있는 화살표 모양의 [Import Media] 아이콘을 클릭합니다. 브라우저의 [Import Media] 아이콘은 브라우저에 클립이나 프로젝트가 1개도 없을 때만 표시됩니다.

▲ 브라우저 패널

▲ 도구 막대의 아이콘

Finder 창 이용하기: Finder 창에서 불러올 미디어 파일을 선택한 후 Final Cut Pro X의 브라우저로 드래그합니다.

단축키 이용하기: 단축키 command + I 를 누릅니다.

위 방법 중 Finder 창을 이용하는 방법을 제외한 나머지 방법으로 Import를 실행하면 다음과 같은 Media Import 창이 열리고, Import 관련 기본 설정을 변경할 수 있습니다. 그러므로 처음 파일을 Import한다면 Finder 창을 이용하지 않고, 나머지 방법으로 Media Import 창을 열어 옵션부터 확인하기를 추천합니다. 옵션 설명은 062쪽을 참고하세요.

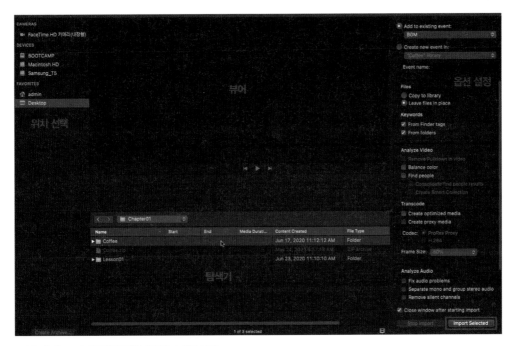
▲ Media Import 창에서 옵션을 설정할 수 있습니다.

Media Import 창의 왼쪽 사이드바에서는 파일을 불러올 디바이스나 위치를 선택할 수 있으며, 사이드바에서 선택한 항목에 따라 가운데 있는 뷰어와 탐색기에서 미디어 파일을 확인할 수 있습니다. 사이드바에서 상위 경로를 선택한 후 [Import All]을 클릭하거나 뷰어 아래에 있는 탐색기에서 개별 혹은 여러 개의 파일을 선택한 후 [Import Selected]를 클릭하여 미디어 파일을 클립으로 불러옵니다.

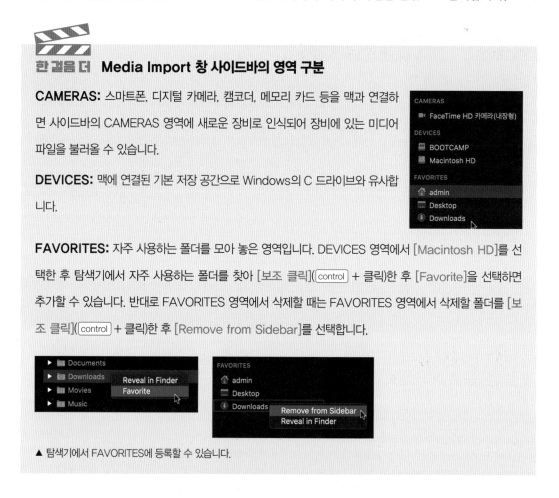

Media Import 창 사이드바의 영역 구분

CAMERAS: 스마트폰, 디지털 카메라, 캠코더, 메모리 카드 등을 맥과 연결하면 사이드바의 CAMERAS 영역에 새로운 장비로 인식되어 장비에 있는 미디어 파일을 불러올 수 있습니다.

DEVICES: 맥에 연결된 기본 저장 공간으로 Windows의 C 드라이브와 유사합니다.

FAVORITES: 자주 사용하는 폴더를 모아 놓은 영역입니다. DEVICES 영역에서 [Macintosh HD]를 선택한 후 탐색기에서 자주 사용하는 폴더를 찾아 [보조 클릭]([control] + 클릭)한 후 [Favorite]을 선택하면 추가할 수 있습니다. 반대로 FAVORITES 영역에서 삭제할 때는 FAVORITES 영역에서 삭제할 폴더를 [보조 클릭]([control] + 클릭)한 후 [Remove from Sidebar]를 선택합니다.

▲ 탐색기에서 FAVORITES에 등록할 수 있습니다.

Media Import 창 옵션 살펴보기

Media Import 창에서 원하는 파일을 찾아 그대로 불러올 수 있지만 오른쪽에 있는 옵션을 설정하여 불러올 수도 있습니다. 각 옵션을 확인해 보겠습니다.

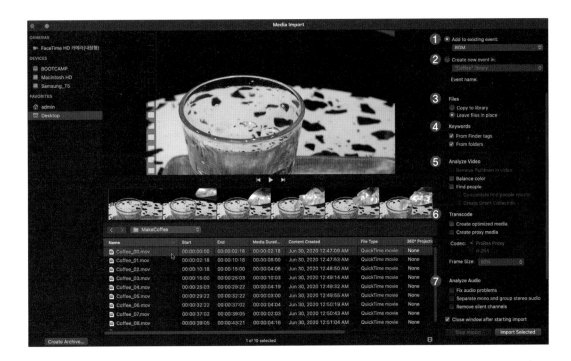

❶ **Add to existing event:** Import한 파일이 저장될 이벤트를 선택합니다.

❷ **Create new event in:** 새로운 이벤트를 만들어 불러옵니다.

❸ **Files:** Import 방식을 결정합니다. [Copy to library]는 원본 파일을 라이브러리에 똑같이 복제해서 불러옵니다. [Leave files in place]는 원본 파일은 원래 위치에 두고, Final Cut Pro X에서는 원본 파일이 저장된 위치를 참조하는 가상 파일을 만들어 사용합니다. [Copy to library]를 선택하면 파일들이 모두 라이브러리에 저장되기 때문에 안전하고 빠르며, 다른 컴퓨터에서 작업할 때도 라이브러리만 복사하면 됩니다. 필자는 [Leave files in place] 사용을 선호하는 편입니다.

깨알Tip [Copy to library]를 선택하면 클립의 수가 많을수록 라이브러리의 용량도 함께 늘어나므로 넉넉한 저장 공간이 필요합니다. 반면 [Leave files in place]를 선택하면 가상 파일을 이용하기 때문에 라이브러리 용량이 크게 커지지 않습니다. 단, 다른 컴퓨터에서 작업할 때는 라이브러리와 원본 파일을 찾아 함께 옮겨야 합니다.

❹ **Keywords:** Import한 클립에 Finder 태그(From Finder tags), 폴더명(From folders)으로 키워드를 부여할 수 있습니다. 클립을 키워드별로 빠르게 찾을 수 있어 편리합니다.

❺ **Analyze Video:** Import할 비디오 클립을 분석한 후 분석 정보를 추가하여 불러옵니다. [Remove Pulldown in video]는 24p를 30i로 변환할 때 나타나는 패턴을 제거할 때 사용하는 기능으로, 테이프 기반의 카메라나 장치를 연결할 때만 활성화됩니다. [Balance color]는 색상 균형 및 대비를 분석한 후 자동으로 조정해 주는 기능으로, 편집 중에 필요한 클립에만 사용하는 것이 더 효율적이므로 체크하지 않는 것이 좋습니다. [Find people]은 인물 수, 샷을 분석하고 키워드를 추가하는 기능입니다.

❻ **Transcode:** Final Cut Pro X에서 사용하기 가장 좋은 코덱은 Apple ProRes입니다. 다른 코덱을 가졌거나 용량이 크고 무거운 4K 미디어 파일을 원활하게 편집하기 위해 Apple Prores 코덱으로 미리 변환하여 Import할 수 있습니다. [Create optimized media]는 고화질, [Create proxy media]는 저화질입니다. [Create proxy media]에 체크하면 [ProRes Proxy]와 [H.264] 코덱 중 하나를 선택할 수 있으며, 프레임 크기도 고를 수 있습니다. Import 시간이 길어지므로 체크하지 않고, 편집 중에 필요한 파일들만 변환하는 것이 효율적입니다. 4K 영상을 가벼운 저화질 영상으로 변환하는 방법은 122쪽을 참고하세요.

❼ **Analyze Audio:** Import할 오디오 클립들을 분석하고 문제점들을 보정한 후 불러옵니다. [Fix audio problems]에 체크하면 오디오 노이즈, 볼륨 등의 문제를 자동으로 수정하며, [Separate mono and group stereo audio]에 체크하면 오디오 채널을 듀얼 모노 또는 스테레오로 그룹화하여 표시합니다. [Remove silent channels]에 체크하면 무음 채널을 제거합니다.

Import한 클립 관리하기

Import로 파일을 불러오면 사이드바 오른쪽에 있는 브라우저 패널에 해당 파일이 클립으로 추가되며, 브라우저 오른쪽 위에 있는 기능 아이콘을 이용하여 클립의 보기 방식 등을 변경할 수 있습니다.

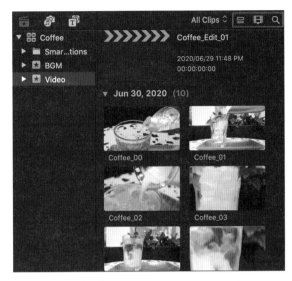

▲ Import 후 브라우저

보기 방식 변경: 아이콘을 클릭할 때마다 섬네일 형태(Filmstrip Mode)와 목록 형태(List Mode)가 반복됩니다.

▲ 섬네일 형태

▲ 목록 형태

클립 보기 설정: 일부 옵션은 섬네일 형태일 때만 활성화되며, 섬네일 크기, 길이, 클립 분류 기준, Waveforms 표시 여부, 지속적인 재생 여부(Continuous Playback)를 설정할 수 있습니다. 섬네일의 길이가 길면 클립을 한눈에 보기 힘들어지므로 시계 모양 아이콘이 있는 두 번째 옵션에서 슬라이더를 왼쪽으로 조절하여 사용하는 것이 좋습니다.

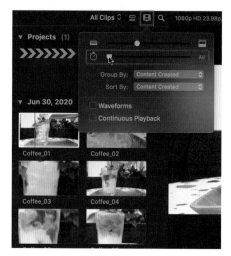

▲ 옵션을 조절하여 섬네일 길이를 조절할 수 있습니다.

클립 검색: 돋보기 모양의 아이콘을 클릭하면 검색란이 표시되며, 찾고자 하는 클립의 파일명 등을 입력하여 검색할 수 있습니다.

클립 삭제 및 즐겨찾기

Import한 클립의 섬네일 위에서 마우스 커서를 좌우로 움직이면 브라우저에서 내용을 확인할 수 있습니다. 이때 클립의 섬네일에서 일부분을 드래그하여 해당 구간만 즐겨찾기나 NG 컷으로 지정할 수도 있고, X를 눌러 해당 클립의 전 구간을 선택한 후 지정할 수도 있습니다.

즐겨찾기: 클립 전체를 선택하거나(X) 섬네일 위에서 일부분을 드래그하여 선택한 후 Favorite의 첫 글자인 F를 누릅니다. 클립에 초록색 줄이 표시되면 Favorite 클립으로 분류되었다는 의미입니다.

깨알Tip F를 눌러도 반응이 없으면 키보드 입력 모드를 영문으로 변경한 후 다시 시도해 보세요.

NG 컷 표시: 즐겨찾기와 반대로 NG 컷을 추가할 수도 있습니다. 클립 또는 일부 구간을 선택한 후 backspace를 누르면 클립 위에 빨간 줄이 표시되며, 이는 Reject(거부하다, 불합격품)를 의미합니다.

깨알Tip backspace를 눌렀을 때 클립이 사라진다면 브라우저 위에 있는 표시 옵션이 [Hide Rejected]로 설정되어 있기 때문입니다. [All Clips]로 바꿔 보세요. backspace는 키보드에서 = 오른쪽에 있습니다.

분류한 클립 확인: NG 컷 또는 즐겨찾기로 추가한 클립만 따로 모아서 볼 수 있습니다. 브라우저 위에 있는 [All Clips] 버튼을 클릭한 후 [Favorites] 혹은 [Rejected]를 선택하면 됩니다. 또한 사이드바의 [Smart Collections] 폴더에서 [Favorites] 폴더를 이용하여 즐겨찾기 클립만 확인할 수도 있습니다.

 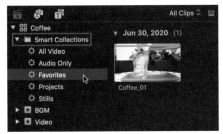

분류 해제하기: 즐겨찾기 혹은 NG 컷으로 분류한 클립의 분류를 해제하려면 클립을 선택하고 단축키 U를 누릅니다. 메뉴 바에서 [Mark – Unrate]를 선택해도 됩니다.

브라우저에서 클립 제거하기: 클립을 제거하려면 macOS에서 파일을 삭제할 때와 마찬가지로 command + backspace를 누른 후 다음과 같은 팝업 창에서 [OK]를 클릭합니다. 실수로 제거한 것이라면 command + Z를 눌러 복원할 수도 있습니다. 이렇게 브라우저에서 클립을 제거하는 것은 라이브러리에 저장된 클립을 삭제하는 것이지 처음 불러온 원본을 삭제하는 것은 아닙니다.

Sera의 Tip & Tech

라이브러리 용량 가볍게 줄이기

미디어 파일을 불러올 때 [Copy to Library]로 설정하면 라이브러리의 용량이 커집니다. 이후 라이브 러리의 용량을 가볍게 줄이려면 다음 방법으로 별도의 위치에 미디어 파일을 저장하면 됩니다. 이 방 법은 Import한 미디어 파일들을 사용자가 지정한 장소로 모두 백업하는 것으로, 편집이 모두 끝난 이 후에 실행하는 것이 효율적입니다.

동영상 강의 — 라이브러리 관리하기

https://youtu.be/v5A3xKwWzPI

01 **Modify Settings 실행** 사이드바에서 편집이 끝난 라이브러리를 선택한 후 인스펙터 패널 을 보면 라이브러리 용량을 확인할 수 있습니다. 여기서 [Storage Location] 옵션의 [Modify Settings] 버튼을 클릭합니다.

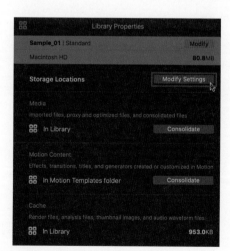

깨알Tip [Storage Location] 옵션이 보이지 않는다면 인스펙터에서 화면 을 위/아래로 스크롤해 보세요. 가장 상단에 있습니다.

02 저장 옵션 설정 다음과 같은 팝업 창이 열리고 [Media] 옵션을 보면 [In Library]로 설정되어 있습니다. 미디어 파일을 라이브러리에 포함시키지 않고 다른 경로에 저장하기 위해 [In Library]가 아닌 [Choose]로 선택합니다.

03 경로 지정 Finder 창이 열리면 미디어 저장 위치를 지정한 후 [Choose]를 클릭합니다.

깨알Tip 새로운 폴더를 만들어 저장하려면 왼쪽 아래에 있는 [New Folder]를 클릭하여 폴더를 추가한 후 [Choose]를 클릭합니다.

04 저장 옵션 확정 다시 팝업 창으로 돌아오면 [Media] 옵션에 앞서 지정한 폴더 이름이 표시됩니다. 이대로 [OK]를 클릭합니다.

05 **Consolidate 실행** 계속해서 인스펙터에 있는 [Media] 옵션에서 [Consolidate] 버튼을 클릭합니다.

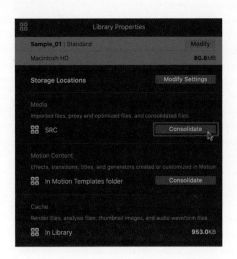

06 **저장 실행** 고화질(Optimized media)과 저화질(Proxy media)을 포함할 것인지 묻는 창이 나타납니다. 변환한 미디어를 함께 저장하고 싶다면 모두 체크하고, 원본 데이터 파일들만 저장하고 싶다면 [Original Media]에만 체크한 후 [OK] 버튼을 클릭합니다.

07 **결과 확인** Finder 창에서 미디어를 저장한 경로에 파일이 제대로 백업되었는지 확인해 봅니다. Final Cut Pro X에서도 라이브러리를 선택한 후 인스펙터에서 줄어든 용량을 확인해 보세요. 확연히 줄어든 것을 알 수 있습니다.

깨알Tip 미디어 저장 방법과 별개로 영상에 효과를 많이 적용할수록 라이브러리에 렌더링 데이터가 쌓여 용량이 커집니다. 이때는 355쪽을 참고해서 라이브러리 용량을 줄일 수 있습니다.

CHAPTER 2

- - - - - - - - -

천 리 길도 한 걸음부터,
컷 편집

멋진 영상은 처음부터 "짠!"하고 만들어지지 않습니다. 맛있는 요리를 위해 정성껏 조리하는 것처럼, 멋진 영상을 만들기 위해서는 다양한 영상 소스 클립을 다듬고, 배열하는 기초 작업부터 시작해야 합니다. 여기서는 그 기초 작업에 해당하는 컷 편집에 대해 배웁니다. 수많은 영상 클립 중 OK 컷을 골라 배열 및 가편집한 후 조금 더 섬세하게 다듬고, 속도를 조절하여 재미와 리듬감을 더합니다. 이어서 적절한 화면 전환 효과를 적용하여 분위기 변화를 연출합니다.

Lesson 01 영상 편집의 시작, 타임라인에 클립 배치하기

본격적인 편집을 시작하려면 이벤트로 불러온 영상 소스 클립들을 프로젝트 타임라인에 내려놓아야 합니다.
요리에 비유해 보면 음식 손질을 위해 도마 위에 재료들을 올려놓듯이 말이지요.

편집할 프로젝트 열기

본격적인 영상 편집은 프로젝트(Projects)에서 진행됩니다. 예제 파일에서 [Coffee] 라이브러리를 더블
클릭해서 실행한 후 [Video] 이벤트에 있는 [Coffee_Edit_01] 프로젝트를 더블 클릭해서 엽니다.

깨알Tip [Video] 이벤트를 선택한 후 브라우저
에 프로젝트가 보이지 않으면 브라우저를 맨 위로
스크롤해서 찾을 수 있습니다. 혹은 사이드바에서
[Smart Collections〉Projects] 폴더를 선택해서 프
로젝트만 빠르게 확인할 수도 있습니다.

프라이머리 스토리라인

프로젝트를 더블 클릭하니 타임라인 가운데 검은 띠가 표시됩니다. 이 검은 띠를 '프라이머리 스토리라
인(Primary Storyline)'이라고 하며, Final Cut Pro X에서 편집을 하려면 반드시 프라이머리 스토리
라인에 비디오, 오디오, 스틸 이미지 등의 소스 클립들을 채워야 합니다.

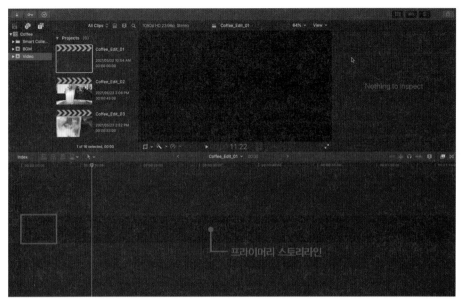

▲ 프라이머리 스토리라인에 아무 클립도 없다면 점선으로 된 빈 사각형이 표시됩니다.

스키밍 후 소스 클립 선택하기

프로젝트를 실행했다면 이제 브라우저에 있는 클립을 선택해서 타임라인에 배치하기 위해 클립의 내용을 확인해야 합니다. 브라우저에 있는 클립의 섬네일 위에서 마우스 커서를 좌우로 살살 움직여 보세요. 이때 섬네일 위를 클릭한 후 드래그하면 클립에서 범위가 지정되니, 클릭하지 않고 좌우로 움직이기만 해야 합니다. 커서의 움직임에 따라 섬네일에 빨간 선이 표시되며, 뷰어에는 해당 클립의 내용이 표시됩니다. 브라우저로 미디어 파일을 불러오는 방법은 060쪽을 참고하세요.

▲ 클립으로 마우스 커서를 옮기면 빨간색 [스키머]가 표시됩니다.

클립 위에 표시된 빨간색 선을 [스키머](Skimmer)라고 하며, 이렇게 클립의 내용을 훑어보는 것을 '스키밍(Skimming)'이라고 합니다. 앞으로 종종 사용하는 용어이므로 기억해 두는 것이 좋습니다. 스키밍으로 클립을 훑어보면서 편집에 사용할 클립을 결정했다면 해당 클립을 클릭해서 선택한 후 타임라인으로 드래그해서 배치합니다.

깨알Tip

[스키머]가 작동되지 않는다면 타임라인 패널에서 오른쪽 위에 있는 [Turn video and audio skimming] 아이콘을 클릭해 활성화하세요(단축키 S). 파란색으로 표시된 아이콘이 활성화된 상태입니다.

떨어져 있는 여러 클립 선택: 브라우저에서 command 를 누른 채 편집에 사용할 소스 클립을 모두 클릭하세요. 클릭해서 선택한 클립에 노란색 테두리가 표시됩니다.

연속된 여러 클립 선택: 연속으로 나열된 클립을 일괄 선택할 때는 가장 앞에 있는 클립을 클릭해서 선택한 후 shift 를 누른 채로 선택할 마지막 클립을 클릭합니다. 클릭한 2개의 클립과 그 사이에 있는 모든 클립이 선택됩니다.

범위 선택하기: 브라우저에서 범위를 드래그해 보세요. 범위에 걸치거나 포함된 모든 클립이 선택되면서 노란색 테두리가 표시됩니다.

선택한 소스 클립 타임라인에 배치하기

[Video] 이벤트에서 [Coffee_Edit_01] 프로젝트를 더블 클릭해서 실행하고 브라우저에 있는 [Coffee _01] ~ [Coffee_09] 클립을 선택한 후 타임라인으로 드래그해 보세요. 마우스 커서에 초록색 + 아이콘이 표시되면서 프라이머리 스토리라인에 파란 테두리가 생겼을 때 손을 떼면 선택한 소스 클립이 타임라인에 배치됩니다.

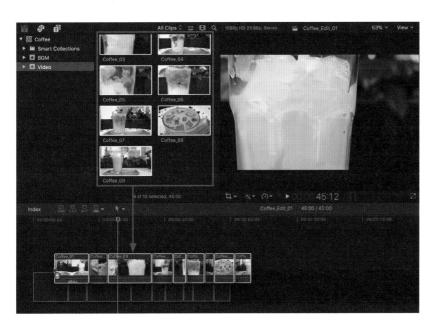

한걸음더 클립의 일부에만 노란색 테두리가 표시될 때

타임라인으로 소스 클립을 배치하려고 드래그하는데 자꾸 일부분만 노랗게 범위 지정될 때가 있습니다.

이런 현상은 소스 클립을 선택하지 않고 바로 타임라인으로 드래그하려고 했기 때문입니다. 클립을 선택하지 않은 상태에서 드래그하면 타임라인에 배치되는 것이 아니라 범위 지정(Range Selection)이 됩니다. 이럴 때는 option 을 누른 채 클릭하여 범위 지정을 해제한 후 다시 클립을 클릭하여 선택하거나, X 를 눌러 클립의 전체 범위를 선택합니다. 그런 다음 커서 아이콘이 손바닥 모양으로 바뀌는 것을 확인한 후 타임라인으로 드래그하면 됩니다. 범위 지정 관련해서는 079쪽에서 자세히 설명합니다.

스키머와 플레이헤드로 클립 내용 확인하기

타임라인에 클립들을 배치했다면 브라우저에서 스키밍한 것과 같은 방법으로 배치된 클립들의 섬네일 위를 좌우로 움직이면서 내용을 확인해 보세요. 스키밍 후에는 타임라인에서 프라이머리 스토리라인 위쪽 빈 공간을 클릭해서 하얀색 [플레이헤드](Play Head)의 위치를 조정하고 spacebar 를 눌러 보세요. [플레이헤드]가 위치한 부분부터 뷰어에서 실시간으로 영상이 재생되며, 다시 spacebar 를 누르면 정지됩니다. 이 하얀색의 [플레이헤드]는 재생 바 혹은 인디케이터라고 부르며, 재생이 시작될 위치를 지정합니다. 계속해서 다른 곳을 클릭해서 [플레이헤드] 위치를 옮기고 마우스 커서를 또 다른 위치로 옮겨 [스키머]와 [플레이헤드] 위치를 다르게 한 후 spacebar 를 눌러 보세요.

▲ [스키머]는 [플레이헤드]보다 우선권을 가집니다.

[스키머]가 있는 곳부터 영상이 재생되는 것을 알 수 있죠? 이처럼 Final Cut Pro X에서 [스키머]는 [플레이헤드]보다 우선권을 가집니다. [플레이헤드]의 위치와 상관없이 타임라인에서 스키밍하는 것만으로도 영상을 빠르게 훑어볼 수 있으며, 클립을 자르거나 브라우저에서 타임라인으로 클립을 덧붙일 때도 [스키머]의 위치가 기준점입니다.

한 걸음 더 **단축키로 [플레이헤드] 위치 조정 및 영상 재생하기**

영상을 편집하는 중에 편집된 내용을 재생하면서 확인할 일이 잦습니다. 이때마다 마우스를 이용하는 것보다는 단축키를 활용해 [플레이헤드] 위치를 조정하고 영상을 재생하면 좀 더 효율적입니다.

- **상하 방향키:** 클립의 시작점(편집 점)으로 이동
- **좌우 방향키:** 1프레임 단위로 이동
- [shift] + [←][→]: 10프레임 단위로 이동
- [fn] + [←][→]: 타임라인 맨 앞(Home)/맨 뒤로 이동(End)

위와 같은 방법으로 [플레이헤드]를 옮길 수 있으며, [플레이헤드]를 원하는 위치로 옮겼다면 [J](뒤로), [K](정지), [L](앞으로) 3개의 단축키를 활용해 영상을 재생합니다. [J]나 [L]을 2번 누르면 2배속으로 재생되고, 그 이상 누르면 더 빠르게 재생됩니다. 빠르게 영상의 내용을 훑어볼 때 편리하게 사용할 수 있으니 꼭 외워 두는 것이 좋습니다.

옵션 아이콘 이용하여 클립 배치하기

선택한 클립을 타임라인으로 바로 드래그하여 배치해도 되지만, 편집을 시작한 후 추가로 클립을 좀 더
정확한 위치에 배치하고 싶다면 타임라인 패널 왼쪽 위에 있는 4개의 아이콘을 이용할 수도 있습니다.
A, B, C 클립이 배치된 상태에서 D 클립을 배치한다고 가정했을 때 상황입니다.

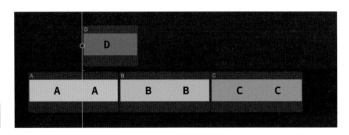

▲ 4개의 클립 배치 아이콘

연결하기(Connect, 단축키 Q): [플레이헤드]나 [스키머] 위치를 기준으로 프라이머리 스토리라인 위
로 클립을 연결합니다. 주요 인물이 있는 공간에서 그와 관련 있는 인물이나 피사체를 보여 주는 기법
인 컷 어웨이(Cut Away) 편집 시 많이 사용합니다.

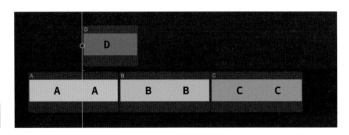

삽입하기(Insert, 단축키 W): [플레이헤드]나 [스키머] 위치를 기준으로 프라이머리 스토리라인 안으로
클립을 삽입합니다. 삽입한 클립의 길이만큼 뒤의 클립들이 밀려나 전체 편집 길이에 변화가 생깁니다.

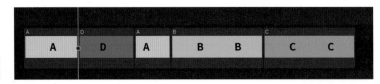

덧붙이기(Append, 단축키 E): [플레이헤드]나 [스키머]의 위치에 상관없이 프라이머리 스토리라인
끝으로 클립을 붙입니다. 기존 마지막 클립의 끝 점(End Point)에 새로운 클립을 붙이므로 단축키는
E입니다. 자주 사용하는 단축키 중 하나이므로 외워 두는 것을 추천합니다.

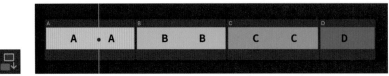

덮어쓰기(Overwrite, 단축키 D): [플레이헤드]나 [스키머] 위치를 기준으로 프라이머리 스토리라인 안으로 클립을 덮어씌웁니다. 삽입하기와 다르게 새로운 클립의 길이만큼 기존 클립을 덮어씌우므로 전체 길이는 변하지 않습니다.

클립에서 일부분만 타임라인에 배치하기

브라우저에 있는 클립 전체를 사용하는 것이 아니라 클립 중 일부 구간만 지정해서 타임라인에 배치하면 이후 편집 시간을 절약할 수 있습니다.

범위 지정: 클립에서 스키밍 등의 방법으로 원하는 구간을 확인했다면 마우스나 단축키를 이용해 '범위 지정(Range Selection)'을 합니다. 범위 지정을 하면 클립의 섬네일 전체가 아닌 해당 구간만 노란색 테두리로 표시됩니다.

- **마우스 활용:** 클립의 섬네일에서 사용할 구간을 드래그하여 범위를 지정합니다.
- **단축키 활용:** 구간의 시작점(In Point)에서 단축키 I 를, 끝 점(Out Point)에서 단축키 O 를 눌러 범위를 지정합니다.

▲ 클립 전체 선택(좌)과 범위 지정(우)했을 때 테두리 변화

지정한 범위 변경: 범위 지정과 같은 방법으로 언제든 새로운 범위를 다시 지정할 수 있습니다. 만약 지정한 범위를 초기화하고 싶다면 option 을 누른 채로 클립을 클릭하거나, X 를 눌러 해당 클립 전체를 선택합니다.

한 걸음 더 **타임라인 자유자재로 다루기**

타임라인에서 편집을 진행하다 보면 확대/축소하면서 세부적으로 편집하거나 전체를 확인해야 할 때가 있습니다. 만약 트랙패드를 사용 중이라면 트랙패드에서 두 손가락을 오므리거나 벌려서 타임라인을 간단하게 확대/축소할 수 있습니다. 이외에도 다음과 같은 방법으로 타임라인을 확대/축소할 수 있습니다.

단축키 이용하기

- **타임라인 확대:** `command` + `+`
- **타임라인 축소:** `command` + `-`
- **타임라인 맞추기:** `shift` + `Z`

타임라인 보기 옵션 이용하기

타임라인 패널 오른쪽 위에 있는 [Change the appearance of the clips in the Timeline] 아이콘을 클릭한 후 보기 옵션을 설정합니다.

❶ **돋보기 슬라이드 바:** 타임라인 확대/축소
❷ **클립 섬네일 모드:** 타임라인에 배치한 클립의 섬네일 모드 변경
❸ **클립 슬라이드 바:** 타임라인에 배치한 클립의 섬네일 크기 확대/축소

[Zoom] 툴 이용하기

타임라인 패널 위에 있는 툴 박스를 클릭한 후 팝업 메뉴에서 [Zoom] 툴을 선택하거나 단축키 `Z`를 누릅니다. [Zoom] 툴이 선택된 상태에서 타임라인을 클릭하면 확대되고, `option`을 누른 채 클릭하면 축소됩니다.

깨알Tip 타임라인이 확대된 상태에서는 [Hand] 툴(`H`)을 선택한 후 커서가 손바닥 모양으로 바뀌면 타임라인을 드래그해서 원하는 위치로 이동합니다. 섬세한 편집을 할 때 사용하면 편리합니다.

▲ Final Cut Pro X의 5.4 버전에서 [Blade] 아이콘 모양이 변경되었습니다.

Lesson 02 | 필요 없는 부분을 삭제하는 다양한 방법

이제 타임라인에 배치한 클립들을 손질할 시간입니다. 편집의 기본은 쓸모 없는 부분을 없애는 것입니다. 장황하게 늘어뜨리는 것보다 줄이고 줄여서 정수로만 구성해야 좋은 영상이 되는 것이지요. 무엇이 제일 좋은 컷인지 감이 오지 않는다면 일단 확실하게 필요 없는 부분을 없앤다는 생각으로 시작해 보세요. 한결 마음의 부담이 덜해집니다.

트림 기능으로 클립의 앞뒤 길이 줄이기

클립의 길이를 늘리고 줄이는 기본 편집 방식을 트림(Trim)이라고 하며, 앞에 있는 클립 길이의 변화에 따라서 뒤에 있는 클립들의 위치와 전체 러닝타임이 자동으로 변하는 것을 리플 편집(Ripple Edit)이라고 합니다. 트림 기능과 리플 편집, 아직은 생소한 단어지요? 우선 예제 파일에서 [Coffee] 라이브러리를 더블 클릭해서 실행한 후 [Video] 이벤트에 있는 [Coffee_Edit_02] 프로젝트를 더블 클릭해서 열고 실습을 통해 개념을 파악해 보겠습니다.

헤드와 테일

타임라인에 배치된 [Coffee_02] 클립의 앞부분은 우유를 붓기까지 지체 시간이 길고 유리병도 흔들려서 보기에 좋지 않고, 뒷부분은 길어서 지루합니다. 그러므로 해당 클립의 앞뒤를 줄여서 깔끔하게 만들겠습니다. 우선 타임라인에서 [Coffee_02] 클립의 양 끝인 헤드와 테일을 각각 클릭해 보세요.

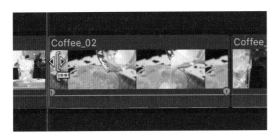
▲ [Coffee_02] 클립의 헤드

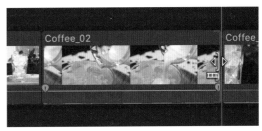
▲ [Coffee_02] 클립의 테일

클립의 양쪽 끝을 각각 '헤드(Head)'와 '테일(Tail)'이라고 부르며, 앞서와 같이 헤드와 테일을 클릭했을 때 빨간색으로 표시된다면 줄인 부분이 없고, 더 이상 늘릴 수도 없다는 의미입니다. 즉, 해당 클립에는 편집에 사용하지 않는 여유분이 없다는 의미로, '더 이상 핸들이 없다.'고 표현합니다.

클립 줄이기

타임라인에서 헤드 또는 테일을 선택한 후 각각 안쪽 방향으로 드래그해 봅니다. 클립의 길이가 줄면서 빨간색이 노란색으로 변하는 것을 확인할 수 있습니다. 색만 변한 것이 아니라 팝업으로 숫자가 표시됩니다. 왼쪽은 클립을 줄이거나 늘린 후의 총 시간이고, 오른쪽은 늘이거나 줄인 상대적인 시간입니다. 이렇게 클립의 길이를 줄임으로써 이제 편집에 사용하지 않은 여유분(핸들)이 생겼습니다. 헤드나 테일을 오른쪽으로 드래그하면 상대적인 시간이 + 값으로 표시되고, 왼쪽으로 드래그하면 – 값으로 표시됩니다.

◀ 헤드나 테일이 노란색으로 표시되면 핸들이
  있다는 의미입니다.

헤드를 오른쪽으로 드래그하여 1초 12프레임(+01:12)만큼 줄이고, 테일을 왼쪽으로 드래그하여 1초 (−01:00)만큼 줄여 보세요. 섬네일의 길이가 확연하게 줄어든 것을 시각적으로 확인할 수 있습니다. 이렇게 테일이나 헤드의 위치를 변경하여 클립의 길이를 조절하는 것을 '트림'이라고 합니다.

[Coffee_02] 클립의 헤드나 테일을 좌우로 드래그하면서 뒤에 있는 [Coffee_03] 클립의 변화를 관찰해 보세요. [Coffee_03] 클립이 자석처럼 따라붙는 것을 보셨나요? 이것이 Final Cut Pro X의 독특한 편집 방식인 '마그네틱 타임라인'입니다. 각 클립들이 자석처럼 착착 붙어 유기적으로 움직이지요. 이처럼 앞쪽 클립의 길이 변화에 따라 뒤쪽 클립들이 따라 움직이며 전체 러닝타임이 변하는 편집 방식을 '리플 편집'이라고 합니다.

 한 걸음 더 **단축키로 빠르게 트림하기**

단축키를 사용하면 [스키머] 혹은 [플레이헤드]를 기준으로 헤드와 테일의 위치를 빠르게 변경하여 클립의 길이를 조절할 수 있습니다.

- **시작점 트림(Trim Start):** option + [[ ]
- **끝 점 트림(Trim End):** option + [ ]]
- **플레이헤드와 가까운 트림(Trim To Playhead):** option + [\ ], [플레이헤드]의 위치에 따라 시작점 트림 혹은 끝 점 트림이 실행됩니다.

클립의 끝을 선택한 후 단축키를 이용하여 트림할 수도 있습니다.

- **핸들 확장(Extend Edit):** shift + [X]
- **1프레임씩 트림:** [,](뒤로), [.](앞으로)
- **10프레임씩 트림:** shift + [,], shift + [.]

터치 바가 있는 맥북이라면 다음과 같이 터치 바 아이콘을 이용해 트림할 수 있습니다.

❶ 플레이헤드와 가까운 트림(Trim To Playhead)

❷ 시작점 트림(Trim Start)

❸ 끝 점 트림(Trim End)

한 걸음 더 **정밀 편집기 활용하기**

트림 기능으로 클립의 길이를 줄이면 줄어든 부분이 삭제되는 것이 아니라 숨겨지는 것이며, 헤드나 테일을 드래그하여 손쉽게 다시 살릴 수 있습니다. 정확하게 얼만큼 숨겨졌는지 궁금하다면 헤드 또는 테일을 더블 클릭해 보세요. 정밀 편집기(Precision Editor)가 실행되며, 숨겨진 핸들은 어둡게, 실제 편집에 사용될 부분은 밝게 표시됩니다. 확인이 끝나면 회색 사각형을 더블 클릭하거나 esc 를 눌러 원래의 타임라인으로 돌아옵니다.

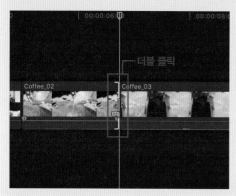 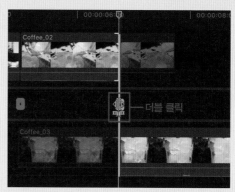

▲ 헤드 또는 테일을 더블 클릭해서 정밀 편집기를 실행할 수 있습니다.

Blade 툴로 클립 자르기

클립의 시작점과 끝 점의 위치를 조절하는 트림과 달리 [Blade](블레이드) 툴을 이용하면 하나의 클립을 여러 개로 자를 수 있습니다. 클립을 여러 개로 자르면 편집은 용이해질 수 있지만, 프로그램을 수행하는 프로세스도 늘어나면서 프로그램에 부하를 주는 원인이 될 수 있으니 꼭 필요한 부분만 잘라서 사용하는 것이 좋습니다.

Final Cut Pro X의 타임라인 왼쪽 위를 보면 기본 값으로 화살표 모양의 [Select] 툴 A 이 표시되어 있는 툴 박스가 있습니다. 클릭해서 면도칼 모양(가위 모양)의 [Blade] 툴을 선택하거나 단축키 B 를 눌러 보세요.

깨알Tip Final Cut Pro X 5.4 버전에서 [Blade] 툴이 면도칼 모양에서 가위 모양으로 변경되었습니다.

[Blade] 툴이 선택되면 마우스 커서가 면도칼 모양(가위 모양)으로 바뀝니다. 타임라인에서 [Coffee _03] 클립의 임의 지점을 클릭해 보세요. 하나였던 클립이 점선으로 구분되어 2개로 나눠집니다.

▲ 10.5.4 이후 버전의 [Blade] 툴

클립을 잘랐다고 원본 파일이 손상되는 것은 아닙니다. 타임라인에서만 나뉜 것이지요. [Coffee_03] 클립에서 커서 위치를 옮겨 자유롭게 클립을 잘라 보세요.

깨알Tip [Blade] 툴을 선택하지 않고, 선택 중인 툴에 상관없이 단축키 command + B 를 누르면 [스키머], [플레이헤드]를 기준으로 클립이 잘라집니다. 단축키를 사용하면 영상을 재생하면서 실시간으로 클립을 자를 수 있으니 효과적입니다.

여러 클립 동시에 자르기

다음과 같이 여러 트랙에 클립을 쌓아 올린 상태라면 shift 를 누른 채 [Blade] 툴로 자를 부분을 클릭하거나, [플레이헤드]를 배치하고 단축키 shift + command + B 를 눌러 해당 위치에 있는 클립을 일괄 자를 수 있습니다.

▲ [Blade] 툴을 선택한 상태에서 shift 를 누르면 마우스 커서가 2개의 면도칼이 겹쳐진 모양으로 바뀝니다. 최신 버전에서는 가위 모양에 이중 실선이 표시됩니다.

자른 클립 다시 합치기

자른 클립의 경계를 보면 점선으로 표시되어 있습니다. 이는 클립이 확실하게 2개로 잘린 것이 아니라 가상으로 잘렸다는 표시이며, 이를 Through Edit라고 합니다. 이 상태에서는 잘린 위치를 기준으로 앞 클립의 끝 점과 뒤 클립의 시작점이 같기 때문에 점선을 클릭해서 선택하고 backspace 를 누르면 다시 하나로 합쳐집니다(Join Through Edit).

깨알Tip 자른 클립을 트림, 이동, 삭제하여 점선이 실선으로 바꼈다면 그때는 개별적인 클립으로 분리된 것이기 때문에 합칠 수 없습니다.

필요 없는 클립 선택해서 삭제하기

[Blade] 툴로 클립을 여러 개로 분리했다면 그중 필요 없는 부분은 선택해서 삭제할 수 있습니다. 필요 없는 클립을 선택하기 위해 툴 박스에서 화살표 모양의 [Select] 툴을 선택하거나 단축키 A 를 누릅니다.

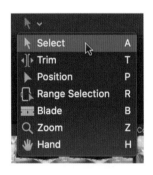

커서가 화살표 모양으로 바뀐 것을 확인했다면 잘라서 분리한 클립 중 필요 없는 클립을 클릭해서 선택하고 backspace 를 눌러 삭제합니다. 클립을 삭제하면 뒤에 있는 클립들이 자석처럼 따라와 달라붙습니다. 정말 쉽고 간단하지요?

◀ 삭제 전

◀ 삭제 후

깨알Tip command 를 누른 채 지울 클립들을 모두 클릭해서 선택하고 backspace 를 누르면 일괄 삭제할 수 있습니다.

Gap 클립 남기기

클립을 선택한 후 backspace 를 누르면 클립이 삭제되고, 뒤에 있는 클립들이 따라와 전체적인 러닝타임에 변화가 생깁니다. 만약 전체 러닝타임을 유지한 채 필요 없는 클립을 삭제하고 싶다면 delete 또는 shift + backspace 또는 fn + backspace 를 누릅니다. 클립이 삭제된 자리에 빈 껍데기 클립인 Gap 클립이 생성되면서 전체 러닝타임이 유지됩니다. 타임라인에서 회색으로 보이는 Gap 클립은 재생했을 때 검은 화면으로 표시됩니다.

▲ 필요 없는 클립을 삭제했을 때

▲ Gap 클립을 남기고 삭제했을 때

시작점, 끝 점 지정으로 빠르게 삭제하기

단축키를 이용하면 클립에서 필요 없는 특정 구간을 선택하여 빠르게 삭제할 수 있습니다. 바로 시작점(In Point)과 끝 점(Out Point)을 지정하는 단축키인 ⓘ와 ⓞ를 활용하는 방법입니다.

끝 점 지정하기

[Coffee_01] 클립에서 맨 앞부터 2초 구간까지를 삭제하려고 합니다. 우선 뷰어의 타임코드를 클릭한 후 [200](2:00)을 입력하고 [return]를 눌러 [플레이헤드]를 2초 지점(02:00)으로 옮긴 후 [←]를 한 번 눌러 1초 23프레임으로 옮깁니다. 그런 다음 끝 점을 지정하는 단축키인 ⓞ를 누릅니다.

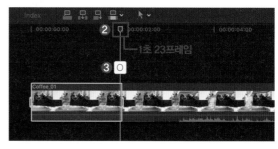

(깨알Tip) 타임코드에 숫자만 입력하는 방법을 절대적인 타임코드 이동법이라고 합니다.

끝 점으로 지정했으므로 클립의 맨 앞부터 [플레이헤드]를 기준으로 범위가 지정됩니다. 이때 끝 점은 [플레이헤드] 위치가 아닌 바로 다음 1프레임이 지정됩니다. 그러므로 2초에서 [←]를 눌러 한 프레임 앞으로 옮긴 후 끝 점을 지정했습니다. 이처럼 Final Cut Pro X에서는 [플레이헤드]를 기준으로 시작점이나 끝 점 하나만 지정하면 클립 내에서 나머지 범위를 자동으로 지정해 줍니다. 범위 지정이 끝났으니 그대로 [backspace]를 눌러 삭제합니다.

시작점 지정하기

이번에는 시작점을 이용해 범위를 지정해 보겠습니다. 타임코드를 클릭한 후 [+500]을 입력하고 [return]를 누르면 현재 [플레이헤드] 위치에서 오른쪽으로 5초(5:00)만큼 이동됩니다.

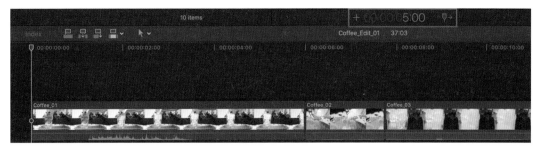

▲ +, −를 먼저 입력하면 상대적인 이동법이 실행됩니다.

깨알Tip 타임코드에 + 혹은 −와 함께 숫자를 입력하는 방법을 상대적인 이동법이라고 하며, [플레이헤드]의 현재 위치를 기준으로 조절됩니다. 상대적인 이동법은 굳이 타임코드를 클릭하지 않고 곧바로 ⊞ 혹은 ⊟를 누른 후 값을 입력해도 됩니다.

현재 이동한 위치를 시작점으로 지정하기 위해 단축키 Ⅰ를 누르면 [플레이헤드]부터 해당 클립의 끝까지 범위로 지정되며, backspace를 눌러 삭제합니다.

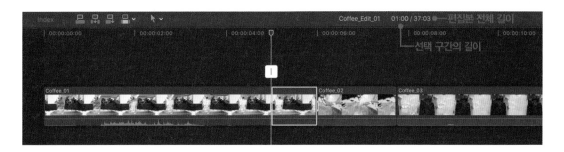

시작점과 끝 점 지정하기

시작점 또는 끝 점만 지정하는 것이 아니라 두 점을 모두 지정하여 클립의 중간 부분을 범위 지정(Range Selection)할 수 있습니다. 시작점과 끝 점 지정과 같은 방법으로 [플레이헤드]를 옮기고 시작점에서 Ⅰ를, 끝 점에서 O를 누르면 됩니다.

툴 박스에서 [Range Selection] 툴 R을 선택한 후 직접 범위를 드래그해서 지정할 수도 있으며, 범위를 지정한 후 노란 테두리의 좌우 끝을 드래그해서 범위를 조절할 수도 있습니다.

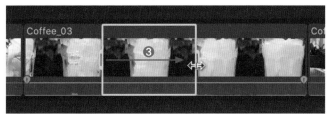

Lesson 03 | 클립 순서와 위치 바꾸기

음식 재료를 알맞게 다듬었다면 재료의 특성에 맞춰 순서대로 조리를 해야 맛이 제대로 우러나겠죠? 마찬가지로 여러 클립을 단순하게 나열하는 것보다는 전달하고자 하는 메시지와 재미를 고려하여 순서와 위치를 변경해야 합니다.

선택, 배치에 Select 툴 활용하기

[Coffee] 라이브러리를 더블 클릭해서 실행한 후 [Video] 이벤트에 있는 [Coffee_Edit_02] 프로젝트를 실행하여 간단한 실습을 진행해 보세요.

◀ Final Cut Pro X 5.4 버전에서
[Blade] 아이콘 모양이 변경되었습니다.

클립 좌우로 이동: 툴 박스에서 [Select] 툴Ⓐ을 선택한 후 타임라인에서 임의의 클립을 좌우로 드래그해 봅니다. 클립과 클립의 사이 혹은 타임라인의 맨 앞이나 맨 뒤로 자유롭게 옮길 수 있습니다. 클립의 순서를 바꾸는 것이 이렇게 쉽다니 놀랍지 않나요?

깨알Tip [Select] 툴은 클립을 선택하고 배치하는 역할을 하며, 커서가 화살표(Arrow) 모양이기 때문에 단축키 Ⓐ를 사용합니다.

클립 상하로 이동: [Select] 툴로 클립을 위나 아래로 드래그해 봅니다. 프라이머리 스토리라인에 있던 클립이 위/아래의 다른 트랙으로 옮겨지고, 남은 클립들은 공백을 남기지 않고 자석처럼 달라붙습니다.

배치 및 길이 조절에 Position 툴 활용하기

마그네틱 타임라인 기능은 분명 획기적이고 편리한 기능이지만 간혹 불편할 때도 있습니다. 예를 들어 영상과 음악의 싱크를 맞춰서 멋지게 작업한 후 특정 클립의 길이를 조절하거나 삭제했을 때, 혹은 다른 트랙으로 옮길 때면 마그네틱 타임라인 기능으로 러닝타임이 줄어들 겁니다. 생각만 해도 골치 아프겠죠? 이럴 때 원하는 위치에 클립을 배치하면서 전체 러닝타임을 유지할 수 있는 기능이 바로 [Position] 툴 P 입니다.

클립 위치 변경: [Position] 툴을 이용하면 빈 자리에 Gap 클립이 생성되면서 타임라인의 전체 길이는 변하지 않습니다. 또한, 옮긴 클립의 위치가 바뀌면서 앞/뒤에 있는 클립의 위치가 함께 바뀌는 것이 아니라 다른 클립에 덮어씌워집니다. [Position] 툴을 선택한 후 다음과 같이 [Coffee_08] 클립을 오른쪽으로 살짝 드래그해 보세요. 왼쪽에 Gap 클립이 생기며, 뒤에 있던 [Coffee_9] 클립의 앞부분이 덮어씌워지는 것을 확인할 수 있습니다.

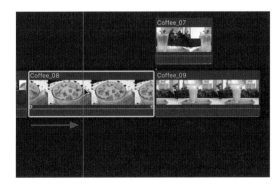
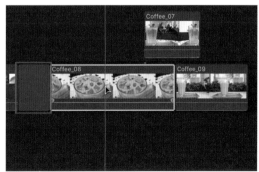

이번에는 [Coffee_09] 클립을 아래쪽 트랙으로 드래그해서 옮겨 봅니다. 역시 Gap 클립이 생기고 선택한 클립만 이동됩니다.

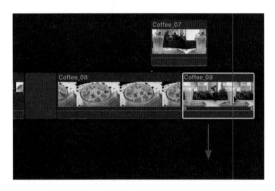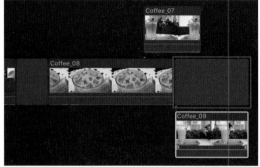

클립 길이 변경: [Position] 툴이 선택된 상태에서 클립의 헤드나 테일을 선택해서 드래그해 봅니다. 위치 변경과 마찬가지로 길이 변화에 따라 Gap 클립이 생깁니다.

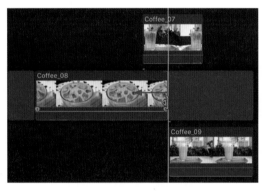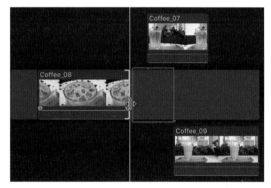

▲ [Position] 툴로 클립의 길이를 줄이면 그만큼 Gap 클립이 생성됩니다.

한 걸음 더 Gap 클립으로 러닝타임 조절하기

프로젝트에서 임의로 러닝타임을 늘리고 싶다면 메뉴 막대에서 [Edit – Insert Generator – Gap]을 선택하여 Gap 클립을 삽입합니다. [플레이헤드]를 기준으로 Gap 클립이 삽입되며, Gap 클립의 헤드나 테일을 드래그하여 길이를 조절할 수 있습니다. Gap 클립 삽입하기 단축키는 option + W 입니다.

클립 연결하기

Final Cut Pro X의 타임라인은 프라이머리 스토리라인에 있는 클립에 다른 클립들이 서브로 연결된 (Connected) 구조입니다. 마치 줄기(프라이머리 스토리라인)에 붙어 있는 가지(트랙)처럼 말이지요. [Select] 툴Ⓐ을 선택한 후 프라이머리 스토리라인에 있는 클립을 위나 아래로 드래그해 보세요. 파란 실선이 길게 늘어지는 것을 볼 수 있습니다. 이 선은 '커넥션 포인트'라고 하며, 해당 클립이 프라이머리 스토리라인에 있는 클립과 연결되었다는 뜻입니다. 예를 들어 아래와 같이 커넥션 포인트가 [Coffee_09] 클립에 연결되어 있을 때 [Coffee_09] 클립을 좌우로 드래그하면 위에 있는 [Coffee_07] 클립도 짝꿍처럼 함께 움직입니다. 심지어 [Coffee_09] 클립을 삭제하면 연결된 클립도 삭제됩니다. 단, 식물의 가지를 잘라도 줄기는 살아 있듯이 트랙에 있는 클립을 삭제한다고 프라이머리 스토리라인에 있는 클립이 삭제되지는 않습니다.

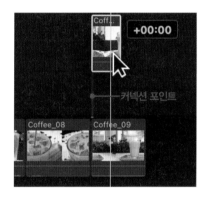

연결 위치 변경: 일반적으로 트랙에 있는 클립의 헤드 부분이 프라이머리 스토리라인의 클립과 커넥션 포인트로 연결되어 있습니다. 트랙에 있는 클립에서 연결 위치를 변경하고 싶다면 command + option을 누른 채로 트랙의 클립에서 연결할 위치를 클릭합니다.

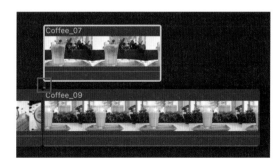
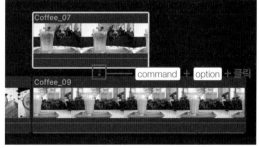

Lesson 04 | 한 프레임의 차이가 전혀 다른 결과물을 만든다

1프레임은 찰나의 순간이지만 사소한 차이가 모여 전혀 다른 결과물이 됩니다. 대략적인 순서 조절이 끝났다면 이제 조금 더 섬세하게 신경을 써서 영상의 품질을 높이는 작업을 해야 합니다. 단축키나 [Trim] 툴을 활용한 디테일한 트림 편집에 대해 살펴보겠습니다.

단축키를 이용하여 정밀하게 편집하기

클립의 양 끝(헤드, 테일)을 드래그해서 길이를 늘리거나 줄이는 것을 트림이라고 했습니다. 이때 마우스를 이용하면 정확하게 원하는 길이로 조절하기 힘드니 단축키를 활용하면 효과적입니다. 클립을 선택하면 클립의 위치를, 헤드나 테일을 선택하면 클립의 길이를 한두 프레임씩 섬세하게 조절할 수 있습니다.

- ⸰(마침표): 1프레임 뒤(오른쪽 방향)로 이동
- shift + ⸰: 10프레임 뒤로 이동
- ⸰(쉼표): 1프레임 앞(왼쪽 방향)으로 이동
- shift + ⸰: 10 프레임 앞으로 이동

[Coffee] 라이브러리를 더블 클릭해서 실행한 후 [Video] 이벤트에 있는 [Coffee_Edit_03] 프로젝트를 실행합니다. [Select] 툴을 선택한 후 타임라인 패널에서 [Coffee_04] 클립의 헤드를 클릭해서 선택하고 ⸰(마침표)를 5번 눌러 클립의 앞쪽을 5프레임 줄입니다. 계속해서 테일을 클릭한 후 ⸰(쉼표)를 3번 눌러 뒤를 3프레임 줄여 보세요. 다른 클립 혹은 헤드나 테일도 선택한 후 연습해 봅니다.

> **깨알Tip**
>
> [Position] 툴은 선택한 후 단축키로 클립의 길이를 줄이면 그만큼 Gap 클립이 추가됩니다.

Trim 툴로 정밀한 편집하기

[Trim] 툴 T을 사용하면 단순히 클립의 길이를 조절하는 것 이상의 세밀한 편집을 할 수 있습니다. 주의할 점은 클립에서 클릭한 위치에 따라 [Trim] 툴의 기능이 달라진다는 것입니다. 타임라인 왼쪽 위에 있는 툴 박스에서 [Trim] 툴을 선택한 후 롤, 슬립, 슬라이드 편집을 실습해 보겠습니다.

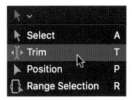

편집 점을 조절하는 롤 편집

영상의 전체 길이는 유지한 채 붙어 있는 두 컷의 편집 점(Edit Point)을 조절하는 것을 '롤(Roll) 편집'이라 합니다. [Trim] 툴 T을 선택한 후 클립과 클립 사이에 편집 점을 클릭하면 다음과 같이 맞닿아 있는 모양으로 표시됩니다. [Coffee_03] 클립과 [Coffee_04] 클립의 편집 점을 좌우로 드래그해 보세요.

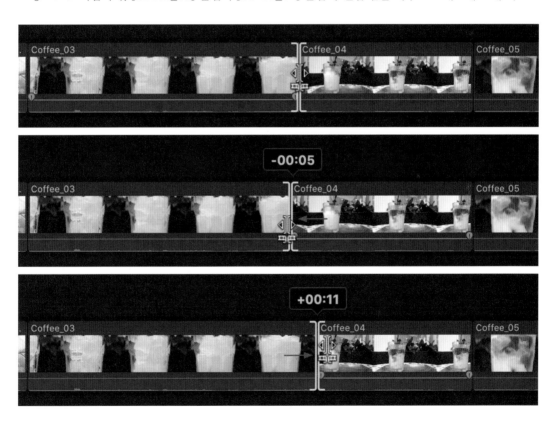

[Coffee_03]의 끝 점이 줄면 [Coffee_04]의 시작점이 늘어나고, [Coffee_03]의 끝 점이 늘면 [Coffee_04]의 시작점이 줄어듭니다. 예제처럼 편집 점을 오른쪽으로 드래그하면 [Coffee_03] 클립

의 영상이 늘어나고, [Coffee_04] 클립의 영상이 줄어듭니다.

이와 같이 앞뒤 두 클립에 동시에 영향을 미치는 롤 편집을 하는 동안에는 뷰어에도 두 개의 화면이 동시에 표시되며, 왼쪽은 [Coffee_03] 클립의 끝 점, 오른쪽은 [Coffee_04] 클립의 시작점을 보여 줍니다. 뷰어를 확인하면서 마음에 드는 편집 점을 선택해 보세요.

▲ 뷰어에서 왼쪽은 앞 클립의 끝 점, 오른쪽은 뒤 클립의 시작점이 표시됩니다.

단일 클립의 시작점과 끝 점을 변경하는 슬립 편집

클립의 길이 변화 없이 오로지 클립 내부에서 시작점과 끝 점만 변경하는 것을 '슬립(Slip) 편집'이라고 합니다. [Trim] 툴을 선택한 후 편집할 클립을 클릭하면 다음과 같이 헤드와 테일이 동시에 선택되며, 클릭한 채 좌우로 드래그하면 슬립 편집이 됩니다. 뷰어에서 시작점과 끝 점의 변화를 확인하면서 클립 내의 시작점과 끝 점을 조절해 보세요.

▲ 슬립 편집 상태

슬립 편집 상태에서 오른쪽으로 드래그하면 현재 영상의 구간보다 더 앞부분을 사용한다는 뜻이고, 왼쪽으로 드래그하면 뒷부분을 사용하겠다는 뜻입니다. [Coffee_03] 클립을 예로 들어 볼까요? 오른쪽으로 드래그하면 영상의 시작점이 더 앞으로 간다고 했으므로 우유를 붓기 전 얼음만 가득 찬 컵 화면이 오래도록 표시될 것이고, 반대로 왼쪽으로 드래그하면 우유가 컵에 가득 차는 화면이 길게 표현될 것입니다. 해당 클립의 시작 혹은 끝 부분이라서 더 이상 옮길 수 없을 때는 클립 끝이 노란색에서 빨간색으로 표시됩니다.

▲ 한쪽 끝까지 드래그하면 빨간색으로 표시됩니다.

이러한 슬립 편집은 주로 앞쪽 클립의 끝 점과 자연스럽게 이어지도록 타이밍을 맞추는 용도로 사용합니다. 그러므로 편집을 거의 완성한 단계에서 특정 컷의 시작점이나 끝 점을 약간씩 수정할 때 활용하면 좋습니다.

기준 클립의 양 옆 클립을 조정하는 슬라이드 편집

롤 편집이 두 클립의 편집 점을 조정하는 것이고, 슬립 편집이 한 클립에서 시작점과 끝 점을 조정하는 것이라면 '슬라이드(Slide) 편집'은 세 클립이 있을 때 가운데 있는 클립은 그대로 유지한 채 양 옆에 있는 클립의 편집 점을 조정하는 것입니다. 더 정확히 말하면 앞 클립의 끝 점과 뒤 클립의 시작점을 변화시키면서 가운데 클립과 전체 러닝타임은 그대로 유지하는 방법입니다.

슬라이드 편집은 [Trim] 툴을 선택한 후 option 을 누른 채로 가운데 있는 클립을 클릭한 채 좌우로 드래그하면 됩니다. 슬라이드 편집 중에는 다음과 같이 앞쪽 클립의 테일과 뒤쪽 클립의 헤드가 선택된 상태로 표시되며, 빨간색으로 표시되면 해당 방향으로는 더 이상 조절할 수 없습니다.

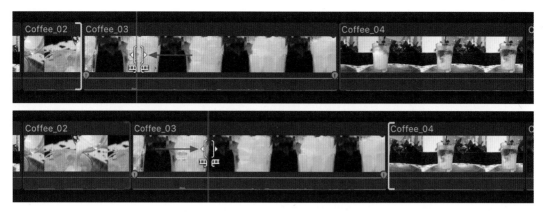

▲ 슬라이드 편집에 따른 변화

 한 걸음 더 **키보드로 편집하기**

키보드를 이용하면 좀 더 정교하게 편집할 수 있습니다. 각 편집 상태에서 ⊞ 혹은 ⊟를 누르면 타임코드가 활성화됩니다. 이 상태에서 옮길 만큼 숫자를 입력하고 return 을 누르면 해당 값만큼 위치가 조절됩니다. 예를 들어 슬라이드 편집을 한다면 option 을 누른 채 기준이 될 가운데 클립을 클릭해서 선택한 후 ⊞를 누르고 이어서 [15]를 입력한 후 return 을 누르면 가운데 클립이 앞으로 15프레임만큼 슬라이드 편집됩니다.

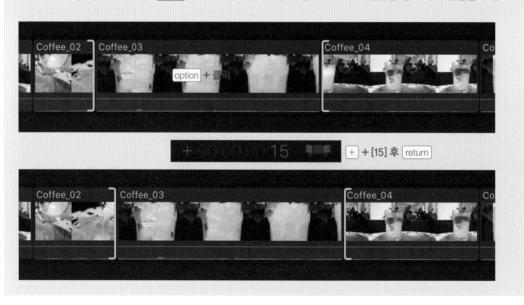

Lesson 05 | 속도 조절로 영상에 리듬감 표현하기

영상을 빠르게 재생하다 강조하고 싶은 순간 느리게 재생하고, 때로는 역방향으로 되감는 등 속도나 방향을 조절하여 영상에 리듬감과 생기를 더하는 작업은 편집의 묘미라고 할 수 있지요. 왕초보도 손쉽게 사용할 수 있는 Final Cut Pro X의 리타이밍 도구들을 만나 보세요.

클립 속도를 조절하는 리타이밍 옵션 확인하기

뷰어 패널 좌측 하단에는 여러 개의 아이콘이 배치되어 있습니다. 그중에서 계기판 모양인 [Choose clip retiming options] 아이콘을 클릭하면 다음과 같은 팝업 메뉴를 이용하여 영상의 재생 속도를 조절할 수 있습니다.

- **Slow:** 느리게(50%, 25%, 10%)

- **Fast:** 빠르게(2배, 4배, 8배, 20배)

- **Normal(100%):** 100% 속도로 되돌리기

- **Hold:** 정지 화면 만들기

- **Blade Speed:** 리타임 에디터를 나눠 구간별 속도 조절

- **Custom:** 세부 속도 조절

- **Reverse Clip:** 거꾸로 재생

- **Reset Speed:** 속도 조절 초기화

- **Automatic Speed:** 프레임 레이트에 맞춰 속도 자동 조절(고속 촬영본에 사용)

- **Speed Ramp:** 속도를 4단계로 점점 빠르게, 점점 느리게 조절

- **Instant Replay:** 장면 다시 보기(100%, 50%, 25%, 10%)

- **Rewind:** 되감았다가(1배, 2배, 4배속) 다시 재생하기

- **Jump Cut at Markers:** 마커 기준으로 프레임 건너뛰기(3, 5, 10, 20, 30프레임)

- **Video Quality:** 슬로우 화질 옵션(Normal, Frame Blending, Optical Flow)

- **Preserve Pitch:** 타이밍을 조정할 때 음높이(피치)를 유지

- **Speed Transitions:** 클립에서 스피드가 다르게 조절될 때 부드럽게 이어지도록 조절

- **Hide Retime Editor:** 리타임 에디터 숨기기

영상 속도 느리거나 빠르게 조절하기

속도를 조절하려면 먼저 타임라인에서 조절할 클립을 선택해야 합니다. [Coffee] 라이브러리를 더블 클릭해서 실행한 후 [Video] 이벤트에 있는 [Coffee_Edit_04] 프로젝트를 실행합니다. 툴 박스에서 [Select] 툴Ⓐ을 선택한 후 타임라인에서 [Coffee_04] 클립을 선택하여 노란색 테두리가 표시되면 다음과 같이 속도를 조절해 봅니다.

▲ 속도를 조절하려면 먼저 클립을 선택해야 합니다.

2배 느리게 재생

클립을 선택했으면 뷰어에서 [Choose clip retiming options] 아이콘을 클릭한 후 [Slow – 50%]를 선택해 보세요. 클립의 길이가 늘어나면서 위쪽에 'Slow(50%)'라는 텍스트와 함께 주황색 바가 생깁니다. spacebar 를 눌러 재생해 보면 2배 느리게 재생되는 것을 확인할 수 있습니다. 이렇게 속도를 느리게 재생하면 클립의 재생 시간이 늘어나고, 그만큼 다른 클립들이 뒤로 밀려 전체 러닝타임도 길어집니다. 강제로 속도를 느리게 만들면 화면이 조금 끊기는 느낌이 날 수 있습니다. 이럴 때 화질을 개선하는 방법은 108쪽의 **[좋은 화질의 슬로우 효과 영상 만들기]**를 참조해 주세요.

▲ [Slow]가 적용된 클립

깨알Tip [Choose clip retiming options] 아이콘을 클릭했을 때 표시되는 메뉴는 상단 메뉴 바에서 [Modify – Retime]을 선택해도 확인할 수 있습니다.

2배 빠르게 재생

클립이 선택된 상태에서 [Choose clip retiming options] 아이콘을 클릭한 후 [Fast – 2x](2배속)를 선택해 봅니다. 이번에는 클립의 길이가 줄고 '200%'라는 텍스트와 함께 파란색 바가 표시됩니다. [Slow]를 적용했을 때와 반대로 러닝타임이 짧아집니다.

▲ [Fast]가 적용된 클립

속도 되돌리기

다음 실습을 위해 재생 속도를 원래대로 되돌리겠습니다. 속도 조절한 클립이 선택된 상태에서 [Choose clip retiming options] 아이콘을 클릭한 후 [Normal(100%)] 또는 [Reset Speed]를 선택하면 됩니다.

앞서 실습으로 속도를 조절하면 클립 위에 바가 표시되는 것을 확인했습니다. 이 바를 '리타임 에디터'라 부르며, 기본 속도일 때는 초록색, 기본 속도보다 느릴 때는 주황색, 빠를 때는 파란색으로 표시됩니다.

리타임 에디터의 자세한 사용법은 106쪽을 참고하세요.

정지 화면 만들기

속도를 조절했다가 다시 원래대로 되돌린 [Coffee_04] 클립의 영상 중 한 장면을 정지 화면으로 만들어 보겠습니다. [Coffee_04] 클립 중 정지 화면으로 만들 장면에 [플레이헤드]를 위치시키고 [Choose clip retiming options] 아이콘을 클릭한 후 [Hold]를 선택해 봅니다.

▲ [플레이헤드] 위치를 기준으로 클립의 한 장면을 정지 화면으로 만들 수 있습니다.

리타임 에디터를 보면 [플레이헤드]를 기준으로 클립이 분할되고, 주황색 'Hold(0%)' 리타임 에디터가 표시됩니다. Hold 리타임 에디터 오른쪽 끝에 있는 리타이밍 핸들을 좌우로 드래그하면 정지 화면의 길이를 조절할 수 있으며, 전체 러닝타임에도 영향을 미칩니다.

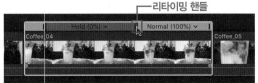

▲ 리타이밍 핸들을 드래그하여 정지 화면 시간을 조절합니다.

한 걸음 더 [Add Freeze Frame] 메뉴로 정지 화면 만들기

정지 화면은 [Hold] 이외에 상단 메뉴 바에서 [Edit – Add Freeze Frame] option + F 을 선택해서 만들 수도 있습니다.

[Hold]를 이용하면 클립 내에서 리타임 에디터가 분리되는 방식이고, [Add Freeze Frame]을 이용하면 별도의 정지 화면 클립이 생성되어 일반 클립처럼 헤드나 테일을 드래그하여 길이를 조절할 수 있습니다.

▲ [Hold]로 만든 정지 화면

▲ [Add Freeze Frame]으로 만든 정지 화면

반대 방향으로 재생하기

역방향으로 재생되는 영상을 만들어 보겠습니다. 앞서 실습한 [Coffee_04] 클립이 선택된 상태에서 [Choose clip retiming options] 아이콘을 클릭한 후 [Normal(100%)] 혹은 [Reset Speed]를 선택하여 클립을 처음 상태로 되돌리고, 이어서 [Reverse Clip]을 선택합니다. 초록색 'Reverse Normal(-100%)' 리타임 에디터에 역방향 화살표(〈〈〈)가 표시됩니다. spacebar 를 눌러 영상을 재생해 보면 에스프레소가 아래에서 위로 올라가는 신기한 영상을 확인할 수 있습니다.

역방향 속도 조절

역방향으로 재생되는 클립의 속도를 조절하려면 Reverse 리타임 에디터 오른쪽 끝에 있는 핸들을 드래그합니다. 왼쪽으로 드래그하면 역재생 속도가 빨라지고, 오른쪽으로 드래그하면 역재생 속도가 느려지며, 속도에 따라 리타임 에디터 색상도 변경됩니다.

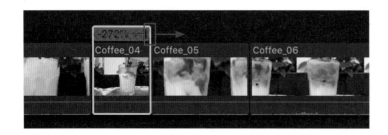

역방향 재생 속도를 원래대로 되돌리려면 [Choose clip retiming options] 아이콘을 클릭한 후 [Reverse Normal(-100%)]을 선택하고, 역방향 재생까지 원상태로 되돌리려면 [Reset Speed]를 선택합니다.

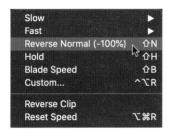
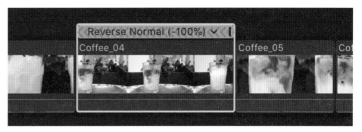

▲ 속도만 되돌릴 때는 [Reverse Normal(–100%)]을 선택합니다.

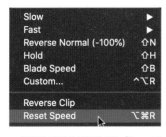

▲ 역방향 재생을 되돌릴 때는 [Reset Speed]를 선택합니다.

자유롭게 속도 조절하기

타임라인에서 클립을 선택하고 [Choose clip retiming options] 아이콘을 클릭한 후 [Custom]을 선택해 보세요. 지금까지 정해진 %로만 속도를 조절했다면 Custom Speed 창에서 원하는 방법을 선택하거나 값을 입력해 속도를 조절할 수 있습니다.

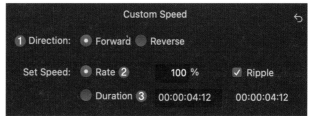

❶ **Direction:** [Forward](정방향)과 [Reverse](역방향) 중 영상 재생 방향을 선택니다.

❷ **Rate:** %로 속도를 조절할 수 있습니다. [100%]가 기본 값이며, 100%보다 작으면 느리게, 100%보다 크면 빠르게 재생됩니다. 이때 [Ripple]에 체크하면 재생 속도에 따라 전체 러닝타임이 변경되지만 체크를 해제하면 Gap 클립이 배치되거나 영상의 일부가 잘려서 전체 러닝타임이 유지됩니다.

▲ [Ripple]의 체크를 해제하면 속도에 따라 Gap 클립이 추가되거나 영상의 일부가 잘립니다.

❸ **Duration:** 직접 시간을 입력해서 속도를 조절합니다. 예를 들어 2초(2:00)짜리 클립을 선택한 후 [1:00]로 설정하면 2초 길이를 1초 동안 재생해야 하므로 2배(200%) 빠르게 재생됩니다.

리타임 에디터로 쉽고 빠르게 속도 조절하기

지금까지는 뷰어 아래에 있는 [Choose clip retiming options] 메뉴를 이용하여 속도를 조절했지만, 리타임 에디터를 이용하면 보다 간편하게 클립의 속도를 조절할 수 있습니다. 리타임 에디터는 클립을 선택하고 [Choose clip retiming options] 아이콘을 클릭한 후 [Show/Hide Retime Editor]를 선택하거나 단축키 command + R 을 눌러서 표시하거나 가릴 수 있습니다.

리타이밍 핸들 이용: 가장 간편한 방법은 클립에 리타임 에디터를 표시한 후 오른쪽 끝에 있는 리타이밍 핸들을 드래그하는 것입니다.

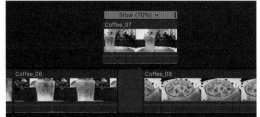

▲ 리타이밍 핸들을 드래그하여 손쉽게 속도를 조절할 수 있습니다.

리타임 에디터의 팝업 메뉴 이용: 좀 더 정확한 값으로 속도를 조절하려면 리타임 에디터에서 [펼침] 버튼을 클릭한 후 팝업 메뉴에서 [Custom Speed]를 선택하거나, 리타임 에디터를 더블 클릭해서 Custom Speed 창을 열어 속도를 조절합니다. Custom Speed 창은 105쪽에서 자세히 설명합니다.

세련되게 속도 조절하기

한 클립 내에서 구간별 서로 다른 속도로 조절할 수는 없을까요? 당연히 가능합니다. [Blade Speed] 기능을 사용하면 하나의 클립 내에서도 자유자재로 속도를 조절할 수 있습니다. 예를 들어 [Coffee_07] 클립에서 앞부분은 50% 속도로 재생되다 중간 이후부터는 원래의 속도대로 재생되도록 만든다면 속도가 변경될 기준 위치에 [플레이헤드]를 배치하고 [Choose clip retiming options] 아이콘을 클릭하여 [Speed Transitions]에 체크되어 있는지 확인한 후 [Blade Speed]를 선택합니다.

클립이 물리적으로 나누어지는 것이 아니라 [플레이헤드]를 기준으로 리타임 에디터가 두 개로 나누어집니다. 이제 분리된 리타이밍 에디터에서 각각 원하는 속도로 조절해 보세요. 속도를 조절했더니 중간에 진한 음영 구간이 표시되었죠? 이 구간이 바로 Speed Transitions으로 서로 다른 속도의 영상이 만날 때 부드럽게 전환되는 영역입니다.

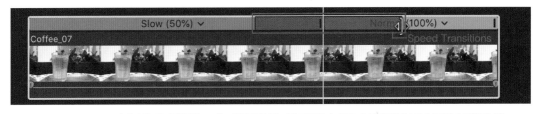

▲ Speed Transitions 구간에서 양 끝의 핸들을 드래그해서 전환 정도를 조절할 수 있으며, 구간이 길수록 부드럽게 전환됩니다.

Speed Transitions 설정

리타이밍 에디터에서 Speed Transition 구간을 더블 클릭하면 Speed Transition 팝업 창이 열립니다.

▲ Speed Transition 구간을 더블 클릭하면 팝업 창이 열립니다.

❶ **Speed Transition:** Speed Transition 구간 사용 여부를 결정합니다. 체크를 해제하면 Speed Transition 구간이 사리집니다.

❷ **Source Frame:** [Edit] 버튼을 클릭하면 Speed Transition 구간에 필름 모양 아이콘이 표시되며, 아이콘을 클릭하고 좌우로 드래그해서 속도 변화 지점을 변경할 수 있습니다. 변경이 끝나면 아이콘을 더블 클릭합니다.

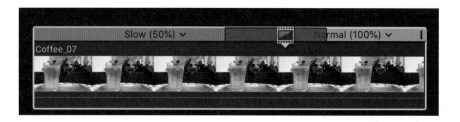

좋은 화질의 슬로우 효과 영상 만들기

흔히 슬로우 효과라고 부르는, 느린 속도로 재생되는 영상을 만들려면 다음과 같은 방법을 사용합니다.

- 24 혹은 30 프레임 레이트로 촬영한 영상에서 재생 속도 느리게 조절하기
- 고속 프레임 레이트로 촬영한 영상에서 [Automatic Speed] 기능 사용하기

Video Quality로 슬로우 모션 품질 조정

타임라인에서 임의의 클립을 선택한 후 재생 속도를 [50%]로 설정합니다. 그런 다음 ⊡⊡를 눌러 1프레임씩 확인해 보세요. 같은 프레임이 2장씩 반복된다는 된 것을 발견할 수 있습니다. 1초당 24프레임으로 찍은 영상인데 속도를 50%로 줄여서 길이를 강제로 늘렸으니 중간에 빈 프레임이 생기고, 그 프레임은 기존 프레임을 복제해서 메꾸었기 때문입니다.

속도 조절한 클립을 선택하고 [Choose clip retiming options] 아이콘을 클릭한 후 [Video Quality − Optical Flow]를 선택하세요. 그런 다음 해당 영상을 다시 1프레임씩 확인해 보세요. Final Cut Pro X에서 영상을 분석하여 빈 프레임에 새로운 프레임을 채워 넣었으므로 반복되는 프레임이 사라지고, 움직임도 매우 부드러워진 걸 확인할 수 있습니다.

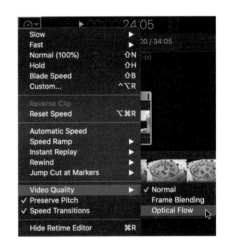

Video Quality 하위 메뉴

앞서 사용한 [Video Quality] 기능은 슬로우 모션을 사용했을 때 부드럽게 표현하기 위해 빈 프레임을 어떻게 처리할지, 다음과 같이 3가지 옵션 중 선택할 수 있습니다.

Video Quality	방법	장점	단점
Normal	'AABBCCDD'처럼 프레임을 그대로 복제	렌더링이 필요 없음	영상이 끊겨 보임
Frame Blending	인접한 두 프레임을 섞어서 빈 프레임을 채움	움직임이 부드럽고 효율적	렌더링이 필요하고, 잔상이 남아 지저분함
Optical Flow	픽셀의 위치와 움직이는 방향을 광학적으로 계산해 새로운 프레임을 만들어서 채움	움직임이 부드럽고 깨끗함	렌더링이 필요하고, 프로세스를 많이 사용함, 결과적으로 용량이 큼

영상의 품질만 보면 가장 좋은 옵션은 [Optical Flow]일 겁니다. 하지만 용량이 커지는 등의 이슈가 있습니다. 그러니 무조건 [Optical Flow]를 사용하기 보다는 [Normal]부터 순차적으로 테스트하면서 어색하지 않은 것을 선택해야 합니다.

고속 촬영 후 Automatic Speed 사용

애초에 슬로우 모션 영상을 계획하고 있었다면 처음부터 고속 촬영을 추천합니다. 고속 촬영이란 60fps나 120fps처럼 높은 프레임 레이트로 촬영하는 것입니다. 고속 촬영한 영상을 Final Cut Pro X에서 프레임 레이트가 다른 프로젝트 타임라인에 배치하면 마치, 아코디언 주름이 접히듯 중간중간 프레임이 사라지고, 자동으로 클립의 프레임 레이트가 변환되어 고속 촬영 여부를 파악하기 어렵습니다. 이 상태에서 [Choose clip retiming options] 아이콘을 클릭한 후 [Automatic Speed]를 선택하면 고속 촬영한 원래 프레임 레이트로 복구되면서 클립의 길이가 늘어나고, 아주 느리게 재생됩니다.

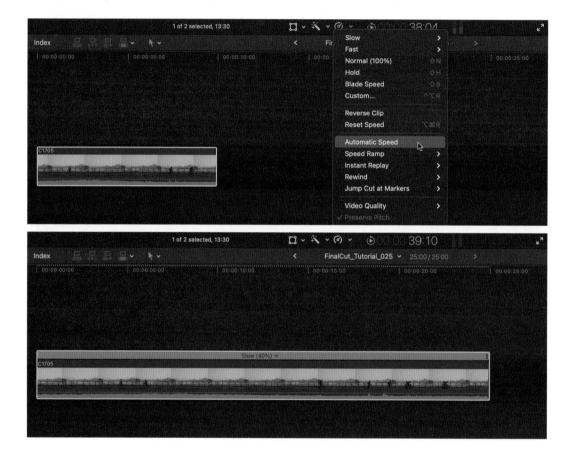

예를 들어 60fps로 촬영한 클립을 23.98fps 타임라인에 배치하면 1초에 36장의 프레임이 사라지며, [Automatic Speed]를 적용하면 사라진 프레임이 되살아나고, 1초가 2.5초(60/24)로 늘어나면서 느리게 재생됩니다.

Lesson 06 | 분위기를 환기시키는 화면 전환의 기술

장면 간의 전환 효과를 트랜지션(Transition)이라 합니다. 두 클립을 부드럽게 연결하는 실용적인 용도 외에도 시공간의 변화를 암시하거나, 분위기를 환기시키는 연출적인 요소로도 사용합니다. 트랜지션이 너무 많으면 지저분한 느낌이 들고 몰입에 방해가 되니 남용하지 않도록 주의해서 사용해야 합니다.

트랜지션을 적용하기 전에 확인하기

트랜지션을 적용하려면 화면이 전환되는 동안 두 클립 간에 핸들이 충분히 있어야 합니다. 핸들이 부족하면 트랜지션을 충분히 넣을 수 없고, 영상의 일부가 잘릴 수도 있습니다.

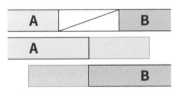 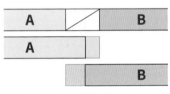 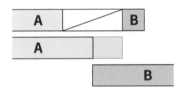

▲ 핸들이 충분할 때 (적절하게 트랜지션이 적용됨) ▲ 핸들이 부족할 때(트랜지션이 짧아짐) ▲ 핸들이 없을 때 (트랜지션 길이만큼 클립이 줄어듦)

트랜지션 적용 및 삭제하기

트랜지션 적용 전 충분한 핸들이 있는지 확인하고 그렇지 않다면 우선 핸들을 확보하는 것이 좋습니다.

핸들 확보 및 확인

[Coffee] 라이브러리를 더블 클릭해서 실행한 후 [Video] 이벤트에 있는 [Coffee_Edit_05] 프로젝트를 실행합니다. [Coffee_08] 클립과 [Coffee_09] 클립 사이에 트랜지션을 적용하기 위해 [Select] 툴Ⓐ을 선택한 후 [Coffee_08] 클립의 테일을 왼쪽으로 드래그해서 20프레임 줄이고, [Coffee_09] 클립의 헤드를 오른쪽으로 드래그해서 20프레임 줄입니다.

▲ 트랜지션 적용 전 충분한 핸들을 확보하는 것이 좋습니다.

핸들이 얼마나 확보되었는지 확인하기 위해 두 클립이 맞닿은 편집 점을 더블 클릭합니다. 정밀 편집기가 표시되며 여유 핸들이 어두운 회색으로 표시됩니다. 이 구간만큼 트랜지션을 적용할 수 있습니다. 핸들을 확인했으면 회색 사각형을 더블 클릭해서 정밀 편집기를 닫습니다.

▶ 정밀 편집기에서 여유 핸들을
확인할 수 있습니다.

기본 트랜지션 적용 및 삭제

여유 핸들까지 확인했으니 [Coffee_08] 클립의 테일 혹은 [Coffee_09] 클립의 헤드를 클릭해서 선택한 후 단축키 command + T 를 누릅니다. 두 클립이 서서히 교차하면서 전환되는 크로스 디졸브(Cross Dissolve)가 적용됩니다.

▲ command + T 를 누르면 기본 설정된 트랜지션이 적용됩니다.

회색으로 표시된 트랜지션이 적용된 후에는 클릭해서 선택하고 backspace 를 눌러 삭제할 수 있습니다.

 한 걸음 더 **선택 위치에 따른 트랜지션**

클립의 테일 혹은 헤드를 선택하고 트랜지션을 적용하면 선택한 부분에만 효과가 적용되지만, 클립 전체를
선택하고 트랜지션을 적용하면 해당 클립의 앞뒤로 효과가 적용됩니다.

▲ 헤드 또는 테일을 선택한 후 트랜지션을 적용했을 때

▲ 클립을 선택하고 트랜지션을 적용했을 때

트랜지션 브라우저 활용하기

타임라인 오른쪽 위에 있는 여러 개의 아이콘 중 나비 모양의 [Transitions Brower] 아이콘을 클릭하
여 트랜지션 브라우저를 열거나 닫을 수 있습니다(단축키 control + command + 5).

▲ 트랜지션 브라우저

트랜지션 브라우저의 왼쪽 사이드바에서 카테고리를 선택하면 그에 따른 트랜지션 목록이 섬네일로 표시되어 어떤 방식의 효과인지 대략 유추할 수 있으며, 섬네일 위에서 스키밍하여 트랜지션을 미리 확인할 수도 있습니다.

카테고리	특징
360˚	360도 영상용 트랜지션
Blurs	흐려졌다 또렷해지며 전환
Dissolves	교차되며 전환
Lights	빛으로 밝아지며 전환
Movements	화면이 움직이며 전환
Objects	특정 오브젝트나 모형을 통해 전환
Replicator/Clones	화면, 패턴이 여러 개로 복제되며 전환
Stylized	다양하게 꾸민 템플릿 배경을 이용해서 전환
Wipes	화면을 닦아내며 전환

사용할 트랜지션을 찾았다면 클립과 클립 사이로 드래그해서 적용하면 됩니다. 드래그가 번거롭다면 효과를 적용할 클립 혹은 테일이나 헤드를 선택한 상태에서 사용할 트랜지션의 섬네일을 더블 클릭해도 됩니다.

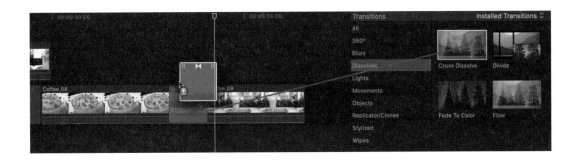

 기본 트랜지션 변경하기

command + T 를 누르면 기본 트랜지션으로 설정된 크로스 디졸브가 1초 길이로 적용됩니다.

종류 변경: 단축키를 눌렀을 때 적용되는 기본 트랜지션을 변경하고 싶다면 트랜지션 브라우저에서 기본으로 사용할 트랜지션을 [보조 클릭](control + 클릭)한 후 [Make Default]를 선택합니다.

▲ 기본 트랜지션을 변경할 수 있습니다.

길이 변경: 기본으로 적용되는 트랜지션 길이을 변경하려면 상단 메뉴 바에서 [Final Cut Pro – Preferences]를 선택한 후 팝업 창이 열리면 [Editing] 패널에서 [Transition]의 옵션 값을 조절합니다.

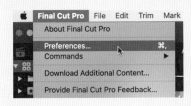
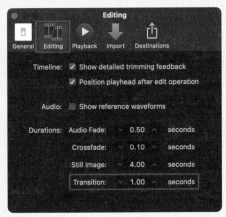

트랜지션 자유롭게 편집하기

클립과 클립 사이에 트랜지션 효과를 적용하면 그걸로 끝일까요? 아니죠. 트랜지션의 길이를 조절하거나 위치를 조절할 수도 있고, 적용한 트랜지션 종류를 바꿔야 할지도 모릅니다.

길이 조절: 트랜지션의 한쪽 끝을 좌우로 드래그하면 양쪽 끝이 동일하게 조절되면서 트랜지션의 길이를 변경할 수 있습니다.

트랜지션 편집: 트랜지션의 상단 중간에 있는 나비 모양 아이콘을 클릭하면 클립 간의 편집 점이 선택되며, 좌우로 드래그하여 롤 편집할 수 있습니다. 트랜지션 상단 양쪽 끝에 있는 핸들을 드래그하면 트림 편집할 수 있으며, 클립의 길이가 변경되어 러닝타임에 영향을 미칩니다.

▲ 트랜지션 롤 편집

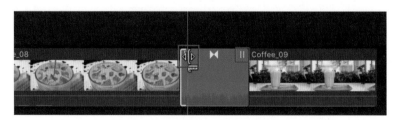

▲ 트랜지션 트림 편집

트랜지션 종류 변경: 트랜지션 브라우저에서 변경할 트랜지션을 찾아 타임라인의 기존 트랜지션으로 겹치게 드래그하여 종류를 변경할 수 있습니다.

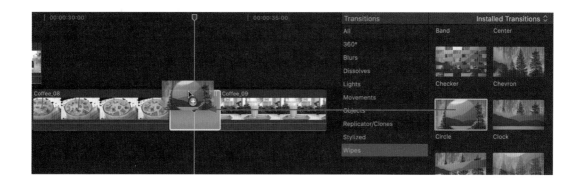

트랜지션 설정 변경하기

타임라인에서 적용한 트랜지션을 클릭해서 선택하면 뷰어 패널 오른쪽에 있는 인스펙터 패널에 트랜지션 속성이 표시됩니다. 옵션의 종류는 트랜지션에 따라 다르므로, [Wipes] 카테고리에 있는 [Circle] 트랜지션을 예로 들어 확인해 보겠습니다.

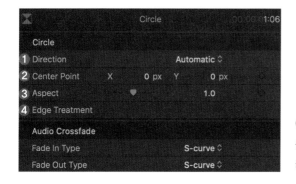

> **깨알Tip** 옵션 값을 변경한 후 옵션 오른쪽 끝에 마우스 커서를 옮기면 휘어진 화살표 모양의 [Reset] 아이콘이 표시되며, 클릭하면 옵션 값을 원래대로 되돌릴 수 있습니다.

❶ **Direction:** 트랜지션의 방향을 설정합니다. [Close]로 변경하면 동그라미가 커지는 모션에서 작아지는 모션으로 변경됩니다.

❷ **Center Point:** 옵션 값을 변경하여 트랜지션의 시작 위치를 설정할 수 있습니다.

❸ **Aspect:** 비율을 설정하는 옵션으로 1.0 이하는 세로 타원, 1.0 이상은 가로 타원이 됩니다.

❹ **Edge Treatment:** 테두리를 설정하는 옵션으로 왼쪽에 있는 [펼침] 버튼을 클릭하여 하위 속성을 표시한 후 세부 설정을 변경할 수 있습니다.

설정 초기화

▲ [Edge Type]을 변경하여 테두리의 선명도를 조절하고, [Edge Color]로 테두리 색을 변경할 수 있습니다.

▲ [Border]는 테두리 굵기를 조절하는 속성으로 [0]으로 설정하면 테두리가 사라집니다.

한 걸음 더 동일한 설정의 트랜지션 복사 후 붙여 넣기

하나의 영상에서 여러 종류의 트랜지션을 사용하는 것보다 동일한 설정의 트랜지션을 반복해서 사용하는 것이 전체적인 통일성을 유지하는 데 도움이 됩니다. 그러므로 트랜지션을 적용한 후 세부 설정까지 변경했다면 command + C 를 눌러 해당 트랜지션을 복사하고, 추가로 적용할 위치에서 클립의 헤드나 테일을 선택한 후 command + V 를 눌러 동일한 설정의 트랜지션을 붙여 넣습니다.

Sera의 Tip & Tech

톡톡 튀는 점프 컷의 매력

같은 화면 크기, 같은 앵글의 클립을 연속으로 붙이는 '점프 컷'은 시간, 공간의 생략이라는 연출적 의미를 가집니다. 화면이 자연스럽지 않고, 끊기는 데서 오는 이질감 때문에 재미 요소로도 많이 사용합니다. 인물은 가운데 그대로 서 있는데 주변 환경만 시시각각으로 바뀌는 영상을 본 적이 있으시죠? 이런 영상이 점프 컷 기법을 사용한 것입니다. 같은 배경에 인물만 툭툭 바뀌거나 동일 인물이 홍길동처럼 여기서 나타났다 저기서 나타났다 하는 것도 점프 컷 기법이지요. 카메라를 고정하고 찍는 요리 영상, 언박싱 영상 역시 점프 컷을 사용합니다. 발랄하고 톡톡 튀는 느낌의 점프 컷 영상, 우리도 한 번 만들어 볼까요?

예제 파일로 제공하는 [Chapter02_Tip] 라이브러리를 더블 클릭해서 실행한 후 [01_Jumpcut] 이벤트에 있는 [Jumpcut] 프로젝트를 더블 클릭해서 실행합니다. 타임라인에 배치된 클립을 스키밍해 보세요. 책을 넘겼다가 커피도 마시고, 시계도 보는 등 여러 가지 동작을 하고 있습니다.

다음 표를 참고하고 [Blade] 툴 B을 이용하거나 단축키 command + B 등을 이용해 클립을 나누어 주세요. 정확한 위치로 이동하려면 타임코드를 클릭한 후 숫자를 입력하고 return를 누르면 됩니다. 예를 들어 12초 19프레임으로 정확히 이동하려면 타임코드에 [1219]를 입력한 후 return를 누릅니다.

동작 구분	나눌 구간
책 넘기는 동작 1	00:00:00:00 – 00:00:00:11
책 넘기는 동작 2	00:00:08:13 – 00:00:08:22
커피 마시는 동작	00:00:12:19 – 00:00:13:17
핸드폰 보는 동작	00:00:20:08 – 00:00:20:21
시계 보는 동작	00:00:21:22 – 마지막

표의 구간에 맞춰 앞 뒤를 나누면 중간중간 사용하지 않는 클립이 남습니다. 이 클립들은 ⎡command⎤을 누른 채 클릭해서 모두 선택한 후 ⎡backspace⎤를 눌러 삭제합니다.

▲ 클립을 나눈 후 필요 없는 클립을 선택한 상태

▲ 필요 없는 클립을 삭제한 상태

이제 ⎡spacebar⎤를 눌러 영상을 재생해 보세요. 동작만 짧게 끊어서 재생되니 지루하지 않고 재미있는 영상이 완성됐죠? 책을 보는 동작2와 커피를 마시는 동작의 얼굴 방향이 같으므로, 책 보는 동작1과 동작2 컷의 순서를 서로 바꾸고 핸드폰 보는 컷과 시계 보는 컷의 순서를 바꾸면 움직임까지 다양해 보이는 효과를 얻을 수 있습니다.

손 떨림을 매끄럽게 처리하는 스태빌라이제이션 효과

촬영한 영상에 미세한 흔들림이 있을 때 인스펙터 패널에서 [Stabilization] 옵션을 적용하면 Final Cut Pro X에서 이미지를 분석하고 카메라 움직임을 보완해 영상을 매끄럽고 부드럽게 안정화시켜 줍니다. [Chapter02_Tip] 라이브러리에서 [02_Stabilization] 이벤트에 있는 [Stabilization] 프로젝트를 더블 클릭해서 실행한 후 타임라인에서 영상을 재생해 봅니다. 손으로 들고 촬영한 영상이라 미세하게 흔들리는 것을 확인할 수 있습니다. 클립을 클릭해서 선택한 후 인스펙터 패널에 있는 [Stabilization] 옵션을 찾아 체크하세요. 뷰어 하단에 움직임을 분석 중이라는 영문 메시지가 나타납니다.

분석이 완료되면 다시 spacebar 를 눌러 재생해 보세요. 움직임이 훨씬 부드러워졌을 겁니다. 계속해서 인스펙터 패널의 [Stabilization] 옵션명을 더블 클릭하여 세부 속성을 펼친 후 [Method] 속성에서 Stabilization 방법을 선택할 수 있습니다.

Stabilization 방법을 선택하는 [Method] 속성 값 3가지는 다음과 같습니다.

- **Automatic:** 기본 설정으로, Final Cut Pro X에서 [InertiaCam] 또는 [SmoothCam] 중 가장 적합한 안정화 방법을 선택합니다.

- **InertiaCam:** 카메라를 고정시킨 채 좌우로 움직이며 찍는 팬(Pan), 카메라를 고정시킨 채 줌렌즈를 이용해 초점 거리를 조절하는 줌(Zoom)과 같은 카메라 움직임이 있는 영상에 최적화된 안정화를 적용합니다. [Tripod Mode] 속성이 추가되며, 체크하면 삼각대를 사용한 것처럼 영상의 움직임이 고정되지만 움직임을 더 확실하게 잡아 주기 위해 살짝 확대됩니다.

- **SmoothCam:** 영상의 팬(상하좌우, x축과 y축) 움직임을 부드럽게 처리한 정도(Translateion Smooth), 이미지 중심점 주위의 회전 정도(Ratation Smooth), 영상의 줌(앞뒤, z축) 이동 정도(Scale Smooth)를 조정합니다.

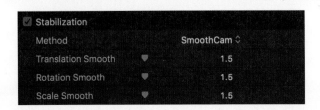

여러 가지 안정화 옵션 중 최적의 값은 사용자가 직접 값을 변경해 보며 찾아야 합니다. 주의할 것은 모든 흔들림을 Stabilization 기능으로 해결할 수 없다는 사실입니다. 오히려 심한 흔들림에 [Stabilization] 옵션을 사용하면 되려 어색한 결과가 나올 수도 있습니다. 그럴 때는 심한 부분을 잘라 버리는 것도 한 방법입니다.

4K 영상도 Proxy로 가볍게 편집하기

컴퓨터 사양이 다소 낮더라도 Proxy 편집으로 4K 작업을 할 수 있습니다. Proxy란 대행을 의미하는데, 타임라인에 배치하기 전 미디어 파일을 저화질, 저용량의 Proxy 파일로 만들어 편집하고, 최종 출력 전에 원본 미디어로 교체해서 좋은 화질로 출력하는 방식입니다.

[Chapter02_Tip] 라이브러리에서 [03_Proxy] 이벤트에 있는 [Proxy] 프로젝트를 더블 클릭하여 실행합니다. 뷰어에서 오른쪽 위에 있는 [View] 옵션을 클릭한 후 [Better Preformance]와 [Proxy Only]를 선택해서 체크합니다.

깨알Tip [View] 옵션의 메뉴에서 'QUALITY' 영역은 실시간 재생 화질을 설정하는 것으로, 최종 출력 화질에는 영향을 주지 않습니다. 컴퓨터 사양이 낮으면 [Better Performance]로 선택하여 뷰어의 화질을 낮추는 것이 좋습니다. 'MEDIA' 영역은 실시간 재생 코덱을 설정합니다.

[Proxy Only]를 체크했더니 그동안 멀쩡하던 클립의 섬네일이 빨갛게 변하며 'Missing Proxy'라는 문구가 표시됩니다.

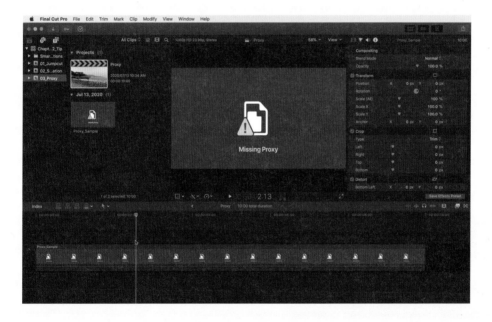

클립 내에 Proxy 미디어를 만들지 않아서 나타나는 현상입니다. 그렇다면 Proxy 미디어를 만들면 되겠죠? 브라우저에서 Proxy 미디어로 변환할 [Proxy_Sample] 클립을 [보조 클릭]([control] + 클릭)한 후 [Transcode Media]를 선택합니다. 클립을 선택한 후 상단 메뉴 바에서 [File – Transcode Media]를 선택해도 됩니다.

 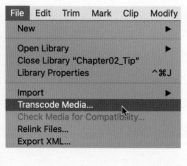

어떤 미디어로 변환할지 선택하는 Transcode Media 창이 열리면 [Create proxy media]에 체크한 후 변환할 Codec(코덱) 종류와 Frame Size(화면 크기) 옵션을 선택합니다. [ProRes Proxy]와 [H.264] 두 가지 코덱 중 하나를 선택할 수 있으며, [Frame Size]는 다양하게 지정할 수 있습니다. [Frame Size] 옵션 값이 작을수록 클립의 용량은 낮아지지만 화질 역시 나빠지므로 컴퓨터 사양을 고려하여 선택하는 것이 좋습니다.

옵션 설정 후 [OK] 버튼을 클릭하고 잠시 기다리면 클립 섬네일이 제대로 보일 겁니다. 이제 Proxy 모드로 가볍게 편집을 시작할 수 있습니다. Proxy 편집을 마친 후에는 반드시 [View] 옵션을 클릭하여 [Optimized/Original]을 선택한 후 출력해야 합니다. 이러한 Proxy 편집은 4K 영상 작업 이외에도 동시에 촬영한 여러 영상의 싱크를 맞춰 하나로 파일로 묶는 멀티캠 작업에서도 자주 사용합니다. 멀티캠에 관한 자세한 내용은 364쪽을 참고합니다.

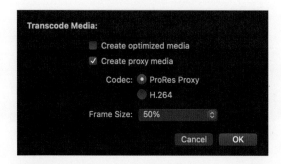

깨알Tip 아이폰이나 고압축으로 촬영한 영상 중 자막 효과를 입히면 화면이 깨지는 경우가 발생합니다. 이때는 Transcode Media 창을 열고 [Create optimized media](FHD 고화질 미디어)에 체크해서 변환한 후 출력하면 됩니다.

한 걸음 더   변환 정도 확인하기

Proxy 미디어 변환 중 진행 상황이 궁금하다면 Final Cut Pro X 상단 도구 막대에 표시되는 동그란 모양의 [Background Tasks] 아이콘 모양을 확인해 보세요. 아이콘 모양에 흰색이 채워지는 정도로 진행 상황을 확인할 수 있으며, 변환이 완료되면 원에 체크가 표시됩니다. 또한 아이콘을 클릭하면 좀 더 정확한 진행 상황을 볼 수 있습니다.

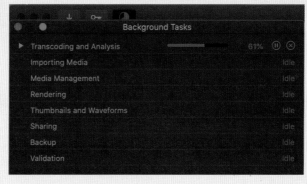

스토리라인의 모든 것

Final Cut Pro X의 마그네틱 타임라인은 기본적으로 프라이머리 스토리라인에서만 적용되고, 다른 트랙에서는 클립들이 개별적으로 이동합니다. 그렇다면 다른 트랙에도 스토리라인을 만들어 마그네틱 타임라인을 적용할 수 있을까요? [Chapter02_Tip] 라이브러리에서 [04_Storyline] 이벤트에 있는 [Storyline] 프로젝트를 더블 클릭해서 실행하고 다음 내용을 실습해 보세요. 만약 타임라인에 Missing Proxy가 표시된다면 뷰어 위에 있는 [View] 옵션을 클릭한 후 [Optimized/Original]로 변경하면 됩니다.

새로운 스토리라인 만들기

타임라인의 [A], [B] 클립은 프라이머리 스토리라인에 배치되어 편집 시 서로 연동해서 이동합니다. 하지만 [C], [D] 클립은 따로 움직입니다. [C], [D] 클립도 함께 움직일 수 있도록 스토리라인으로 만들기 위해 [C], [D] 클립을 모두 선택하고 [보조 클릭]([control] + 클릭)한 후 [Create Storyline]을 선택합니다([command] + [G]).

[C], [D] 클립 위에 회색 바가 생겼죠? [C] 클립의 테일을 좌우로 드래그해 보세요. 마그네틱 타임라인이 적용되어 [C] 클립이 움직이는 만큼 뒤에 있는 [D] 클립도 함께 움직이는 걸 확인할 수 있습니다.

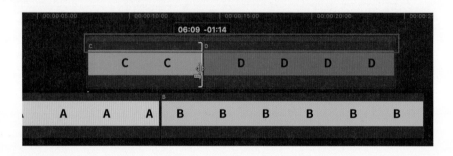

스토리라인에서 들어내기

프라이머리 스토리라인을 제외한 나머지 트랙에서는 클립을 스토리라인 밖으로 드래그하면 쉽게 분리할 수 있습니다. [D] 클립을 스토리라인 밖으로 드래그해서 분리해 보세요. 다시 스토리라인 안으로 넣고 싶다면 [D] 클립을 [C] 클립에 포개지도록 드래그한 후 빈 영역이 생겼을 때 마우스에서 손을 떼면됩니다.

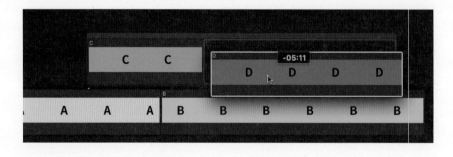

프라이머리 스토리라인의 클립에 커넥션 포인트로 다른 클립이 연결된 상태라면 위아래 트랙으로 옮기는 것조차 할 수 없습니다. 이럴 땐 프라이머리 스토리라인에서 분리할 클립을 [보조 클릭](control + 클릭)한 후 [Lift from Storyline]을 선택해 보세요(option + command + ↑). 클립이 있던 자리에 Gap 클립이 생기고 해당 클립이 프라이머리 스토리라인에서 분리됩니다.

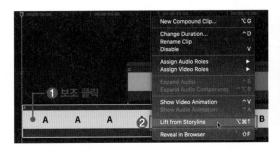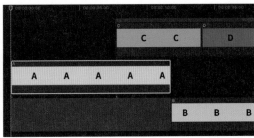

스토리라인으로 덮어쓰기

다른 트랙에 있는 클립을 프라이머리 스토리라인으로 덮어씌울 수도 있습니다. 다른 트랙에 있는 클립에서 [보조 클릭](control + 클릭)한 후 [Overwrite to Primary Storyline]을 선택해 보세요(option + command + ↓). 해당 클립이 프라이머리 스토리라인에 배치되며, 기존에 있던 클립이 덮어씌워집니다.

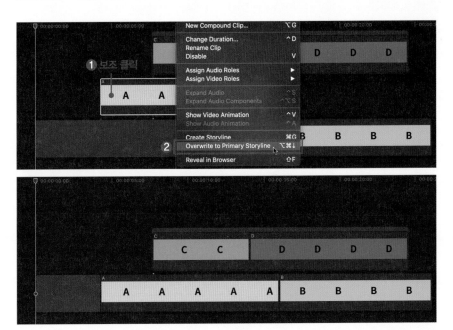

기존 클립 대체하기

브라우저의 클립을 타임라인으로 드래그해서 기존에 배치된 클립을 대체할 수 있습니다. [Chapter02_
Tip] 라이브러리에서 [05_Clip Replace] 이벤트의 [Clip Replace] 프로젝트를 더블 클릭해서 실행한
후 브라우저에서 [Number] 클립을 타임라인의 [A] 클립으로 드래그해 보세요. Replace 관련 옵션을
선택할 수 있는 팝업 메뉴가 나타납니다. 아래의 표를 참조해서 원하는 메뉴를 선택하면 됩니다.

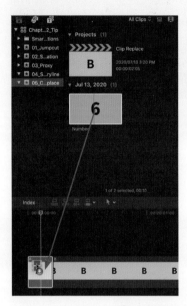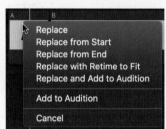

메뉴	기능
Replace	새 클립의 길이 그대로 기존 클립 대체
Replace from Start	새 클립의 첫 프레임 기준으로 기존 클립 길이만큼 대체
Replace from End	새 클립의 마지막 프레임 기준으로 기존 클립 길이만큼 대체
Replace with Retime to Fit	새 클립의 전체 길이를 기존 클립 길이에 맞게 속도 조절해서 대체
Replace and Add to Audition	새 클립으로 기존 클립을 대체하되 오디션에 추가
Add to Audition	기존 클립은 유지하고 새 클립은 오디션에만 추가

한 걸음 더 오디션 기능 활용하기

편집을 하다 보면 여러 후보 컷들 중 어느 컷을 사용하는 것이 더 좋을지 끊임없이 고민하게 됩니다. 이럴 때 오디션(Audition) 기능을 활용하면 효과적입니다. 오디션은 여러 개의 클립을 하나로 묶은 세트로, 클립별로 바꿔가며 결과를 비교할 수 있습니다.

 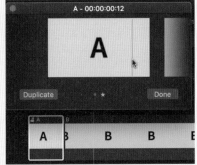

클립을 대체할 때 오디션에 추가했다면 클립 왼쪽 위에 핀 조명 모양의 오디션 아이콘이 표시됩니다. 이 아이콘을 클릭하면 클립 바로 위로 오디션으로 묶인 클립들이 표시되고 하나씩 선택해서 적용된 상태를 빠르게 비교할 수 있습니다.

클립으로 프로젝트 만들기

일반적으로 결과물의 용도에 따라 프로젝트를 만들고, 그 다음으로 클립을 타임라인에 배치하여 편집 작업을 진행하지만, 클립을 기준으로 빠르게 프로젝트를 만들 수도 있습니다. [Chapter02_Tip] 라이브러리에서 [06_Clip] 이벤트를 선택한 후 브라우저에서 2개의 클립을 선택하고 [보조 클릭]([control] + 클릭)한 후 [New Project]를 선택합니다.

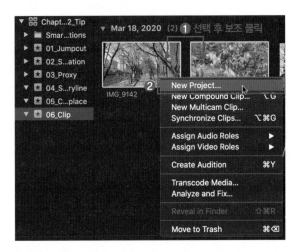

새 프로젝트 창이 열리고, 클립의 속성에 따라 옵션 값이 설정되어 있습니다. 변경할 내용이 없다면 그대로 [OK] 버튼을 클릭합니다. 새로운 프로젝트가 만들어지고, 선택한 2개의 클립이 타임라인에 배치됩니다. 클립에 맞춰 프로젝트를 빠르게 만들고 싶은 사용자라면 아주 유용하게 활용할 수 있는 방식입니다.

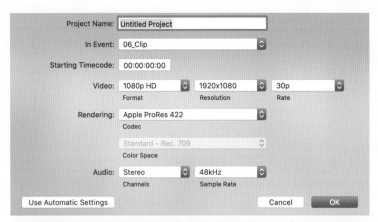

CHAPTER 3

- - - - - - - - -

기술이 있어야
센스도 발현된다,
영상에 효과 적용하기

맛과 재료가 같다면 아무래도 데코레이션을 예쁘게 한 쪽으로 더욱 시선이 쏠리겠죠? 영상도 마찬가지입니다. 군더더기 없이 깔끔하게 편집한 영상에 적절한 화면 효과를 적용한다면 더욱 돋보이는 결과물이 될 것입니다. Final Cut Pro X에는 초보자도 쉽게 사용할 수 있는 유용한 프리셋이 많습니다. 그동안 궁금했던 효과의 사용법부터 응용법까지 자세히 소개합니다.

Lesson 01 | 영상 속성 자유자재로 변형하기

Transform, Crop, Distort 옵션은 영상의 속성을 변형하는 대표적인 옵션입니다. 영상의 크기를 확대하거나 축소해서 위치를 옮기고, 기울어진 화면을 반듯하게 보정할 수도 있습니다. 뷰어에서 왼쪽 아래에 있는 아이콘을 클릭해 옵션을 실행해 보고, 직관적으로 속성을 조절하는 방법과 [Video Inspector] 탭에서 정교하게 조절하는 방법을 알아보겠습니다.

화면 크기, 위치, 기울기 조절하기

[Chapter03] 라이브러리를 더블 클릭하여 실행한 후 [Lesson01] 이벤트에 있는 [Transform] 프로젝트를 더블 클릭합니다. [Transform] 프로젝트에는 비행기에서 창문 밖을 찍은 영상 클립이 타임라인에 놓여 있습니다. 이 프로젝트에서 영상의 크기와 위치를 조절해 보겠습니다.

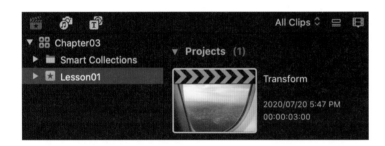

뷰어에서 Transform 옵션 사용

뷰어에서는 쉽고 빠르게 [Transform](트랜스폼) 옵션의 속성 값을 변경할 수 있습니다. 타임라인에서 클립을 선택하고 뷰어의 왼쪽 아래에서 첫 번째 아이콘에 있는 [펼침] 버튼을 클릭한 후 [Transform]을 선택합니다. [Transform] 옵션이 실행되면 '온스크린 컨트롤러(Onscreen Controller)' 기능이 활성화되어 뷰어에서 조절 핸들을 드래그하는 방법으로 다양한 작업을 수행할 수 있습니다. 아이콘의 기본 값이 [Transform] 상태이므로, 그대로 아이콘을 클릭하거나 단축키 shift + T를 눌러도 됩니다.

크기 변경: [Transform] 옵션이 실행되면 뷰어 화면 가장자리와 중앙에 파란색 조절 핸들이 표시됩니다. 모서리에 있는 핸들을 바깥쪽으로 드래그하면 동일한 비율로 화면의 크기(Scale)가 커지고, 안쪽으로 드래그하면 작아집니다.

한걸음 더 크기 변경 시 유용한 옵션

화면 배율 변경: 화면이 뷰어에 꽉 찬 상태에서는 원하는 크기로 변경하기 어렵습니다. 그러므로 뷰어 오른쪽 위에 있는 배율 값을 클릭하고 [50%] 혹은 [25%] 정도로 변경한 후 작업하면 편리합니다.

전체 화면 보기: 클립 영상의 크기를 키워서 일부가 화면에서 잘려나갈 때 잘린 부분을 확인하면서 작업할 수 있습니다. Final Cut Pro X 5.4 버전에서 추가된 기능으로 뷰어 오른쪽 위에 있는 아이콘 중 맨 왼쪽에 있는 아이콘을 클릭하면 잘려나갈 부분을 확인할 수 있습니다.

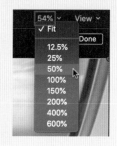

잘린 부분 확인

화면의 한쪽 변 중간에 있는 핸들을 드래그하면 화면의 기본 비율을 무시한 채 너비(가로 폭)나 높이 (세로 폭)를 조절할 수 있습니다.

위치 변경: 화면의 위치를 옮길 수도 있습니다. 화면 내에서 조절 핸들이 아닌 곳을 클릭한 채 드래그해 보세요. 위치가 옮겨집니다.

기울기 변경: 화면 중앙에는 막대가 연결된 핸들이 있습니다. 막대 끝에 달린 핸들을 드래그해 보세요. 드래그한 방향에 따라 화면이 회전합니다.

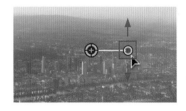 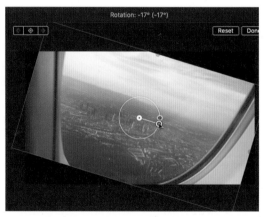

복구 및 확정: 뷰어 오른쪽 위에 [Reset] 버튼을 클릭하면 화면 크기와 위치 등을 원래대로 되돌릴 수 있으며, [Done] 버튼을 클릭하면 변경한 크기와 위치를 확정합니다.

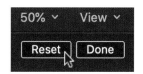

인스펙터에서 Transform 옵션 사용

인스펙터는 선택한 클립 등의 세부적인 속성을 변경하는 곳으로 뷰어에서 조절 핸들을 이용했던 것과 달리 값을 이용해서 정교하게 속성을 변경할 수 있습니다. 타임라인에서 속성을 변경할 클립을 선택한 후 뷰어 오른쪽에 있는 인스펙터에서 필름 모양의 [Video Inspector] 탭을 클릭해 보세요. 여러 옵션 중 [Transform] 옵션을 더블 클릭해서 펼치면 다양한 속성을 확인할 수 있습니다.

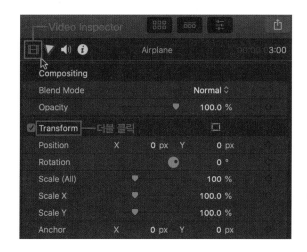

◀ 인스펙터의 왼쪽 위에는 순서대로 영상(Video), 색상(Color), 음향(Audio) 속성을 조절할 수 있는 탭이 있으며, 선택한 클립에 따라 새로운 탭이 표시되기도 합니다.

크기 변경: [Transform] 옵션에서 [Scale(All)], [Scale X], [Scale Y]가 크기를 변경하는 속성입니다. 먼저 [Scale(All)] 속성의 슬라이더를 좌우로 드래그하면서 뷰어를 확인해 보세요. 화면의 크기가 비율을 유지한 채 실시간으로 커지거나 작아지는 것을 확인할 수 있습니다. 더 세밀하게 값을 조절하려면 슬라이더 오른쪽에 있는 속성 값을 클릭한 후 원하는 배율(%)을 입력합니다.

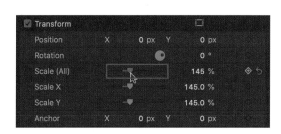 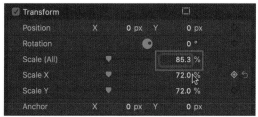

[Scale X]와 [Scale Y] 속성은 화면의 기본 비율을 무시한 채 가로나 세로 크기를 변경할 때 사용합니다. 사용 방법은 [Scale(All)]과 같습니다.

▲ 기본 비율을 무시한 채 크기를 변경할 때는 [Scale X]와 [Scale Y] 속성을 사용합니다.

위치 변경: 화면의 위치를 변경하려면 [Position] 속성에서 X, Y 값을 좌우로 드래그하거나 클릭한 후 원하는 값을 입력합니다. X 값은 0을 기준으로 높을수록 오른쪽, 낮을수록 왼쪽으로 이동하며, Y 값은 0을 기준으로 높을수록 위쪽, 낮을수록 아래쪽으로 이동합니다.

▲ Y 값이 -일 때 아래쪽으로 이동합니다.

기울기 변경: [Rotation] 속성에 있는 조그(Jog)나 속성 값을 이용해 화면의 기울기를 변경할 수 있습니다.

깨알Tip [Transform] 옵션에서 가장 아래에 있는 [Anchor(앵커)] 속성은 모든 움직임의 기준점을 의미합니다. [Anchor] 속성 값이 바뀌면 앞서의 속성들에서 같은 값으로 변형해도 결과가 달라집니다. 그러므로 앵커의 위치는 바꾸지 않는 것이 좋습니다.

복구: [Transform] 옵션에서 옵션명 오른쪽 끝으로 마우스 커서를 옮기면 [Reset] 아이콘이 표시되며, 클릭하면 해당 옵션의 하위 속성에서 변경한 값들이 모두 초기화됩니다. 특정 속성 값만 초기화하고 싶을 때는 같은 방법으로 각 속성에 있는 [Reset] 아이콘을 클릭합니다.

▲ [Transform] 옵션의 전체 속성 초기화

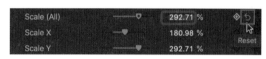
▲ 해당 속성 값만 초기화

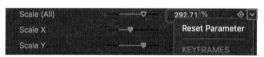

▲ 10.6 버전부터는 [Reset] 아이콘 대신 [펼침] 버튼을 클릭한 후 [Reset Parameter]를 선택해서 속성 값을 초기화합니다.

필요 없는 화면 잘라내기

[Chapter03] 라이브러리에서 [Lesson01] 이벤트에 있는 [Crop] 프로젝트를 더블 클릭합니다. 여기서는 화면에서 필요 없는 부분을 잘라내는 Crop 기능을 알아보겠습니다.

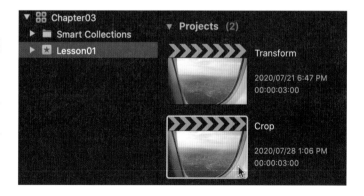

뷰어의 Crop 옵션 사용

타임라인에서 [Airplane] 클립을 선택한 후 뷰어에서 왼쪽 아래에 있는 [Transform] 옵션의 [펼침] 버튼을 클릭한 후 [Crop]을 선택하면 화면 아래쪽으로 [Trim], [Crop], [Ken Burns] 3가지 버튼이 표시되며, 기본 값으로 [Trim] 버튼이 활성화되어 있습니다.

Trim: Trim 상태에서는 각 핸들을 드래그해서(Trim 영역 지정) 불필요한 부분을 잘라낼 수 있으며, Trim 영역 안쪽을 드래그하면 위치를 조절할 수 있습니다. Trim 영역 지정 후 spacebar 를 눌러 영상을 재생해 보면 잘린 부분은 검은색으로 출력되며, 투명한 영역으로 처리됩니다. 즉, 타임라인에서 [Airplane] 클립 아래에 다른 클립을 배치했을 때 검은색 부분에 아래쪽 클립의 내용이 표시됩니다.

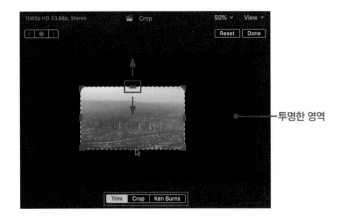

└ 투명한 영역

Crop: Trim 기능이 단순히 화면을 자르기만 한다면 Crop 기능은 자른 화면을 프로젝트 프레임 크기에 맞춰 줍니다. 뷰어에서 Crop 기능은 원본 비율을 유지한 상태로만 자를 수 있으므로 조절 핸들이 모서리에만 표시됩니다.

▲ Crop 영역은 프레임 크기에 맞춰 재생됩니다.

위와 같이 조절 핸들을 드래그하여 Crop 영역을 지정하고, spacebar 를 눌러 재생해 보면 Crop 영역이 전체 화면으로 채워진 채 재생됩니다. 그러므로 Crop 영역을 너무 작게 지정하면 재생 시 화질이 흐릿해질 수 있습니다.

Ken Burns: 스틸 이미지에 팬&줌 효과를 사용하던 유명 다큐멘터리 감독 '켄 번즈'의 이름을 따서 만들어진 기능입니다. [Ken Burns] 버튼을 클릭한 후 화면의 처음(초록색 테두리)과 마지막(빨간색 테두리) 프레임의 크기와 위치를 각각 지정하면 팬(Pan)과 줌(Zoom) 효과를 사용할 수 있습니다. 각 테두리에 있는 핸들을 드래그해서 크기를 조절하고, 영역 안쪽을 드래그해서 위치를 조절할 수 있습니다.

시작과 끝 영역의 위치에 따라 화살표로 화면이 움직이는 방향이 표시됩니다. 아래 이미지에서 왼쪽처럼 설정했다면 화면이 왼쪽 아래 방향으로 점점 멀어지며(줌 아웃), 오른쪽처럼 설정했다면 오른쪽 위로 점점 가까워집니다(줌 인). [전환] 버튼을 클릭해서 테두리의 위치를 한방에 변경할 수 있으며, [구간 재생] 버튼을 클릭하거나 spacebar 를 눌러서 결과를 확인할 수 있습니다.

깨알Tip 켄 번즈 효과는 스틸 이미지나 움직임이 적은 클립에서 간단한 움직임을 표현할 때 효과적입니다. 만약 일부분에만 움직임을 적용하거나 여러 번 움직임을 적용해야 한다면 키 프레임 기능을 사용해서 애니메이션을 적용하는 것이 좋습니다. 키 프레임 기능은 152쪽을 참조하세요.

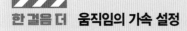

한 걸음 더 움직임의 가속 설정

켄 번즈 효과를 적용할 때 화면에서 [보조 클릭]([control] + 클릭)하면 움직임의 가속을 설정하는 팝업 메뉴가 표시됩니다.

Ease는 서서히 가속되거나 감속하는 것을 의미하며, Linear는 동일한 속도로 움직이는 것을 말합니다. 만약 [Ease In]을 선택하면 어떻게 될까요? 클립의 앞부분은 서서히 움직이다 중간부터 빠르게 움직이게 됩니다. 각 메뉴를 선택한 후 영생을 재생해서 결과를 비교해 보세요.

인스펙터의 Crop 옵션 사용

뷰어의 Crop 기능은 인스펙터에서도 동일하게 사용할 수 있습니다. 타임라인에서 클립을 선택하고 인스펙터에서 [Video Inspector] 탭을 클릭한 후 [Crop] 옵션명을 더블 클릭하거나 [Show]를 클릭해서 세부 속성을 펼칩니다.

▶ 옵션명을 더블 클릭하거나 [Show]를 클릭해서 속성을 확인할 수 있습니다.

[Crop] 옵션에서 [Type] 속성을 보면 뷰어와 동일하게 [Trim], [Crop], [Ken Burns]를 선택할 수 있으며, [Type] 속성을 결정한 후에는 슬라이더를 드래그하거나 속성 값을 입력하여 뷰어에서 핸들을 이용할 때보다 정교하고 자유롭게 잘라낼 수 있습니다.

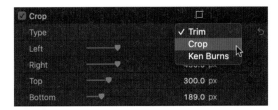 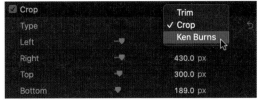

원근법 표현을 위한 화면 비틀기

살짝 옆에서 찍은 듯한 화면을 합성하거나, 건물 혹은 도로 위에 자막을 합성할 때는 원근법을 고려하여 멀리 있는 것은 작게, 가까이에 있는 것은 크게 보이도록 가로나 세로의 길이와 위치를 조정하는 것이 좋습니다. 이런 상황에서 사용하는 것이 Distort 기능입니다.

[Chapter03] 라이브러리에서 [Lesson01] 이벤트에 있는 [Distort] 프로젝트를 더블 클릭해서 실행해보면 타임라인에 2개의 클립이 위아래로 쌓여 있습니다

Distort 조절 핸들

타임라인에서 [Mission] 클립을 클릭해서 선택하고 뷰어에서 [Transform] 아이콘의 [펼침] 버튼을 클릭한 후 [Distort]를 선택하면 화면에 8개의 핸들이 표시됩니다. 모서리의 핸들을 드래그하면 맞닿은 가로와 세로의 변을 비틀 수 있으며, 변에 있는 핸들을 드래그하면 마주 보는 변만 고정한 상태에서 나머지 변을 비틀 수 있습니다.

▲ 10.5.4 버전

모니터 속 화면 합성

Distort 기능을 활용해 [Misson] 클립의 영상이 노트북 모니터에서만 보이도록 합성하는 간단한 실습을 진행해 보겠습니다.

01 **클립 가리기** 두 클립이 겹쳐진 상태에서 아래에 있는 노트북 화면을 확인하기 위해 [Mission] 클립을 잠시 가리겠습니다. 타임라인에서 [Mission] 클립을 선택하고 단축키 Ⓥ를 누르거나 [보조 클릭](control + 클릭)한 다음 [Disable]을 선택합니다.

02 **화면 배율 조정** 뷰어를 보면 [Mission] 클립의 Distort 조절 핸들과 아래에 배치된 [Monitor] 클립 영상이 보입니다. 섬세한 합성을 위해 뷰어에서 오른쪽 위에 있는 배율을 [200%] 이상으로 확대합니다. 화면을 확대하면 뷰어의 오른쪽에 내비게이터가 표시되는데, 전체 화면에서 현재 표시되는 위치를 확인할 수 있습니다.

03 **화면 비틀기** [Monitor] 클립의 모니터 모서리가 보이도록 내비게이터를 조절하고, 각 조절 핸들을 드래그하여 모니터의 모서리에 맞춥니다.

깨알Tip 내비게이터의 흰색 테두리가 전체 화면 영역이며, 안쪽에 있는 빨간색 사각형이 현재 뷰어에 표시되는 화면의 위치입니다. 표시되는 화면의 위치를 변경할 때는 빨간 사각형을 클릭한 채 드래그합니다.

04 **Distort 영역 확인** 4개의 조절 핸들들의 위치를 조절했다면 뷰어의 배율을 [200%]에서 [Fit]으로 변경해 모니터에 맞춰 Distort 영역이 잘 지정되었는지 확인합니다.

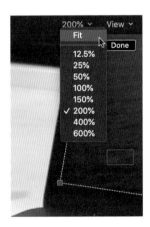 

05 **숨긴 화면 표시** 타임라인에서 [Mission] 클립을 선택한 후 단축키 Ⓥ를 누르거나 [보조 클릭]
(control + 클릭)한 후 [Enable]을 선택해서 다시 표시합니다. 노트북 모니터 안으로 [Mission] 클립의
영상이 합성되어 표시됩니다. spacebar 를 눌러 영상을 재생해 보고, 문제가 없다면 뷰어 오른쪽 위의
[Done] 버튼을 클릭해 합성을 완료합니다.

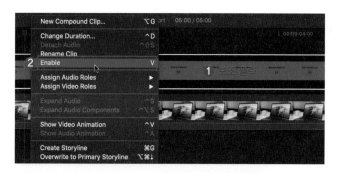

깨알Tip 더 섬세하게 합성 위치를 지정하려면 인스펙터의
[Video Inspector] 탭에서 [Distort] 옵션의 속성을 조절하세요.

Lesson 02 | Transform 기능으로 4분할 영상 만들기

Transform 기능으로 한 화면에 4개의 영상이 동시에 나오는 4분할 영상을 만들어 봅니다. 제품을 비교하거나 여러 인물을 한 화면에 보여 줄 때, 같은 시간에 일어나는 여러 사건을 동시에 보여 줄 때 사용하면 효과적입니다. 4분할 영상은 스틸 이미지를 출력해서 유튜브 섬네일로 사용해도 좋습니다.

분할에 사용할 영상 정리하기

[Chapter03] 라이브러리를 찾아 더블 클릭해서 실행한 후 [Lesson02] 이벤트에 있는 [Split] 프로젝트를 더블 클릭하고 타임라인을 보면 4개의 클립이 차곡차곡 쌓여 있습니다. 이 4개의 클립으로 4분할 영상을 만들어 보겠습니다.

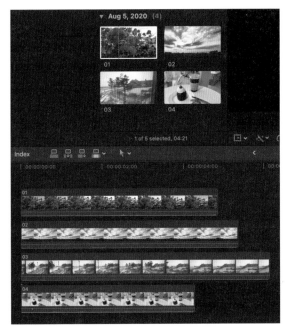

01 **플레이헤드 옮기기** 클립의 길이가 모두 다르므로 4초 이후는 모두 잘라서 길이를 맞추겠습니다. 타임라인에서 [플레이헤드]를 드래그하거나 타임코드를 클릭하고 [400]을 입력한 후 return을 눌러서 4초(04:00)로 옮깁니다.

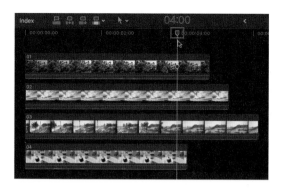

02 **클립 자르기** 여러 트랙에 있는 클립을 모두 자를 것이므로 단축키 shift + command + B를 누릅니다. [플레이헤드]를 기준으로 모든 클립이 잘립니다.

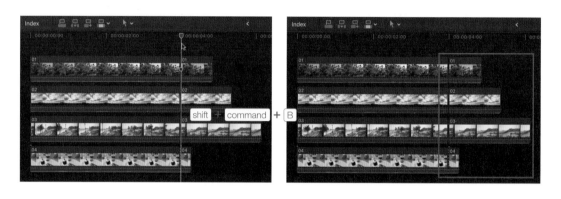

03 **잘린 클립 삭제** 프라이머리 스토리라인에 있는 [04] 클립에서 오른쪽 끝에 있는 잘린 부분을 클릭해서 선택한 후 backspace를 눌러 지웁니다. [04] 클립과 연결된 나머지 트랙에서도 모두 삭제됩니다. 연결된 클립에 대해서는 093쪽 설명을 참고하세요.

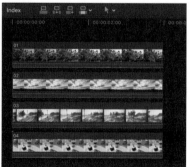

4분할 배치하기

타임라인에서 클립 위를 좌우로 스키밍해 보면 맨 위 트랙에 있는 [01] 클립의 장미꽃 영상만 보입니다. 그러므로 각 클립의 크기와 위치를 조절하여 한 화면에서 모든 클립이 보이는 4분할 배치로 변경합니다.

01 **크기 조정** [01] 클립을 선택하고 [Video Inspector] 탭에서 [Tranform] 옵션에 있는 [Scale(All)] 속성 값을 [50%]로 변경합니다. 뷰어를 보면 장미꽃 화면이 1/4로 축소되면서 중앙에 배치됩니다.

(깨알Tip) 4분할 배치라고 해서 [25%]로 축소한다고 착각할 수 있습니다. 하지만 [Scale(All)] 속성은 가로와 세로를 모두 변경하는 것이라는 점에 주의해야 합니다. 즉, 가로와 세로가 각각 1/2(50%)로 작아지면서 전체 영상의 크기는 1/4로 작아지는 것입니다.

02 **위치 변경** 장미꽃 영상을 왼쪽 위로 옮기기 위해 [Transform] 옵션에 있는 [Position] 속성 값을 [X: −480px, Y: 270px]로 변경합니다. X 속성은 프로젝트의 가로 픽셀 수인 1920을 1/4로 나눈 값에 왼쪽으로 옮기기 위해 −를 붙였으며, Y 속성은 세로 픽셀 수인 1080을 1/4로 나눈 값에 위로 옮기기 위해 +를 생략했습니다.

03 [02] 클립 배치 앞서와 같은 방법으로 타임라인에서 [02] 클립을 선택하고 [Video Inspector]

탭에서 [Scale(All): 50%], [Position X: 480px, Y: 270px]로 설정하여 화면 오른쪽 위에 배치합니다.

04 4분할 완성 계속해서 [03] 클립은 [Scale(All): 50%], [Position X: −480px, Y: −270px]로, [04] 클립은 [Scale(All): 50%], [Position X: 480px, Y: −270px]로 설정하여 4분할 화면을 완성합니다.

깨알Tip 4분할 화면을 스틸 이미지로 출력하면 유튜브 등에 사용할 섬네일을 간단하게 만들 수 있습니다. 스틸 이미지를 출력하는 방법은 350쪽을 참고하세요.

Lesson 03 Crop 기능으로 2분할 영상 만들기

Crop 기능을 이용해 한 화면에 2개의 영상이 동시에 보이는 2분할 영상을 만들어 봅니다. 화면의 크기를 줄이는 것이 아니라 일부를 잘라내기 때문에 필요한 부분만 보여 줄 수 있다는 것이 장점입니다. 이번 실습을 잘 응용하면 잡지처럼 단색 배경에 영상을 배치하는 조합도 만들 수 있습니다.

[Chapter03] 라이브러리를 더블 클릭해서 실행한 후 [Lesson03] 이벤트에 있는 [half] 프로젝트를 더블 클릭합니다. 타임라인을 보면 2분할에 사용할 2개의 클립이 쌓여 있습니다. Crop 기능으로 클립을 자르고, Transform 기능으로 위치를 옮겨 2분할 영상을 완성해 보겠습니다.

01 **Crop 실행** 타임라인에서 [01] 클립을 선택하고 뷰어에서 [Crop] 옵션을 실행한 후 핸들을 편리하게 조절하기 위해 화면의 배율은 [50%] 이하로 줄입니다.

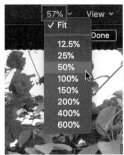

02 **Crop 영역 설정** 오른쪽 중앙에 있는 핸들을 왼쪽으로 드래그합니다. 핸들을 조절할 때 뷰어 위쪽을 보면 속성 값이 표시되므로 값을 확인하면서 [Right: 614px]까지 드래그합니다.

(깨알Tip) [Video Inspector] 탭에서 [Crop] 옵션의 [Right] 속성 값을 직접 조정해도 됩니다.

03 **Crop 확정** 뷰어 오른쪽 위에 있는 [Done] 버튼을 클릭해 Crop 영역을 확정하고, 화면 배율을 [Fit]으로 변경해 화면을 뷰어에 맞춥니다.

04 **가이드라인 표시** 뷰어에서 오른쪽 위에 있는 [View] 옵션을 클릭하고 [Show Horizon]을 선택합니다. 뷰어를 4분할하는 노란색 가이드라인이 표시됩니다. 이것은 말 그대로 가이드라인일 뿐 실제 결과물에 출력되는 것은 아닙니다.

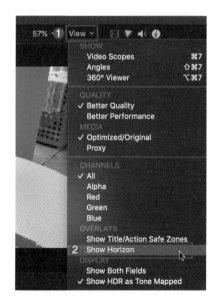

05 **왼쪽 영상 배치** [Video Inspector] 탭에서 [Transform] 옵션을 펼치고 [Position X] 속성 값을 클릭한 채 왼쪽으로 드래그해서 세로 가이드라인 기준 왼쪽에 배치합니다.

06 **오른쪽 영상 배치** 이번에는 아래에 있는 [04] 클립의 위치를 조정할 차례입니다. 타임라인에서 [04] 클립을 선택하고 [Video Inspector] 탭의 [Position X] 속성 값을 클릭한 채 오른쪽으로 드래그하여 원하는 부분이 표시되도록 조절하면 2분할 영상을 완성됩니다.

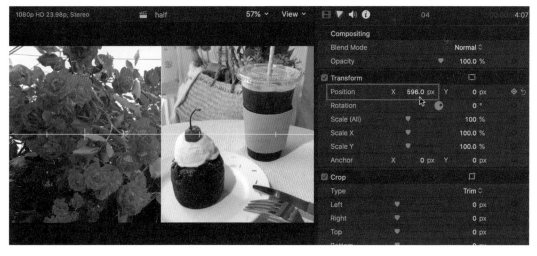

깨알Tip 2분할 영상을 완성한 후에는 뷰어에서 [View]를 클릭하고 [Show Horizon]을 다시 선택해서 체크를 해제하면 가이드라인이 가려집니다.

Lesson 04 키 프레임을 이용한 애니메이션 만들기

영상에 움직임을 적용하려면 키 프레임 기능을 사용합니다. 키 프레임은 Final Cut Pro X 이외에도 여러 편집/합성 프로그램에서도 동일한 원리로 사용하는 기능이므로 처음에 다소 어렵더라도 포기하지 말고 그 원리를 제대로 익혀 놓으면 이후 무궁무진하게 응용해서 창의적인 영상을 만들 수 있을 것입니다.

움직임의 시작과 끝, 키 프레임

키 프레임(Key frame)은 영상, 음향, 효과에 변화를 주기 위해 움직임이 시작되는 프레임과 끝나는 프레임의 속성 값을 지정하는 것이며, 2개 이상의 키 프레임을 지정하면 그 사이의 속성 값은 프로그램에서 자동으로 계산합니다. 예를 들어 비행기가 왼쪽에서 오른쪽으로 날아가는 애니메이션을 만든다면 첫 프레임에서 비행기의 위치(Position) 값을 왼쪽으로 설정한 후 키 프레임을 추가하고, 이어서 마지막 프레임에서 위치 값을 오른쪽으로 설정합니다. 키 프레임을 추가한 속성에서 값이 바뀌면 자동으로 키 프레임이 추가되므로 마지막 프레임에도 키 프레임이 추가됩니다. 이렇게 시작과 끝에 키 프레임을 추가하면 중간의 움직임은 컴퓨터가 자동으로 계산해 줍니다. 키 프레임을 적용하는 버튼은 대부분 다이아몬드 모양으로, 버튼을 한 번 클릭하면 테두리 속이 채워지면서 키 프레임이 추가되어 속성 값이 고정되고, 한 번 더 클릭하면 키 프레임이 삭제되어 다시 테두리만 남습니다.

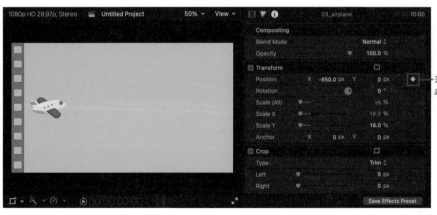

키 프레임을 추가한 상태

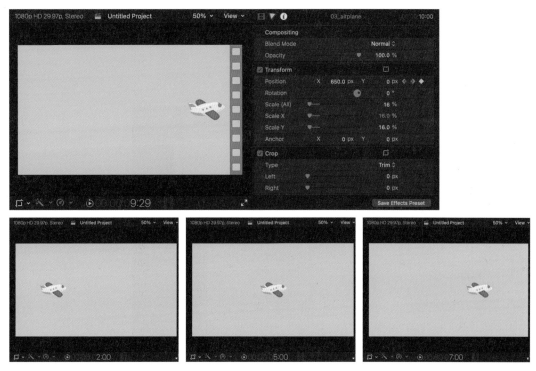

▲ 처음과 끝에 키 프레임을 추가하면 중간 값은 자동으로 변경됩니다.

점점 커졌다 작아지는 영상 만들기

사물이 자연스럽게 점점 커지는 영상을 만들려면 어떻게 해야 할까요? [Crop] 옵션의 [Ken Burns] 기능을 떠올릴 수 있지만, [Ken Burns] 기능을 사용하면 원하는 구간에서만 움직임을 표현하기는 어렵습니다. [Chapter03] 라이브러리에서 [Lesson04] 이벤트에 있는 [Keyframe] 프로젝트를 더블 클릭하여 열고, 키 프레임을 이용해 화면이 점점 확대되었다 다시 축소되는 영상을 만들어 보겠습니다.

01 **Transform 실행** [London] 클립의 앞부분 1초 동안 점점 커지는 움직임을 만들겠습니다. 타임라인에서 [London] 클립을 선택하고 [플레이헤드]를 맨 앞으로 옮긴 후 뷰어에서 [Transfrom] 옵션을 활성화합니다.

02 **첫 번째 키 프레임 생성** 현재 크기와 위치에서 화면이 점점 확대되는 영상을 만들 예정이므로 먼저 현재 상태의 속성 값을 고정해야 합니다. 뷰어 왼쪽 위에 있는 다이아몬드 모양의 [키 프레임] 버튼을 클릭하여 키 프레임을 생성합니다.

깨알Tip 인스펙터에서 [Video Inspector] 탭의 [Transform] 옵션에서 속성별로 오른쪽 끝에 있는 다이아몬드 모양 [키 프레임] 버튼을 클릭해서 생성할 수도 있습니다.

03 버튼 변화 확인 [키 프레임] 버튼을 클릭하여 키 프레임을 생성하면 뷰어에서는 다이아몬드 모양에 작은 x가 표시되고, 인스펙터에서는 노란색으로 채워집니다.

04 두 번째 키 프레임 추가 [플레이헤드]를 정확히 1초로 옮긴 후 뷰어에서 왼쪽 아래에 있는 Transform 조절 핸들을 바깥쪽으로 드래그하여 관람차가 화면을 가득 채우도록 크기를 키웁니다. 크기를 조절하자 자동으로 키 프레임이 추가되었습니다.

(깨알Tip) 키 프레임을 생성한 속성은 이후 속성 값이 조금만 변경되어도 자동으로 키 프레임이 추가됩니다. 앞서 [Transform]을 활성화한 후 키 프레임을 생성했으므로 크기를 바꾸는 순간 키 프레임이 추가로 생성된 것입니다.

05 **위치 조절** 화면을 키우면서 일부 가려진 관람차가 모두 보이도록 화면 안을 클릭한 채 오른쪽으로 드래그하여 위치를 조절합니다. 바뀐 속성 값으로 키 프레임이 재설정됩니다. [플레이헤드]를 다시 처음으로 옮긴 후 spacebar 를 눌러 지금까지의 변화를 확인해 보세요. 1초 동안 화면이 점점 커지다가 1초 이후로는 확대된 상태가 유지됩니다.

06 **세 번째 키 프레임 추가** 계속해서 화면이 원래 크기로 축소되는 움직임을 추가하겠습니다. [플레이헤드]를 3초로 옮긴 후 뷰어에서 [키 프레임] 버튼을 클릭하여 세 번째 키 프레임을 추가합니다. 두 번째와 세 번째 키 프레임 사이(1~3초 구간)에서는 현재의 화면 크기와 위치가 유지됩니다.

07 **네 번째 키 프레임 추가** 마지막 키 프레임을 추가하기 위해 4초 5프레임(4:05)으로 [플레이헤드]를 옮기고 [Video Inspector] 탭의 [Transform] 옵션에서 [Position X: 0px, Y: 0px], [Scale(All): 100%]로 속성 값을 변경합니다. 속성 값이 변경되면서 자동으로 네 번째 키 프레임이 추가됩니다. [플레이헤드]를 맨 앞으로 옮긴 후 재생해 보세요. 화면이 1초간 점점 커지다가 잠시 멈추고, 3초부터 영상이 끝날 때까지 천천히 원래대로 돌아옵니다.

키 프레임 자유자재로 다루기

키 프레임을 생성했다고 그 속성 값이나 위치를 계속 고정해야 하는 것은 아닙니다. 앞서 실습처럼 단순하게 속성 값을 변경할 수도 있고, 키 프레임의 간격을 조절하여 애니메이션 속도를 조절할 수도 있습니다.

키 프레임 위치 확인 및 간격 조정

타임라인이나 뷰어를 봐서는 어디에 키 프레임을 생성했는지 한눈에 알 수 없습니다. 물론 타임라인에서 [플레이헤드]를 좌우로 드래그하면서 뷰어에 있는 [키 프레임] 버튼 모양을 확인할 수도 있지만, 무척이나 번거롭습니다. 간편하게 키 프레임 생성 위치를 확인하려면 뷰어에서 [키 프레임] 버튼 양쪽에 있는 화살표나 인스펙터의 [키 프레임] 버튼 왼쪽에 있는 화살표를 클릭하면 됩니다. 현재 위치를 기준으로 이전/이후 키 프레임이 있는 위치로 빠르게 이동할 수 있습니다.

키 프레임 위치 일괄 확인: 생성된 모든 키 프레임을 일괄 확인하고 싶다면 키 프레임이 생성된 클립을 [보조 클릭](control + 클릭)한 후 [Show Video Animation]을 선택합니다(control + V).

클립이 펼쳐지면서 비디오 애니메이션 창이 나타나고, 키 프레임이 생성된 위치에 다이아몬드 모양의 아이콘이 표시됩니다. 아이콘 모양이 겹쳐진 상태로 표시된 것은 한 프레임 내에 여러 개의 키 프레임이 생성되었다는 의미입니다. 옵션명 오른쪽에 있는 [펼침] 버튼을 클릭하고 특정 속성을 선택하면 해당 속성에 생성된 키 프레임만 표시됩니다.

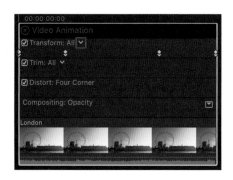 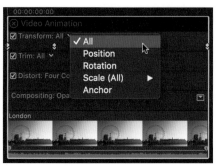

키 프레임 간격 조절: 키 프레임 간격으로 움직임의 속도를 조절할 수 있습니다. 두 키프레임의 간격이 짧아질수록 움직임은 빨라지고, 간격이 넓어질수록 움직임은 더 느려집니다. 타임라인에서 키 프레임이 설정된 클립을 [보조 클릭]([control] + 클릭)한 후 [Show Video Animation]을 선택해서 애니메이션 창을 열고, 생성된 키 프레임을 좌우로 드래그하여 간격을 조절합니다.

▲ 비디오 애니메이션 창을 열어 키 프레임 간격을 조절할 수 있습니다.

가속도와 경로 조절

키 프레임으로 만든 애니메이션을 재생해 보면 화면 위치의 이동이 균일하지 않다고 느껴질 수 있습니다. 이는 초반부에 조금씩 움직이고, 중반부에 급격히, 후반부에 다시 조금씩 S 곡선 형태로 움직이기 때문입니다. 이러한 방식을 Smooth 혹은 Ease in/out이라고 표현합니다.

뷰어를 [150%] 이상으로 확대한 뒤, 뷰어에서 [키 프레임] 아이콘을 클릭하여 노란색으로 활성화하고, 양 옆에 표시된 핸들을 드래그하여 빨간색 곡선의 모양을 변형해 보세요. 영상을 재생해 보면 빨간색 선을 따라 화면이 움직이는 것을 확인할 수 있습니다. 그렇다면 동일한 속도와 비율로 움직임을 제어하려면 어떻게 해야 할까요?

뷰어에서 [키 프레임] 아이콘을 [보조 클릭]($\boxed{control}$ + 클릭)하고 [Linear]를 선택하세요. 곡선이 일직선으로 바뀝니다. 영상을 재생해 보면 균일한 비율로 화면이 움직이는 것을 확인할 수 있습니다.

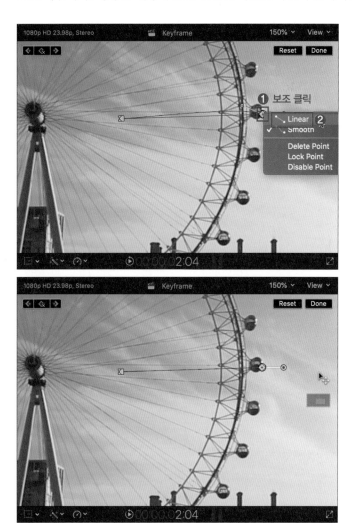

Lesson 05 | Custom Solids를 이용한 단색 배경 화면 만들기

아주 단순하지만 강력한 활용도를 자랑하는 Custom Solids 기능을 소개합니다. 일명 '컬러 매트'라고도 부르는 단색 클립을 만드는 기능으로 자막의 전체 배경, 부분 배경, 화면에 색감 더하기 등 다양한 용도로 활용할 수 있습니다.

Custom Solids 사용 및 색상 변경

간단한 실습을 위해 먼저 [Chapter03] 라이브러리에서 [Lesson05] 이벤트에 있는 [01_Title Background] 프로젝트를 더블 클릭하여 실행합니다. 사이드바 위쪽에 있는 세 개의 아이콘 중 가장 오른쪽에 있는 [Title and Generators sidebar] 탭을 클릭한 후 [Generators – Solids]를 선택해 보면 사용할 수 있는 Solids 클립 목록이 표시됩니다. 이 중에 사용할 수 있는 색상이 정해져 있는 나머지 클립과 달리 [Custom] 클립은 배치한 후 인스펙터에서 색상을 변경할 수 있습니다.

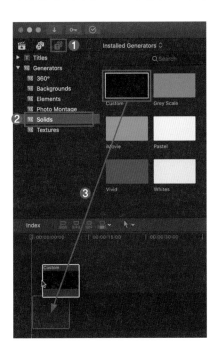

▲ [Custom] 클립은 인스펙터에서 자유롭게 색상을 변경할 수 있습니다.

타임라인에 [Custom] 클립을 배치한 후 인스펙터에서 [Generator Inspector] 탭을 클릭해 보면 [Color] 속성이 표시되며, 검은색 사각형을 클릭한 후 Colors 창에서 원하는 배경색을 선택합니다.

Color 창에서 색상 변경하기

Colors 창에는 다섯 가지 색상 선택 방법이 있으며, 왼쪽부터 컬러 휠(Color Wheel), 컬러 슬라이더 (Color Sliders), 컬러 팔레트(Color Palettes), 이미지 팔레트(Image Palettes), 펜슬(Pencils)입니다.

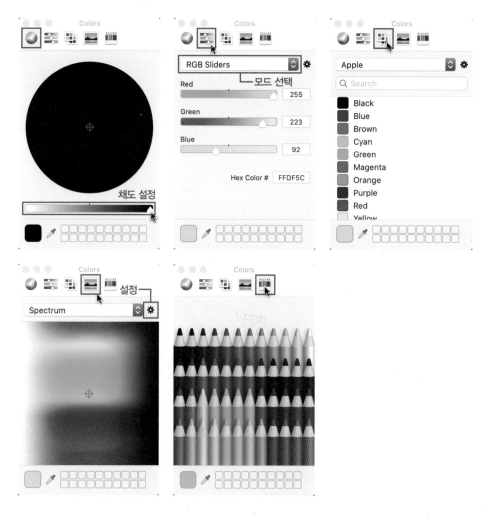

- **컬러 휠:** 컬러 휠에서 임의 위치를 클릭하면서 원하는 색을 선택할 수 있습니다. 원은 색상, 가로 막대는 채도를 표현합니다. 밝은 채도의 색상을 선택하려면 막대 슬라이더를 왼쪽으로 드래그합니다.

- **컬러 슬라이더:** 사용할 모드(HSB, RGB, CMYK 등)를 선택한 후 슬라이더를 조절하여 색상을 선택합니다. 영상 편집에서는 주로 [RGB Sliders] 모드를 사용하며, Red, Green, Blue 속성의 슬라이드를 드래그하

거나 헥사코드(Hex Color)를 직접 입력해 색상을 선택합니다.

- **컬러 팔레트:** 기본 색상 팔레트에서 원하는 색상을 선택합니다.

- **이미지 팔레트:** 색상의 모든 영역을 표현하는 스펙트럼에서 색을 선택할 수 있으며, 톱니바퀴 모양의 [설정] 아이콘을 클릭한 후 [New from File]을 선택하면 원하는 이미지를 불러와서 색상을 추출할 수 있습니다.

- **펜슬:** 미리 지정된 색상 펜슬을 선택합니다.

Color 창에서 원하는 색상을 선택해서 적용하고 뷰어를 보면 선택한 색상으로 화면이 채워집니다. 이렇게 간단한 방법으로 단색 배경 화면을 만들 수 있으며, 위쪽 트랙에 자막을 배치하면 깔끔한 자막 화면이 완성됩니다. [Lesson05] 이벤트의 [Vacation_Title] 클립을 타임라인의 [Custom] 클립 위로 드래그해 보세요. 단독 자막이나 인트로 화면 등으로 활용하면 좋습니다.

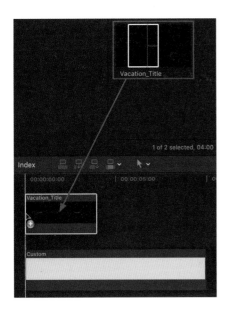
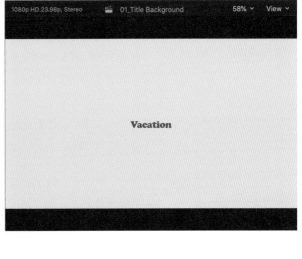

PIP 배경 만들기

뉴스에서 현장과 아나운서의 모습이 함께 보이는 것처럼 한 화면 안에 다른 화면이 작게 들어가는 것을 PIP(Picture In Picture)라고 합니다. [Lesson05] 이벤트에 있는 [02_PIP Background] 프로젝트를 더블 클릭해서 열면 타임라인에 [Paris_Night] 클립이 놓여 있습니다. 주황색 배경을 추가하고 [Paris_Night] 클립을 작게 줄여서 PIP 화면을 완성해 보겠습니다.

01 **Custom Solids 클립 배치** 먼저 주황색 배경 화면을 만들기 위해 사이드바에서 [Title and Generators sidebar] 탭을 클릭한 후 [Generators – Solids]에서 [Custom] 클립을 타임라인의 [Paris_Night] 클립 아래로 드래그하여 배치합니다.

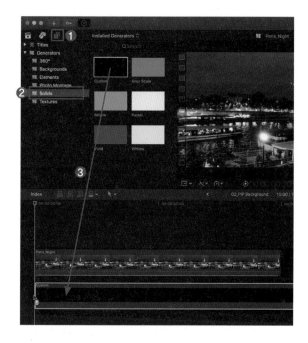

02 **색상 변경** 타임라인에서 [Custom] 클립을 선택하고 인스펙터의 [Generator Inspector] 탭에서 [Color] 속성을 주황색으로 변경합니다.

03 **화면 크기 변경** [Paris_Night] 클립의 크기를 변경하기 위해 타임라인에서 [Paris_Night] 클립을 선택한 후 뷰어나 인스펙터에서 [Transform] 옵션을 사용해 크기와 위치를 다음과 같이 변경합니다.

04 **배경색 변경** 배경색을 영상에 있는 색으로 변경하겠습니다. 타임라인에서 [Custom] 클립을 선택하고 [Generator Inspector] 탭에서 [Color] 속성 값을 클릭하여 Colors 창을 엽니다. Colors 창 아래쪽에 있는 [스포이드] 아이콘을 클릭한 후 뷰어에서 강물 부분에 있는 차분한 베이지색을 클릭합니다. 스포이드로 클릭한 부분의 색으로 [Custom] 클립과 뷰어의 배경색이 변경되었습니다.

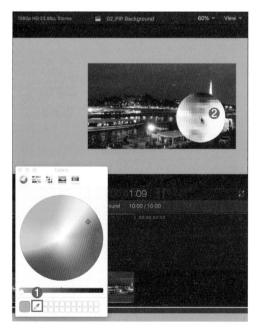
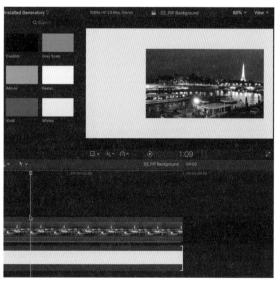

자막 입력을 위한 부분 배경 만들기

Custom Solids 클립을 이용하여 화면의 1/3 정도 영역에 단색 배경을 만들고 그 위에 자막을 올린 영상을 만들어 보겠습니다. 인트로/아웃트로 혹은 영상 중간에 소제목 등을 넣을 때 유용합니다. [Lesson05] 이벤트에서 [03_Side_Background] 프로젝트를 더블 클릭해서 열고 실습하세요.

01 **Custom Solids 클립 배치** 사이드바의 [Title and Generators sidebar] 탭에서 [Generators – Solids]에 있는 [Custom] 클립을 타임라인의 [Spring] 클립 위로 드래그한 후 클립의 길이를 맞춥니다.

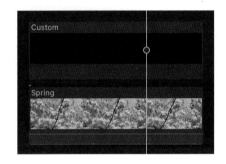

02 **색상 변경** 타임라인에서 [Custom] 클립을 선택하고 인스펙터의 [Generator Inspector] 탭에서 [Color] 속성을 흰색으로 변경합니다.

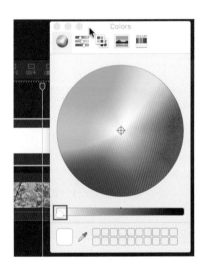

03 **[Custom] 클립 속성 변경** 인스펙터의 [Video Inspector] 탭에서 [Crop] 옵션을 펼친 후 [Right: 1300px]로 속성 값을 변경하여 [Custom] 클립의 오른쪽 화면을 자르고, [Compositing] 옵션에서 [Opacity: 45%]로 속성 값을 변경하여 투명도를 적용합니다. 흰색으로 가려졌던 부분에 벚꽃 영상이 희미하게 드러납니다.

깨알Tip [Crop] 옵션을 펼친 후 [Top: 1000px] 정도로 속성 값을 변경하면 영상 하단에 자막 영역을 만들 수 있습니다.

04 **자막 클립 추가** [플레이헤드]를 맨 앞으로 옮기고, 단축키 [control] + [T]를 눌러 [Basic Title] 자막 클립을 추가합니다. 이어서 인스펙터의 [Text Inspector] 탭에서 옵션 값을 변경하여 자막 스타일을 지정하고, [Video Inspector] 탭에서 [Transform] 옵션을 이용하여 위치를 조절하면 완성됩니다. 실습 과정에서 간단하게 소개하는 자막 기능은 추후 227쪽에서 자세히 다룹니다.

Lesson 06 | 찰칵! 사진 찍히는 효과 만들기

Custom Solids 클립을 이용해서 '찰칵' 사진이 찍히는 듯한 영상을 만들어 보겠습니다. 영상에서 특정 장면을 강조해서 기념 사진을 찍는 것처럼 연출하기 좋은 효과입니다. 정지 화면 만들기 – Custom Solids 클립 활용 – 포토 프레임 효과 적용 과정으로 완성합니다.

영상 클립에서 정지 화면 만들기

[Lesson06] 이벤트에서 [Photo] 프로젝트를 더블 클릭해서 열면 타임라인에 에펠탑이 보이는 센강 영상인 [Eiffel] 클립이 놓여 있습니다. 먼저 강조할 장면을 정지 화면으로 만드는 작업부터 시작합니다.

01 정지 화면 찾기 타임라인에서 마우스를 좌우로 스키밍하면서 정지 화면으로 만들 프레임을 찾고 [플레이헤드]를 옮깁니다. 여기서는 1초 15프레임(01:15)을 스틸 이미지(정지 화면)로 만들겠습니다.

02 **프레임 홀드** 뷰어에서 아래쪽에 있는 시계 모양의 [Retiming options] 아이콘을 클릭하고 [Hold]를 선택합니다 (단축키 [shift] + [H]).

03 **정지 프레임 길이 조정** [플레이헤드]를 기준으로 'Hold'라고 표시된 정지 프레임이 나타납니다. 정지된 화면을 더 길게 보여주기 위해 [플레이헤드]를 4초로 옮긴 후 정지 프레임 오른쪽 끝에 있는 리타이밍 핸들을 [플레이헤드]가 있는 4초 지점까지 드래그합니다.

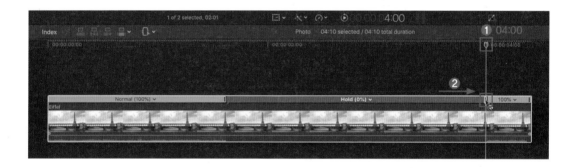

04 **클립 트리밍** 정지 화면 뒤쪽 영상은 사용하지 않을 것입니다. 그러므로 클립의 테일(Tail)을 클릭해서 선택한 후 4초 위치로 드래그해서 전체 클립의 길이를 줄입니다.

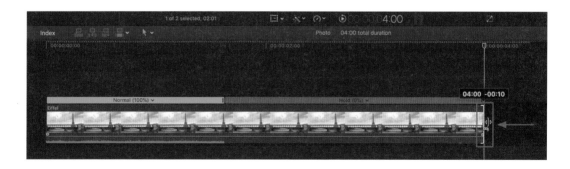

Custom Solids 클립으로 플래시 표현하기

정지 화면을 만들었으면 이어서 Custom Solids 클립을 이용하여 사진이 찍히는 듯한 느낌을 표현해 보겠습니다.

01 Custom Solids 클립 삽입 정지 화면이 시작되는 시점인 1초 15프레임(1:15)으로 [플레이헤드]를 옮기고 사이드바에서 [Title and Generators sidebar] 탭의 [Generators – Solids]에 있는 [Custom] 클립을 타임라인에서 [플레이헤드] 위치로 드래그하여 배치합니다.

02 색상 변경 하얗게 터지는 플래시의 느낌을 표현하기 위해 인스펙터의 [Generator Inspector] 탭에서 [Color] 속성을 흰색으로 변경합니다.

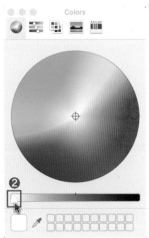

03 **클립 자르기** 플래시가 반짝 터지는 찰나의 느낌은 1프레임이면 충분합니다. 키보드에서 →를 한 번 눌러 [플레이헤드]를 1프레임 뒤로 옮깁니다. 툴 박스에서 [Blade] 툴(B)을 선택한 후 [플레이헤드] 위치를 클릭하여 클립을 자릅니다.

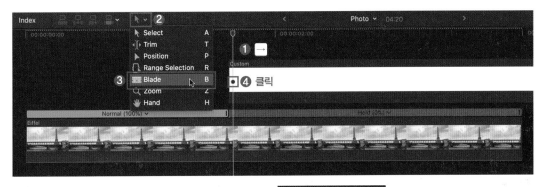

깨알Tip 최신 버전에서는 [Blade] 툴이 가위 모양으로 표시됩니다. ✂ Blade   B

04 **클립 삭제** 툴 박스에서 [Select] 툴(A)을 선택한 후 잘린 뒤쪽 클립을 클릭해서 선택하고 backspace 를 눌러 지우면 1프레임만 남습니다. [플레이헤드]를 맨 앞으로 옮기고 재생해 보세요. 반짝! 플래시가 터지는 느낌을 확인할 수 있습니다.

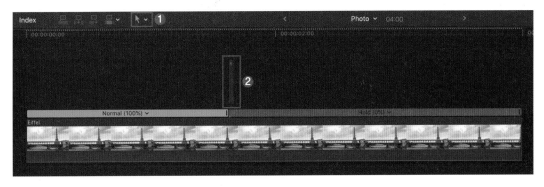

깨알Tip 플래시 효과로 1프레임이 너무 짧다면 [Custom] 클립의 길이를 2프레임으로 늘려도 좋습니다.

포토 프레임 효과 적용하기

마지막으로 정지 화면에 테두리를 추가해 인화한 사진처럼 표현해 보겠습니다.

01 클립 자르기 정지 화면에만 테두리 효과를 적용하기 위해 [Eiffel] 클립을 선택한 후 정지 화면이 시작되는 지점(1:15)으로 [플레이헤드]를 옮기고 단축키 command + B 를 누릅니다. [플레이헤드]를 기준으로 [Eiffel] 클립이 2개로 잘립니다.

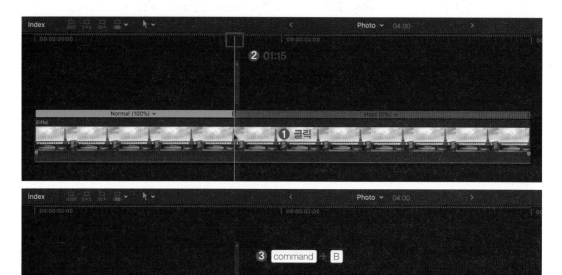

02 이펙트 브라우저 열기 타임라인에서 오른쪽 위에 있는 2개의 사각형 모양인 [Effects Browser] 아이콘을 클릭합니다(단축키 command + 5). 이펙트 브라우저를 확인해 보면 왼쪽 사이드바에 비디오(VIDEO)와 오디오(AUDIO)로 카테고리가 구분되어 있으며, 오른쪽에 섬네일로 효과 목록이 표시됩니다.

03 **효과 적용** 이펙트 브라우저에서 [VIDEO > Stylize]에 있는 [Photo Recall]을 찾아 타임라인에 있는 정지 화면 클립으로 드래그해서 포토 프레임 효과를 적용합니다.

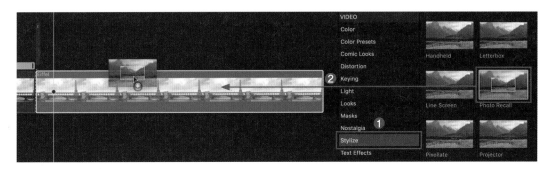

(깨알Tip) 이펙트 브라우저에서 사이드바 아래쪽에 있는 검색 창을 이용하면 원하는 효과를 빠르게 찾을 수 있으며, 섬네일에서 마우스로 스키밍해 보면 어떤 효과인지 확인할 수 있습니다.

04 **효과 속성 변경** 포토 프레임 효과의 속성을 변경하기 위해 정지 화면 클립을 선택한 후 인스펙터의 [Video Inspector] 탭의 [Photo Recall] 옵션에서 [Scale: 65]로 속성 값을 변경합니다. 뷰어를 보면 테두리가 있는 사진의 크기가 약간 커집니다.

한걸음더 **Photo Recall 옵션의 세부 속성**

- **Amount:** 테두리가 있는 사진의 또렷한 정도를 결정합니다. 100에 가까울수록 사진이 또렷해지고, 0에 가까울수록 크고 흐려집니다.
- **Style:** [Classic]은 기본적인 사진 테두리이며 [Instant]를 선택하면 폴라로이드 사진처럼 표현됩니다.
- **Blur:** 배경 사진의 흐릿한 정도를 결정합니다.
- **Separation:** 배경 사진의 채도를 결정합니다.
- **Center:** 테두리가 있는 사진의 위치를 결정합니다.
- **Scale:** 테두리가 있는 사진의 크기를 결정합니다.

05 **키 프레임 생성** 영상을 재생해 보면 뭔가 부족한 느낌입니다. 키 프레임을 생성해 약간의 움직임을 추가하겠습니다. 정지 화면의 시작 위치(1:15)로 [플레이헤드]를 옮기고 [Video Inspector] 탭의 [Photo Recall] 옵션에서 [Scale] 속성에 있는 [키 프레임] 버튼을 클릭합니다.

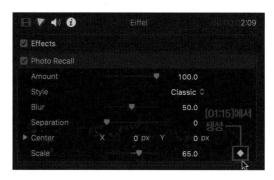

깨알Tip [Video Inspector] 탭에서 [Photo Recall] 옵션이 보이지 않는다면 타임라인에서 정지 화면 클립을 선택해 보세요.

06 **키 프레임 추가** 클립의 마지막 프레임 (3:23)으로 [플레이헤드]를 옮기고 [Photo Recall] 옵션에서 [Scale: 68]로 속성 값을 변경합니다. 키 프레임이 생성된 속성 값을 변경했으므로 자동으로 키 프레임이 추가됩니다.

└─[03:23]에서 변경

모든 설정이 끝났습니다. 이제 [플레이헤드]를 맨 앞으로 옮기고 [spacebar]를 눌러 영상을 재생해 보세요. 플래시 효과가 나타난 이후에 포토 프레임 효과가 적용된 이미지가 자연스럽게 확대되는 것을 확인할 수 있습니다. 영상을 확인했다면 이어서 [Photo Recall] 옵션에서 [Style: Instant]로 속성 값을 변경하여 폴라로이드 사진 느낌까지 확인해 보세요.

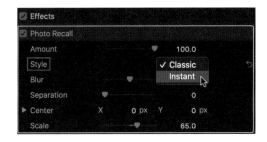

▲ Classic

▲ Instant

Lesson 07 | 레터박스로 영화 같은 느낌 표현하기

16:9 이상의 와이드 화면 비율인 영상을 4:3 비율인 아날로그 TV에서 재생하면 길쭉한 화면 비율을 그대로 유지하기 위해 화면 위아래로 검은색 띠가 표시되며, 이를 레터박스(Letterbox)라고 합니다. 요즘은 16:9 비율로 찍은 영상을 2.35:1처럼 더욱 시네마틱하게 보이기 위해 인위적으로 레터박스를 적용하기도 합니다.

01 Custom Solids 클립 배치 [Lesson07] 이벤트에서 [Sky] 프로젝트를 더블 클릭해서 열면 타임라인에 하늘을 찍은 영상 클립이 놓여 있습니다. 사이드바에서 [Title and Generators sidebar] 탭을 클릭한 후 [Generators – Solids]에서 [Custom] 클립을 [Sky] 클립 위로 드래그해여 배치하고 길이를 조정합니다.

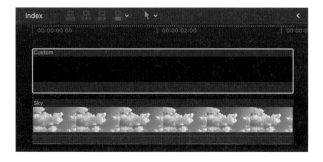

02 Crop 실행 타임라인에서 [Custom] 클립을 선택하고 인스펙터의 [Video Inspector] 탭에서 [Crop] 옵션을 펼친 후 [Bottom: 948px]로 속성 값을 변경합니다. [Custom] 클립의 아래 부분이 948px 만큼 잘리면서 가려졌던 하늘 영상이 표시됩니다.

03 클립 복제 계속해서 아래쪽 레터박스를 만들어야겠지요? 앞서 만든 레터박스를 복제하기 위해 타임라인에서 [option]을 누른 채 [Custom] 클립을 살짝 위로 드래그합니다. 위쪽으로 복제된 [Custom] 클립이 추가됩니다.

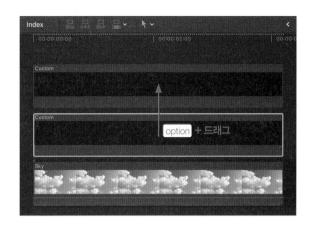

04 Transform 실행 아래에 있는 원본 [Custom] 클립을 선택한 후 인스펙터의 [Video Inspector] 탭에서 [Transform] 옵션을 펼친 후 [Rotation: 180]으로 속성 값을 변경합니다. 뷰어 중앙을 기준으로 180도 회전되므로 아래쪽 레터박스가 완성됩니다.

깨알Tip [Video Inspector] 탭의 [Crop] 옵션에서 [Bottom: 0px], [Top: 948px]로 속성 값을 변경해도 됩니다. 하지만 좀 더 간단하게 처리하기 [Transform] 옵션에서 [Rotation] 속성 값을 변경했습니다.

05 클립 선택 및 복사 레터박스를 배치하니 2.35:1 화면 비율의 영화처럼 표현되었습니다. 이어서 발랄한 느낌의 컬러 레터박스를 만들어 보겠습니다. 타임라인에서 [command] + [A]를 눌러 모든 클립을 선택한 후 [command] + [C]를 눌러 복사합니다.

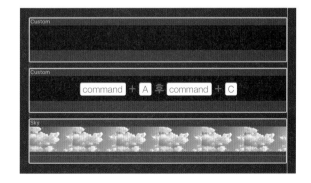

06 **클립 붙여 넣기** 편집이 끝난 지점으로 [플레이헤드]를 옮기고 [command] + [V]를 눌러 복사했던 클립들을 붙여 넣습니다.

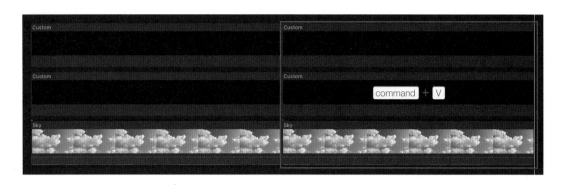

07 **색상 변경** 붙여 넣은 클립들 중 [Custom] 클립을 각각 선택한 후 인스펙터의 [Generator Inspector] 탭에서 [Color] 속성을 노란색으로 변경합니다. 실습에서는 헥사 코드 값 [#FFD687]을 입력했습니다.

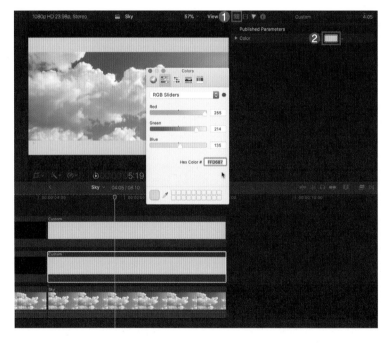

08 결과 확인 타임라인에서 결과를 스키밍해 보세요. 레터박스 색상에 따라 영상의 전체적인 분위기가 바뀌는 것을 느낄 수 있을 겁니다. 단지 색상만 바꿨을 뿐인데 훨씬 화사하고 통통 튀는 느낌으로 표현되었습니다.

한걸음 더 키 프레임으로 더욱 멋스럽게 꾸미기

앞서의 실습처럼 레터박스를 씌우는 것만으로 충분히 멋진 영상이 완성되었습니다. 여기에 만족하지 못했다면 키 프레임을 생성하여 16:9 화면에서 점점 레터박스가 생기며 비율이 2.35:1로 달라지는 시네마틱 효과를 연출해 보세요.

01. [플레이헤드]를 1초(1:00)로 옮기고 맨 위에 있는 [Custom] 클립을 선택한 후 [Video Inspector] 탭에서 [Crop] 옵션의 [Bottom] 속성에서 [키 프레임] 버튼을 클릭하여 키 프레임을 생성합니다.

02. [플레이헤드]를 맨 앞으로 옮기고 [Crop] 옵션에서 [Bottom: 1080px]로 속성 값을 변경하여 자동으로 키 프레임을 추가합니다.

03. 아래쪽 [Custom] 클립에도 동일한 위치에서 동일한 방법으로 키 프레임을 적용합니다.

모두 완성되었다면 다시 맨 처음부터 재생해 보세요. 키 프레임 응용으로 화면이 더욱 멋스러워졌지요?

예제 파일 [Chapter03] 라이브러리 > [Lesson08] 이벤트

Lesson 08 | Keying 기능으로 영상 합성하기

인물 뒤에 초록색 혹은 파란색 배경을 놓고 촬영하는 것을 본 적이 있으시죠? 크로마키 촬영이라고도 하는 방법으로 RGB(Red, Green, Blue) 신호를 이용하여 색(Chroma)의 차이를 키(Key)로 삼아 인물 등의 피사체를 배경에서 분리한 후 다른 배경 화면에 합성할 때 활용합니다. Final Cut Pro X에서 제공하는 Keyer와 Luma Keyer 효과를 이용하여 영상을 합성해 보겠습니다.

Keyer 효과 적용하여 크로마키 영상 합성하기

[Lesson08] 이벤트의 [01_Chromakey] 프로젝트를 더블 클릭해서 실행해 보세요. 타임라인을 보면 2개의 클립이 쌓여 있습니다. Keyer 효과를 적용하여 손가락으로 숫자를 세는 영상을 아래에 있는 숫자 종이 배경 위에 합성해 보겠습니다.

01 **Keyer 효과 적용** 초록색 배경을 투명하게 만들기 위해 이펙트 브라우저(command + 5)에서 [VIDEO > Keying]에 있는 [Keyer] 효과를 찾아 [Chromakey] 클립으로 드래그하거나, [Chromakey] 클립을 선택한 상태로 [Keyer] 효과를 더블 클릭하여 적용합니다.

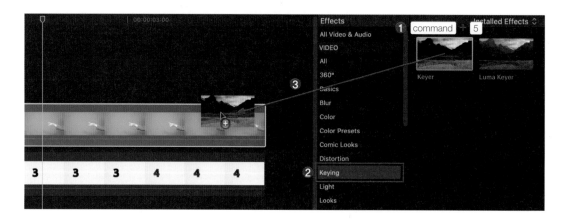

02 **결과 확인** 별다른 추가 과정 없이 곧바로 초록색 배경이 투명해지면서 아래에 있던 영상과 합성되었습니다. 이처럼 초록색이나 파란색은 대표적인 크로마키 색상이므로 Keyer 효과를 적용하면 자동으로 샘플 색상으로 추출되어 투명하게 처리됩니다.

크로마키 합성이라고 해서 대단한 것이라고 생각했는데, 생각보다 너무 쉽지요? 하지만 이게 끝이 아닙니다. 영상을 재생해서 자세히 보면 손가락과 옷 주변에 초록색 배경이 깔끔하게 제거되지 않은 것을 알 수 있습니다. [Video Inspector] 탭에서 [Keyer] 옵션을 조정하여 조금 더 말끔하게 합성하는 과정을 거쳐야 합니다.

깨알Tip Keyer 효과는 배경이 자주 바뀌는 일기예보나 강의 영상에서 많이 사용합니다. 촬영 시 주의할 점은 배경과 인물의 색이 겹치지 않도록 하는 것입니다. 피부, 옷, 장신구 등이 배경색과 같거나 비슷하면 Keyer 효과를 사용했을 때 배경과 함께 인물의 일부도 투명해질 수 있습니다.

Keyer 옵션 다루기

Keyer 효과를 적용한 후 배경이 깨끗하게 제거되지 않았다면 인스펙터의 [Video Inspector] 탭에서 [Keyer] 옵션에 있는 속성 값들을 변경하면 됩니다. 여기서 가장 중요한 것이 [Refine Key] 속성이며, [Sample Color]와 [Edges] 두 가지 속성 값 중 선택할 수 있습니다.

샘플 색상 추가

크로마키 합성을 위해 촬영한 영상인데 배경이 구겨졌거나 촬영 조명이 균일하지 않았다면 밝기 등의 차이로 배경이 완벽하게 제거되지 않을 수 있습니다. 따라서 제거할 키 색상으로 조금 더 어둡거나 밝은 색을 추가해야 합니다.

예를 들어 다음과 같은 합성 영상에서는 손 아래쪽이 어둡게 촬영되어 배경이 완벽하게 제거되지 않았습니다. 이럴 때는 [Video Inspector] 탭의 [Keyer] 옵션에서 [Refine Key: Sample Color]로 속성 값을 지정한 후 뷰어에서 제거가 덜 된 부분을 드래그하여 제거할 샘플 색상으로 추가합니다. 계속해서 다른 부분도 샘플 색상으로 추가하려면 shift를 누른 채 드래그합니다. 이렇게 샘플 색상을 추가하면 한결 더 깨끗하게 배경이 제거된 합성 영상을 완성할 수 있습니다.

▲ 샘플 색상을 추가할 때는 shift를 누른 채 드래그하고, 제거할 때는 option을 누른 채 클릭합니다.

샘플 색상 변경

Keyer 효과를 적용하면 초록색이나 파란색 배경이 자동으로 제거됩니다. 그러나 제거하고 싶은 색상이 초록색이나 파란색이 아니라면 어떻게 해야 할까요? 이럴 때는 키 색상을 수동으로 지정하면 됩니다. [Lesson08] 이벤트에서 [02_Chromakey] 프로젝트를 더블 클릭해서 열고 실습을 진행해 보세요.

01 **Keyer 효과 적용** 이펙트 브라우저에서 [VIDEO 〉 Keying]에 있는 [Keyer] 효과를 [Lesson10_사람화면] 클립으로 드래그해서 적용합니다.

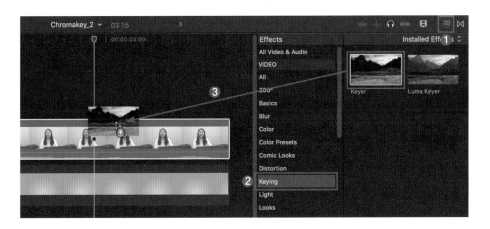

02 **샘플 색상 지정** 노란색 배경은 그대로 남고, 오히려 피사체의 일부가 투명해졌습니다. 키 색상을 완전히 새로 지정하기 위해 인스펙터의 [Video Inspector] 탭에서 [Keyer] 옵션에 있는 [Strength](자동 초기 색상 샘플링 강도) 속성 값을 [0%]로 낮추고, [Refine Key: Sample Color]로 속성 값을 선택합니다. 그런 다음 뷰어에서 제거할 색상이 있는 영역을 드래그하여 샘플 색상을 지정합니다.

03 **샘플 색상 추가** 한 영역만 샘플 색상으로 지정하면 배경이 깨끗하게 제거되지 않습니다. 그러므로 shift 를 누른 채 여러 위치를 드래그해서 키 색상을 추가합니다. 키 색상을 추가하다 보면 배경과 피사체는 제대로 분리되지만 피사체의 색이 조금 이상해집니다.

깨알Tip 피사체 색이 이상해지는 것은 원본 영상에서 초록색이 포함된 부분이 어색하게 묻어 나오는 것을 억제하기 위해 잔여 초록색을 회색으로 처리하는 Spill Level(스필 레벨) 기능 때문입니다.

04 **Spill Level 조절** 얼굴 색을 되돌리기 위해 [Video Inspector] 탭에서 [Keyer] 옵션에 있는 [Spill Level] 속성 값을 변경하겠습니다. 기본 값은 회색이며, 값이 높을수록 마젠타에 가깝고, 낮을수록 초록색에 가깝습니다. 그러므로 [Spill Level: 0%]로 속성 값을 조절하면 인물 색을 원본 상태로 되돌릴 수 있습니다.

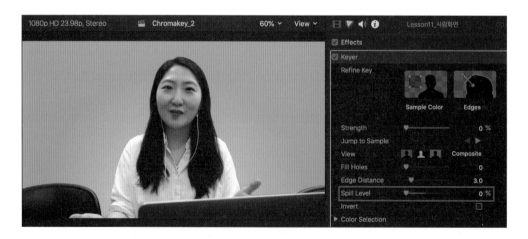

가장자리 합성

머리카락, 연기, 반사되는 영역처럼 외곽선의 경계가 흐릿해 합성이 어려운 피사체는 Edges(엣지) 기능을 이용해 피사체의 가장자리를 자연스럽게 합성할 수 있습니다. [Lesson08] 이벤트의 [03_ Chromakey] 프로젝트를 더블 클릭해서 열고 실습을 진행해 보세요.

01 **Keyer 효과 적용** 이펙트 브라우저에서 [VIDEO 〉 Keying]에 있는 [Keyer] 효과를 타임라인에 있는 [video-3] 클립으로 드래그해서 적용합니다.

02 **샘플 색상 지정** 초기 색상 샘플링이 적용되어 초록색 배경이 투명하게 처리됩니다. [플레이헤드]를 인물이 전체적으로 표시된 2:17(2초 17프레임) 정도로 옮긴 후 [Video Inspector] 탭의 [Keyer] 옵션에서 [Strength: 0%]로 속성 값을 낮추고, [Refine Key: Sample Color]로 속성 값을 지정한 후 뷰어에서 일차적으로 투명하게 제거할 영역을 드래그하여 샘플 색상을 추가합니다.

03 **결과 확인** 배경을 제거했다면 화면 배율을 확대해서 머리카락 부분을 자세히 살펴보세요. 배경을 제거하는 과정에서 머리카락 일부가 사라진 것을 확인할 수 있습니다. 어색하게 끊어진 머리카락 부분을 부드럽게 되살려야 합니다.

04 **Edges 추가** [Video Inspector] 탭의 [Keyer] 옵션에서 [Refine Key: Edges]로 속성 값을 지정한 후 뷰어에서 보존하고 싶은 부분인 머리카락을 클릭한 채 제거할 영역인 배경쪽으로 드래그하여 Edges를 추가합니다. 양 끝에 조절 핸들이 있고, 가운데 짧은 슬라이더가 표시됩니다

꿰알Tip [Keyer] 옵션에서 [Refine Key]로 속성 값을 별도로 지정하지 않더라도 뷰어에서 command 를 누른 채 드래그하면 Edges를, shift 를 누른 채 드래그하면 Sample Color를 추가할 수 있습니다..

05 **Edges 조절** 뷰어에서 Edges 가운데 있는 슬라이더를 좌우로 조절해 보세요. 슬라이더 위치에 따라 가장자리의 부드러운 정도가 달라집니다. 다음과 같이 머리카락이 자연스럽게 잘 표현되는 최적의 위치를 찾아 슬라이더를 배치하여 합성을 완료합니다.

깨알Tip 뷰어에 추가한 Edges는 드래그하여 위치를 변경할 수 있고, 필요하지 않을 때는 option 을 누른 채 Edges를 클릭하거나 Edges를 먼저 클릭한 후 backspace 를 눌러 삭제할 수 있습니다.

보기 모드 변경

Keyer 효과를 사용하여 배경을 완벽하게 제거했는지 확인하려면 [Keyer] 옵션의 [View] 속성을 잘 활용해야 합니다. 컴포지트(Composite), 매트(Matte), 오리지널(Original) 3가지 모드가 있습니다.

| View | 🎭 👤 🎭 | Composite |

▲ [View] 속성의 기본 값은 [Composite]입니다.

▲ 컴포지트 모드　　　　　▲ 매트 모드　　　　　▲ 오리지널 모드

- **컴포지트(Composite):** [View] 속성의 기본 값으로, Keyer 효과가 적용된 클립과 배경 클립을 합성해서 보여 줍니다.

- **매트(Matte):** Keyer 효과가 적용된 클립 이미지를 회색 음영으로 표현하는 매트 화면입니다. 화면에서 흰색은 실제 표시되는 부분, 검은색은 투명해지는 부분을 의미하며, 다른 말로 '알파 채널'이라고 합니다.

흰색/검은색 구분이 또렷할수록 선명하게 합성되며, 회색으로 표현되는 영역은 배경과 반투명하게 합성됩니다. 샘플 색상을 추가한 후 매트 모드를 이용하면 원하는 색상이 완벽하게 분리되었는지 쉽게 확인할 수 있습니다.

- **오리지널(Original):** Keyer 효과가 적용되지 않은 원본 클립을 보여 줍니다.

[Lesson08] 이벤트에서 [04_Chromakey] 프로젝트를 더블 클릭해서 열어 보면 [Chroma Key] 클립에 Keyer 효과가 적용되어 있으며, [Video Inspector] 탭의 [Keyer] 옵션에서 [View: Matte]로 속성 값이 적용되어 있습니다.

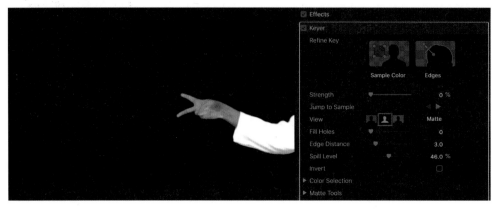

▲ 매트 모드에서 뷰어 화면

타임라인에서 마우스 커서를 좌우로 움직이면서 프로젝트 내용을 스키밍해 보면 손과 옷 일부가 회색 음영으로 표시됩니다. 흰색은 보존하는 부분, 검은색은 제거되는 부분, 회색은 반투명하게 표현되는 부분이라고 했죠? 실제로 어떻게 합성되는지 확인하기 위해 [View: Composite]로 속성 값을 변경해 봅니다. 손과 옷 일부에 배경이 묻어나오는 것을 볼 수 있습니다.

▲ 컴포지트 모드에서 뷰어 화면

[View: Matte]로 속성 값을 다시 변경한 후 깔끔한 합성을 위해 [Fill Holes] 속성의 슬라이더를 오른쪽으로 드래그하면서 뷰어를 확인해 보세요. 오른쪽으로 옮길수록 손과 옷 일부가 뚜렷한 흰색으로 채워집니다. 회색 구간을 다음과 같이 하얗게 채워 보세요.

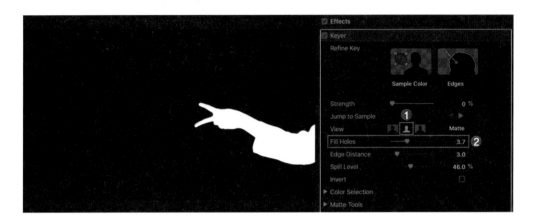

타임라인을 스키밍하면서 전체적으로 흰색과 검은색이 뚜렷하게 구분되었는지 확인합니다. 끝으로 [Edge Distance]와 [Spill Level] 속성 값을 조절하여 합성된 영상의 테두리를 자연스럽게 다듬어 주면 더욱 완벽한 합성 영상이 완성됩니다.

- **Fill Holes:** 흰색 매트 내부를 채우는 기능입니다. 매트 내부가 꼼꼼하게 채워져야 깔끔하게 합성됩니다.

- **Edge Distance:** 흰색 매트와 피사체 테두리와의 거리를 조정합니다. 값이 낮을수록 매트와 테두리의 거리가 가까워 선명해지지만 가장자리가 날카로워서 인위적인 느낌이 나며, 값이 높을수록 매트와 테두리의 거리가 멀어져 원하지 않는 부분까지 합성될 수 있으므로 슬라이더를 드래그하면서 적정한 값을 찾아야 합니다.

- **Spill Level:** 원본 영상의 초록색이 합성된 화면에 묻어 나오는 것을 억제하기 위한 기능입니다. 값이 높을수록 마젠타에 가깝고, 낮을수록 초록색에 가깝습니다.

  깨알Tip 보존할 영역과 제거할 영역을 서로 바꾸려면 [Invert] 속성에 체크하세요.

한 걸음 더 **매트 보기 모드에서 좀 더 세밀하게 다듬기**

매트 보기 모드에서 검은색과 흰색 부분을 세밀하게 다듬어야
한다면 [Keyer] 옵션에서 [Matte Tools] 기능을 사용합니다.
[Matte Tools] 이름 왼쪽에 있는 [펼침] 버튼을 클릭한 후 다음
과 같은 세부 속성을 조절해 보세요.

- **Levels:** 그라디언트 막대에서 아래쪽에 있는 검은색, 회색,
  흰색 핸들을 좌우로 드래그하여 대비를 변경합니다. 검은 핸들
  을 오른쪽으로 드래그할수록 대비가 흐려지고, 흰색 핸들을 왼
  쪽으로 드래그할수록 대비가 선명해집니다. 회색 핸들을 오른
  쪽으로 드래그하면 반투명 영역이 줄어 매트가 또렷해지고, 왼
  쪽으로 드래그하면 반투명 영역이 늘어 매트가 흐려집니다.
- **Shrink/Expand:** 매트의 반투명 영역과 크기에 영향을 줍
  니다. 슬라이더를 오른쪽으로 드래그할수록 흰색 매트가 선명하고 커지며, 왼쪽으로 드래그할수록 매트가
  흐려지고 줄어듭니다.
- **Erode:** 슬라이더를 오른쪽으로 드래그할수록 가장자리가 부드럽게 흐려집니다.

Luma Keyer 효과로 영상 합성하기

Keyer 효과를 적용하여 특정 색상을 투
명하게 만드는 방법으로 합성하는 크로
마키 합성과 달리 Luma Keyer 효과는
밝기를 기준으로 투명하게 하거나 남
기는 부분을 결정합니다. 보통은 어두
운 부분을 투명하게 처리하는 방법으로
합성합니다. [Lesson08] 이벤트에서
[05_Lumakey] 프로젝트를 더블 클릭
한 후 실습을 진행합니다.

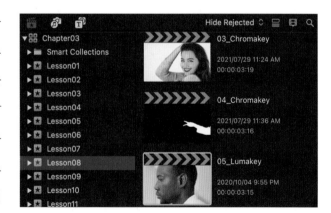

01 **Luma Keyer 효과 적용** 남자의 얼굴과 은하수를 감각적으로 합성하기 위해 이펙트 브라우저([command] + [5])에서 [VIDEO 〉 Keying]에 있는 [Luma Keyer] 효과를 타임라인의 [Man_CU] 클립으로 드래그하여 효과를 적용합니다. 남자의 얼굴에서 어두운 부분과 아래 클립의 은하수가 합성되는 것을 확인할 수 있습니다.

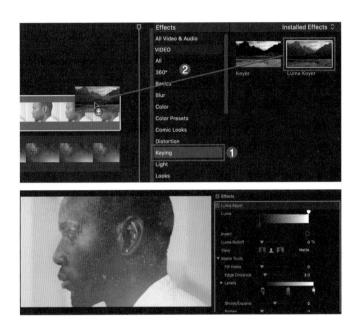

02 **Luma Keyer 옵션 설정** 보존할 부분과 제거할 부분을 명확하게 파악하기 위해 [Luma Keyer] 옵션에서 [View: Matte]로 속성 값을 변경한 후 [Luma] 속성의 검은색 핸들을 오른쪽으로 드래그하고, 흰색 핸들을 왼쪽으로 드래그합니다. 이어서 [Luma Rolloff: 10%]로 속성 값을 높여서 가장자리를 더욱 선명하게 구분합니다.

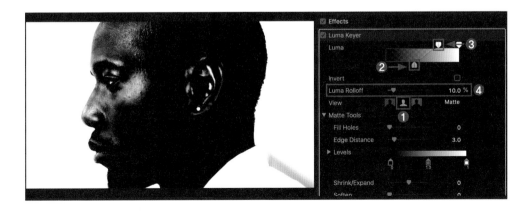

03 **결과 확인** [View: Composite]로 속성 값을 변경하고 합성 결과를 확인하면 은하수 영상과 남자의 옆모습이 옵션을 조정하기 전보다 훨씬 더 명확하게 합성된 것을 확인할 수 있습니다. 이처럼 Luma Keyer 효과는 밝기를 기준으로 화면을 투명하게 만들기 때문에 자막과 그래픽 이미지를 합성할 때 유용합니다.

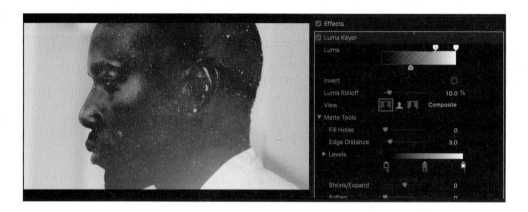

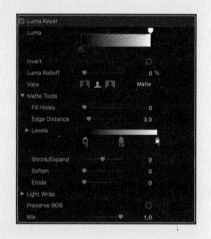

한 걸음 더 **Luma Keyer 효과의 세부 속성 살펴보기**

완벽한 합성을 원하면 [Video Inspector] 탭의 [Luma Keyer] 옵션에서 다음과 같은 세부 속성 값들을 조정해 보세요.

- **Luma:** 양 끝의 핸들을 드래그해서 흰색과 검은색의 값을 조정합니다.
- **Invert:** 흰색과 검은색 영역을 반전합니다.
- **Luma Rolloff:** 가장자리의 부드러움을 조정합니다. 값이 높을수록 가장자리가 선명해지고 명암이 진해집니다.
- **View:** 보기 모드를 선택합니다.
- **Matte Tools:** 흰색과 검은색 영역(매트)을 정교하게 다듬는 도구입니다.
- **Light Wrap:** 테두리에 빛을 감싸듯 밝기를 더합니다.
- **Preserve RGB:** 텍스트나 그래픽을 보존해 가장자리를 개선합니다.
- **Mix:** Luma Keyer 효과가 적용된 클립과 적용되지 않은 클립을 혼합합니다.

Lesson 09 | Draw Mask 효과로 움직이는 영상 합성하기

매트와 비슷하지만 조금은 다른 Mask 기능을 소개합니다. 화면의 특정 영역만 블러 처리하기, 특정 오브젝트를 잘라내서 다른 화면에 붙이기, 다양한 모양 안에 화면을 합성하기 등 여러 용도로 사용할 수 있습니다. Draw Mask 효과를 적용하고, 키 프레임을 생성하여 기둥이 지나가면 다음 영상이 따라 나타나는 장면 전환 효과를 완성해 보겠습니다.

Draw Mask 적용 및 Mask 영역 지정하기

Mask 효과는 모양(Shape)을 이용해 합성할 영역을 구분할 수 있습니다. 실습을 위해 [Chapter03] 라이브러리의 [Lesson09] 이벤트에 있는 [DrawMask] 프로젝트를 더블 클릭해서 엽니다. 타임라인에는 가로등이 보이는 [StreetLamp] 클립과 열기구가 보이는 [Turkey] 클립이 있습니다. 가로등 기둥 모양을 따라 다음 장면인 열기구 클립이 나타나는 효과를 만들기 위해서 우선 Draw Mask 효과를 적용해 두 클립을 합성해 보겠습니다.

01 Draw Mask 효과 적용 이펙트 브라우저(command + 5)에서 [VIDEO 〉 Masks]에 있는 [Draw Mask] 효과를 [Turkey] 클립으로 드래그해서 효과를 적용합니다.

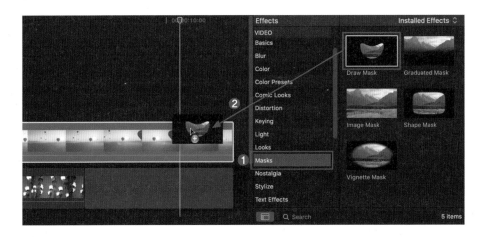

02 **마우스 커서 확인** Draw Mask 효과를 적용한 후 뷰어에서 왼쪽 아래를 보면 화면을 클릭해서 컨트롤 포인트를 추가하라는 안내(Click to Add a Control Point)가 표시되며, 마우스 커서를 뷰어 위로 옮기면 커서의 모양이 펜촉 모양과 +가 결합된 형태로 바뀝니다.

03 **[StreetLamp] 클립 확인** 아래에 놓인 가로등 화면을 확인하기 위해 [Turkey] 클립을 선택한 후 단축키 Ⓥ를 누릅니다. [Turkey] 클립이 숨겨지면서 가로등 화면이 뷰어에 나타납니다. 타임라인에서 스키밍해 보면 가로등이 오른쪽에서 왼쪽으로 이동하는 것을 확인할 수 있습니다. 화면 앞쪽으로 흐릿하고 두꺼운 두 번째 기둥이 지나갈 때 열기구 화면이 자연스럽게 이어지도록 합성할 것입니다. 그러므로 두 번째 기둥이 거의 다 이동한 지점인 6:22(6초 22프레임)으로 [플레이헤드]를 옮깁니다.

04 **Mask 영역 지정** 화면 배율을 [50%] 정도로 조절합니다. 화면 왼쪽 구석에 있는 가로등 위치에 따라 Mask를 적용하여 열기구 영상이 나타나게 할 것이므로 다음과 같이 4곳을 클릭한 후 마지막으로 처음 클릭한 위치를 다시 클릭하여 Mask 영역을 지정합니다.

05 **결과 확인** Mask 영역을 지정한 결과를 확인해 보겠습니다. [Turkey] 클립을 선택하고 단축키 Ⅴ를 눌러 다시 활성화합니다. Mask 영역에서 열기구 영상이 표시되는 것을 확인할 수 있습니다. 하지만 기둥쪽을 자세히 보면 어딘가 매끄럽지 않고 아쉬운 부분이 있을 겁니다.

06 **속성 값 변경** [Video Inspector] 탭의 [Draw Mask] 옵션에서 [Feather: 20] 정도로 속성 값을 변경합니다. Mask 영역으로 합성한 경계가 좀 더 부드럽게 처리됩니다.

키 프레임으로 Mask 영역 위치 변경하기

Mask 영역을 지정해서 간단하게 두 클립을 합성했으나, 문제는 기준이 될 기둥의 위치가 계속 움직인다는 것입니다. 그러므로 기둥의 위치에 따라 Mask 영역도 변경되도록 키 프레임을 생성합니다.

01 **키 프레임 생성** 기둥의 위치에 따라 Mask 영역의 위치, 즉 컨트롤 포인트의 위치를 변경하기 위해 [Video Inspector] 탭의 [Draw Mask] 옵션에서 [Control Points] 속성에 있는 [키 프레임] 버튼을 클릭해서 키 프레임을 생성합니다(애니메이션 활성화).

02 **비디오 애니메이션 창 열기** 키 프레임 생성 위치를 쉽게 파악하기 위해 [Turkey] 클립을 [보조 클릭]([control] + 클릭)한 후 [Show Video Animation]을 선택하여 비디오 애니메이션 창을 펼칩니다(단축키 [control] + [V]).

03 시작 위치에 키 프레임 추가 [Video Inspector] 탭의 [Draw Mask] 옵션에서 [Fill Opacity: 0%]로 속성 값을 변경하여 Mask 영역을 투명하게 만들고, [Turkey] 클립의 첫 프레임(1초 23프레임) 으로 [플레이헤드]를 옮깁니다. 뷰어에서 왼쪽에 있던 2개의 컨트롤 포인트를 드래그하여 다음과 같이 Mask 영역을 변경하면 자동으로 키 프레임이 추가됩니다.

깨알Tip Mask 영역의 위치가 변하도록 키 프레임을 생성할 때 핵심은 키 프레임을 최소한으로 추가하는 것입니다. 키 프레임이 너무 많으면 균일하지 않은 움직임이 많아져서 영상을 재생할 때 화면이 떨리는 것처럼 느껴집니다. 그러므로 움직임의 처음과 끝에 키 프레임을 생성하여 중간의 움직임은 자동으로 처리하고, 이후 움직임이 심하게 벗어날 때만 키 프레임을 추가합니다.

04 마지막 위치에 키 프레임 추가 흐린 기둥이 마지막으로 나오는 위치(7초 19프레임)로 [플레이헤드]를 옮긴 후 컨트롤 포인트를 드래그하여 다음과 같이 Mask 영역을 변경합니다.

05 중간 키 프레임 추가 타임라인에서 스키밍하면서 기둥 위치와 Mask 영역이 제대로 맞지 않는 부분을 찾아 Mask 영역을 조절하여 키 프레임을 추가합니다.

06 결과 확인 Mask 영역에 따른 키 프레임 설정이 모두 끝났다면 합성한 아래쪽 클립이 다시 보이도록 [Fill Opacity: 100%]로 속성 값을 변경합니다. 영상을 재생해 보고 어색함이 없는지 확인한 후 어색한 부분이 있다면 다시 Mask 영역을 수정합니다.

깨알Tip 영상을 재생해 보고 키 프레임이 과하게 추가되어 합성이 매끄럽지 않다면 비디오 애니메이션 창에서 불필요한 키 프레임을 클릭하여 선택한 후 [backspace]를 눌러 삭제하고 다시 컨트롤 포인트 위치를 조절하는 것이 좋습니다.

07 클립 정리 기둥이 완전히 사라진 이후(7:20)에는 더 이상 Draw Mask 효과가 필요하지 않습니다. [플레이헤드]를 7:20으로 옮긴 후 command + B를 눌러 [Turkey] 클립을 자릅니다. 잘린 뒤쪽 클립을 선택한 후 [Video Inspector] 탭에서 [Draw Mask] 옵션을 클릭한 후 backspace를 눌러 효과를 삭제합니다.

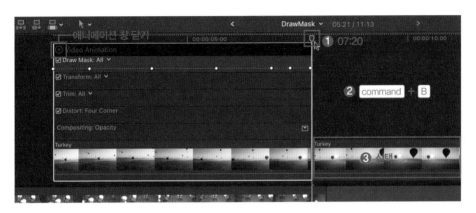

영상 속도 조절로 생동감 추가하기

앞서 실습으로 비디오 애니메이션 창이 펼쳐져 있다면 왼쪽 위의 [x] 버튼을 클릭하거나 단축키 control + V를 눌러 창을 닫고 처음부터 영상을 재생해 보세요. 기둥을 기준으로 가로등 영상에서 열기구 영상으로 멋지게 전환될 겁니다. 지금까지의 실습 결과만으로도 충분하지만 Draw Mask 효과가 적용된 시점부터는 빠르게 훅 지나가고, 효과가 끝난 이후에 다시 원래의 속도로 재생된다면 더욱 생동감 있는 영상이 될 것 같습니다. 모든 클립을 그룹(컴파운드 클립)으로 묶어 한번에 속도를 조절해 보겠습니다.

01 **그룹 짓기** 타임라인에서 command + A 를 눌러 모든 클립을 선택하고 [보조 클릭](control + 클릭)한 후 [New Compound Clip]을 선택합니다(단축키 option + G). 팝업 창이 열리면 그룹 이름과 저장할 이벤트를 선택하고 [OK] 버튼을 클릭합니다.

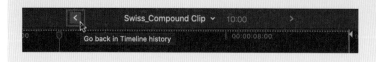

한 걸음 더 컴파운드 클립이란?

컴파운드(Compound) 클립은 여러 클립을 묶어서 하나처럼 표시하는 그룹으로, [보조 클릭](control + 클릭) 한 후 [New Compound Clip]을 선택하거나 메뉴 바에서 [File – New – Compound Clip]을 선택 합니다(단축키는 option + G).

좀 더 쉽게 표현하면 여러 클립을 감싼 일종의 컨테이너를 떠올리면 됩니다. 커다란 컨테이너를 열면 안에 여러 상자들이 적재되어 있는 것을 볼 수 있듯이, 컴파운드 클립을 더블 클릭하면 포함된 여러 클립을 볼 수 있으며, 다시 원래의 타임라인으로 돌아가려면 타임라인에서 위쪽에 있는 화살표를 클릭합니다.

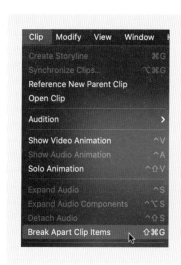

반대로 컴파운드 클립을 별도의 클립으로 분리하려면 컴파운드 클립을 선택한 후 메뉴 바에서 [Clip – Break Apart Clip]을 선택합니다(단축키 shift + command + G).

02 **속도 구간 나누기** 타임라인에 하나의 컴파운드 클립이 표시됩니다. 이제 구간별로 부드럽게 속도를 조절할 수 있는 Blade Speed 기능을 사용하기 위해 [플레이헤드]를 열기구 영상이 나타나기 시작하는 1:23으로 옮기고, 뷰어에서 [Retimming options] 아이콘을 클릭한 후 [Blade Speed]를 선택합니다(단축키 shift + B). 계속해서 열기구 영상이 충분히 나온 7:00 위치로 [플레이헤드]를 옮기고 단축키 shift + B를 눌러서 속도 구간을 한 번 더 나눕니다.

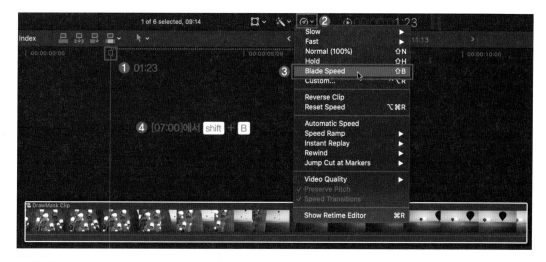

깨알Tip 타임라인 위에 있던 여러 클립을 그룹으로 묶은 컴파운드 클립을 더블 클릭하면 포함된 클립들의 다시 확인할 수 있는 레이어 구조가 표시되며, 다시 원래의 타임라인으로 돌아가려면 타임라인 위쪽에 있는 프로젝트 이름 양 옆의 화살표(⟨, ⟩)를 클릭합니다.

03 **속도 조절** 속도 조절 구간을 총 3개로 나누었습니다. 우선 가운데 있는 초록색 리타이밍 핸들에서 [펼침] 버튼을 클릭한 후 [Custom]을 선택하고, 팝업 창이 열리면 [Set Speed] 속성에서 [Duration]을 선택하고 [00:00:00:10] 값을 입력한 후 return을 누릅니다. 그러면 값이 자동으로 [00:00:00:15]로 설정됩니다.

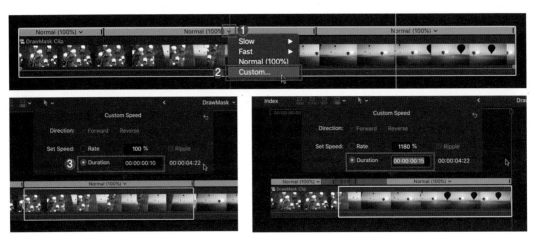

깨알Tip 위에서 설정한 값은 총 4:22(4초 22프레임) 길이인 클립을 0:10(10프레임)으로 줄이겠다는 의미입니다. 하지만 Blade Speed 기능을 사용하면 구간 앞뒤로 부드럽게 속도 조절하는 구간이 추가되므로 실질적으로는 15프레임으로 줄어든 것입니다.

04 **Directional 효과 적용** [플레이헤드]를 타임라인 맨 앞으로 옮기고 재생해 보세요. 가운데 구간의 속도가 빨라지니 영상에 생동감이 더해졌습니다. 이어서 빨리 움직일 때 속도감과 운동감을 더하기 위해 이펙트 브라우저(command + 5)에서 [VIDEO > Blur]의 [Directional] 효과를 찾아 컴파운드 클립으로 드래그해서 적용합니다. Directional 효과는 움직임의 방향성에 맞춰 흐릿함(Blur)을 표현할 때 사용하는 효과입니다.

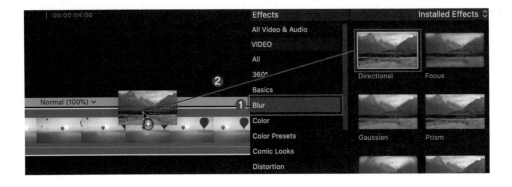

05 **속성 변경 및 키 프레임 생성** 속도가 바뀌는 부분만 흐릿하게 표현하기 위해 [플레이헤드]를
1:20으로 옮기고, [Video Inspector] 탭의 [Directional] 옵션에서 [Amount: 0]으로 속성 값을 변경한
후 [키 프레임] 버튼을 클릭합니다. [Amount: 0]으로 키 프레임을 생성함으로써 1:20 이전에는 효과가
전혀 나타나지 않습니다.

06 **키 프레임 추가** 같은 원리로 속도 변화가 끝난 이후에도 효과가 나타나지 않아야 하니 [플레이
헤드]를 2:17로 옮기고 [Amount: 0]인 상태의 [키 프레임] 버튼을 클릭하여 키 프레임을 추가합니다.

07 **속성 값 변경** 끝으로 움직임 속도가 빨라졌을 때인 2:04로 [플레이헤드]를 옮기고 [Amount: 200]으로 속성 값을 변경합니다. 속성 값이 변하므로 자동으로 키 프레임도 추가됩니다.

2개의 영상을 합성하는 실습이 끝났습니다. 영상의 맨 앞으로 [플레이헤드]를 옮기고 spacebar 를 눌러 재생해 보세요. Directional 효과가 적용되어 움직임과 속도감이 더해졌습니다. 여기서 조금 더 욕심을 부린다면 오디오를 추가해 볼 수 있습니다.

혹 지나가는 느낌을 극대화하기 위해 1:14로 [플레이헤드]를 옮기고, [Lesson09] 이벤트에 있는 [Whoosh] 오디오 클립을 타임라인으로 드래그해 배치합니다. 다시 처음부터 영상을 재생해 보면 속도감, 흐릿해지는 효과에 음향까지 삼박자가 맞아 떨어져 보다 완성도 높은 영상이 완성됩니다.

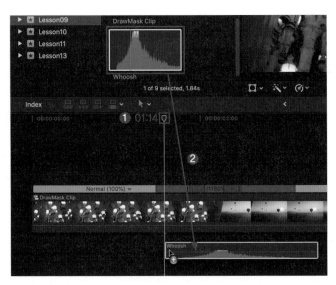

▲ 오디오 클립은 프라이머리 스토리라인 아래 트랙에 배치됩니다.

Lesson 10

Shape Mask 효과로 동그란 화면 만들기

주로 강의나 게임 콘텐츠에서 메인 화면의 한쪽 구석에 동그란 화면 속 화면(PIP)으로 강사나 플레이어의 모습이 나오는 영상을 본 적이 있을 겁니다. 여기서는 Mask 기능 중 하나인 Shape Mask 효과를 이용하여 동그란 PIP 화면을 만들어 보겠습니다.

Shape Mask 효과를 적용하여 동그란 화면을 만들면 평범한 직사각형에서 벗어난 PIP 화면을 만들 수 있으며, 양 옆의 군더더기 화면도 가릴 수 있어 일석이조의 효과를 누릴 수 있습니다. [Lesson10] 이벤트에서 [Circle] 프로젝트를 더블 클릭하여 열고 타임라인을 확인해 보면 모니터 화면을 녹화한 [Lesson10_모니터화면] 클립 위로 강사의 영상인 [Lesson10_사람화면] 클립이 쌓여 있습니다. 이 프로젝트를 이용해 모니터 화면 오른쪽 아래에 동그랗게 강사 화면을 넣을 것입니다.

01 **효과 적용** 이펙트 브라우저에서 [VIDEO 〉 Masks]에 있는 [Shape Mask] 효과를 찾아 [Lesson10_사람화면] 클립으로 드래그하여 적용합니다. 모서리가 둥글게 처리된 Mask 영역이 적용됩니다.

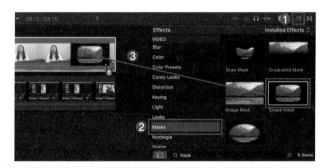

02 **Mask 영역 조절** Mask 영역을 정원 모양으로 변경하기 위해 [Video Inspector] 탭의 [Shape Mask] 옵션에서 [Radius: 530]으로 속성 값을 변경하여 정사각형으로 만들고, 이어서 [Curvatur: 100%]로 속성 값을 변경해서 정원 모양을 만듭니다.

깨알Tip 옵션의 속성 값을 변경하는 방법 이외에도 뷰어에서 Mask 영역에 있는 조절 핸들을 이용해 크기나 모양, 위치 등을 변경할 수 있습니다. 초록색 핸들을 드래그해서 크기를, 흰색 핸들을 드래그해서 모서리의 둥근 정도를, Mask 영역 안쪽을 드래그해서 Mask 영역의 위치를 조절합니다.

03 **테두리 처리** 기본 설정에서는 Mask 영역의 테두리가 부드럽게 처리되어 있습니다. 테두리를 또렷하게 변경하기 위해 뷰어에서 바깥쪽 빨간 테두리를 안쪽으로 드래그하거나 [Video Inspector] 탭의 [Shape Mask] 옵션에서 [Feather: 0]으로 속성 값을 변경합니다.

04 **Mask 내 화면 위치 변경** 뷰어에서 Mask 영역 안쪽을 드래그하거나 [Video Inspector] 탭의 [Shape Mask] 옵션에서 [Transforms 〉 Position] 속성 값을 변경하여 인물이 원의 가운데 오도록 위치를 조정합니다.

05 **PIP 크기 및 위치 변경** 이제 Mask 영역으로 처리된 화면의 크기와 위치를 조정합니다. 뷰어에서 왼쪽 아래에 있는 [Transform] 아이콘을 클릭해 활성화한 후 파란색 조절 핸들이 표시되면 모서리에 있는 핸들을 안쪽으로 드래그하여 크기를 줄이고, 줄어든 화면 안쪽을 드래그하여 오른쪽 아래로 옮깁니다. Transform 옵션 사용 방법은 132쪽을 참고하세요.

06 **마무리** PIP 화면을 배치한 후 추가로 [Video Inspector] 탭의 [Shape Mask] 옵션에서 속성 값을 조절하여 Mask 영역에서 위치나 크기 등을 수정하고, [Transform] 옵션에서 속성 값을 조절하여 PIP 화면의 크기와 위치 등을 세부적으로 수정하여 완성합니다.

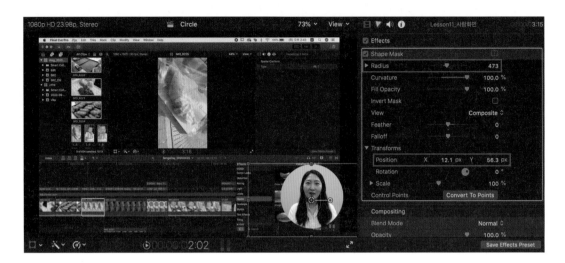

Lesson 11 | 화면을 돋보이게 하는 테두리 만들기

간단한 방법으로 영상의 인트로/아웃트로를 더욱 멋지게 표현할 수 있습니다. 바로 테두리를 활용하는 방법입니다. 자동으로 영상에 테두리 효과를 적용하는 방법과 수동으로 다양한 형태의 테두리를 만들 수 있는 방법, 2가지를 배워 보겠습니다.

Simple Border 효과로 초간단 테두리 적용하기

[Chapter03] 라이브러리에서 [Lesson11] 이벤트에 있는 [Border] 프로젝트를 더블 클릭해서 열고, 이펙트 브라우저에서 [VIDEO 〉 Stylize]에 있는 [Simple Border] 효과를 찾아 타임라인에 있는 [Brunch] 클립으로 드래그하여 적용해 보세요.

벌써 끝입니다. 뷰어를 보면 기본 속성 값인 회색 테두리가 적용되어 있습니다. 테두리 속성을 변경하려면 [Video Inspector] 탭의 [Simple Border] 옵션에서 속성 값들을 변경합니다.

▲ [Width: 40], [Color: #B9948B]로 속성 값을 변경한 결과

- **Width:** 테두리의 두께를 변경합니다.

- **Color:** 테두리의 색상을 변경합니다.

- **Mix:** 테두리를 반투명하게 조절할 수 있습니다.

PIP 기능으로 다양한 테두리 만들기

Simple Border 효과는 간단하게 테두리를 적용할 수 있으나 테두리의 두께만큼 영상의 일부가 가려지거나 단조로운 형태로만 사용할 수 있다는 단점이 있습니다. 여기서는 PIP 기능을 활용해서 그라데이션이나 패턴이 적용된 테두리를 만들어 보겠습니다.

01 **클립 배치** [Border] 프로젝트의 브라우저에서 [Brunch] 클립을 타임라인에서 맨 뒤로 드래그하여 다음과 같이 2개의 클립을 나란하게 배치합니다.

02 **영상 크기 변경** 영상의 크기를 줄여서 빈 영역을 만들고, 빈 영역을 테두리로 채울 예정입니다. 타임라인에서 두 번째 클립을 선택하고 [Video Inspector] 탭에서 [Transform] 옵션을 펼친 후 [Scale(All): 95%]로 속성 값을 변경하여 영상의 크기를 줄입니다.

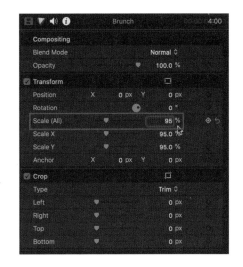

03 **Gradient 클립 배치** Final Cut Pro X의 사이드바에서 [Titles & Generators sidebar] 탭을 클릭한 후 [Generators – Textures]에 있는 [Gradient] 클립을 찾아 타임라인에 있는 두 번째 [Brunch] 클립 아래로 드래그해서 배치합니다. 뷰어를 보면 크기를 줄인 화면 여백에 그레이디언트가 표시됩니다.

04 **그레이디언트 색상 변경** 타임라인에서 [Gradient] 클립을 선택하고 인스펙터에서 [Generator Inspector] 탭을 클릭합니다. 그레이디언트 색상을 변경할 수 있는 [Color 1]과 [Color 2] 속성 값을 자유롭게 변경해 보세요. 여기서는 [Color 1: #E5DFC5], [Color 2: #F0A492]로 변경했습니다.

05 **그레이디언트 방향 변경** 뷰어에 보이는 핸들은 그레이디언트의 방향을 조절할 때 사용합니다. 위에 있는 핸들을 왼쪽으로, 아래쪽에 있는 핸들을 오른쪽으로 드래그해서 다음과 같이 대각선 방향의 그라디언트로 변경합니다.

06 **화면 자르기** 뷰어에서 완성한 그레이디언트 테두리를 보니 가로와 세로의 폭이 다릅니다. 이는 화면의 비율 차이 때문입니다. 타임라인에서 두 번째 [Brunch] 클립을 선택하고 [Video Inspector] 탭의 [Crop] 옵션에서 [Top]과 [Bottom] 속성을 각각 [20px]로 변경하여 위아래를 20px씩 자르면 전체 테두리 폭이 동일해집니다.

 패턴 테두리 만들기

PIP 기능을 이용한 테두리 만들기는 앞서의 실습에서 알 수 있듯이 영상의 화면 크기를 줄인 후 빈 공간에 아래쪽에 배치된 클립이 표시되도록 하는 방식입니다. 그러므로 영상 클립 아래쪽에 패턴 무늬가 있는 클립을 배치하면 손쉽게 패턴 테두리를 만들 수 있습니다.

다음과 같이 [Lesson11] 이벤트에 있는 [Pattern] 클립을 두 번째 [Brunch] 클립과 [Gradient] 클립 사이로 드래그해서 배치해 보세요. 순식간에 패턴 테두리가 완성됩니다.

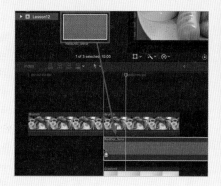 

Lesson 12 | 필름 프레임으로 영화 같은 느낌 만들기

인트로 영상이나 추억을 회상하는 영상에서 특별한 느낌을 연출하고 싶다면 필름 카메라로 찍은 듯한 효과로 감성을 더해 보세요. 적용해야 할 효과도 많고 매트의 개념도 응용해야 하므로 다소 어려울 수 있지만, 지금까지처럼 충분히 완성할 수 있을 겁니다. 크게 3단계를 거치므로 차근차근 따라 해 보세요.

영화 같은 색감 표현하기

가장 먼저 영상의 색감을 변경하는 단계입니다. 실습을 위해 [Chapter03] 라이브러리를 더블 클릭해서 실행한 후 [Lesson12] 이벤트에 있는 [FilmEffect] 프로젝트를 더블 클릭하여 엽니다.

01 효과 적용 1 영화 특유의 거친 질감을 표현하기 위해 이펙트 브라우저 (command + 5)에서 [VIDEO > Stylize]에 있는 [Add Noise] 효과를 찾아 타임라인의 [Berlin] 클립으로 드래그해서 적용합니다.

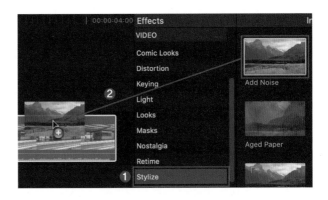

02 속성 변경 거친 질감의 정도를 변경하기 위해 [Video Inspector] 탭의 [Add Noise] 옵션에서 [Type: Gaussian Noise(Film Grain)], [Amount: 0.2]로 속성 값을 변경합니다.

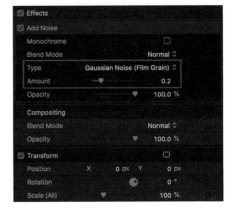

03 **효과 적용 2** 영상을 살짝 흐리게 표현하기 위해 이펙트 브라우저에서 [VIDEO 〉 Blur]에서 [Gaussian] 효과를 찾아 [Berlin] 클립으로 드래그해서 적용하고, [Video Inspector] 탭의 [Gaussian] 옵션에서 [Amount: 3]으로 속성 값을 변경하여 초점을 부드럽게 변경합니다.

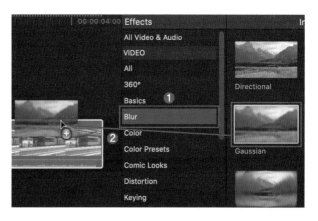

04 **효과 적용 3** 마지막으로 이펙트 브라우저에서 [VIDEO 〉 Stylize]에 있는 [Super 8mm] 효과를 찾아 [Berlin] 클립에 드래그해서 적용하고, [Super 8mm] 옵션에서 [Amount: 23]으로 속성 값을 조정해 진하고 빈티지한 색감을 더합니다.

필름 카메라의 미세한 움직임 표현하기

필름 카메라로 촬영한 영상을 보면 화면도 살짝 흔들리고 종종 실오라기도 같은 것도 보이며, 움직임이 약간씩 끊기는 것처럼 느껴지기도 합니다. 이처럼 필름 카메라로 촬영한 것 같은 미세한 움직임을 추가해 보겠습니다.

01 **효과 적용 1** 화면에 흔들림과 깜빡임, 노이즈 등을 표현하기 위해 이펙트 브라우저에서 [VIDEO > Stylize]에 있는 [Aged Film] 효과를 찾아 [Berlin] 클립으로 드래그해서 적용합니다.

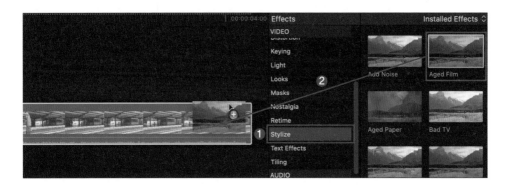

02 **속성 변경** [Video Inspector] 탭의 [Aged Film] 옵션에서 [Amount: 89], [Color Adjust: 0.6], [Dust: 12], [Hairs: 5], [Jitter Amount: 0.1], [Brightness Variance: 0.24]로 각 속성 값을 변경합니다.

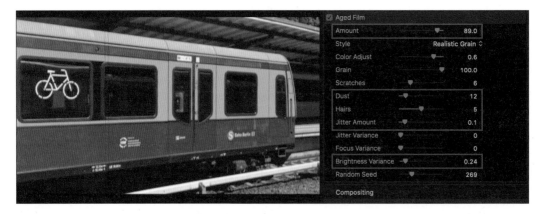

깨알Tip 위와 같이 속성 값을 변경했다면 [플레이헤드]를 앞으로 옮긴 후 영상을 재생해 보세요. 필름으로 촬영한 옛날 영화 같은 분위기가 더해졌나요? 조금 아쉽다면 [Dust]와 [Hairs] 속성 값을 더 높여서 화면에 부유물이 떠다니는 느낌을 강하게 표현할 수도 있습니다. 또한, 초점이 흐려졌다 선명해졌다 반복되는 느낌을 표현하려면 [Focus Variance] 속성 값을 높입니다.

03 **외부 효과 불러오기** 살짝 끊기는 듯한 움직임을 추가하기 위해 제공하는 예제 파일 중 [Chapter03] 폴더에 있는 [Retime] 효과 폴더를 그대로 복사합니다. 이어서 사용 중인 맥에서 [Finder] 창을 열고 [동영상 〉 Motion Templates 〉 Effects] 폴더 안에 [Retime] 폴더를 그대로 붙여 넣습니다.

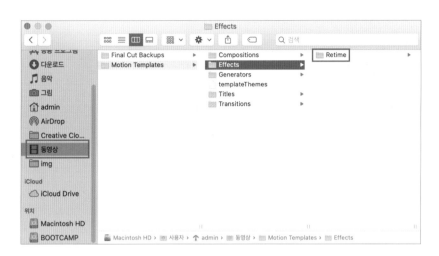

04 **효과 적용 2** [Effects] 폴더에 [Retime] 폴더를 넣으면 Final Cut Pro X의 이펙트 브라우 저에서 바로 확인하고 사용할 수 있습니다. [VIDEO 〉 Retime]에서 [Strobe_5frames] 효과를 찾아 [Berlin] 클립으로 드래그해서 적용합니다. 일반적인 동영상 프레임은 12345678910 순서로 보여지지 만 Strobe 효과를 적용하면 1111166666처럼 프레임이 5장씩 보여집니다. 영상을 재생해서 결과를 확인해 보세요.

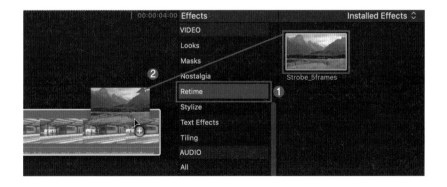

05 **효과 적용 순서 변경** 영상을 재생해 보니 앞서 적용한 자연스러운 화면 흔들림, 깜빡임, 노이즈 느낌 등이 사라졌습니다. 인스펙터의 [Video Inspector] 탭을 보면 위에서부터 효과를 적용한 순서대로 옵션이 쌓여 있습니다. 마지막에 적용한 [Strobe_5frame] 옵션을 [Aged Film] 옵션 위로 드래그해서 순서를 변경하고 다시 영상을 재생해서 결과를 확인해 봅니다.

깨알Tip 각 옵션명 오른쪽 끝으로 마우스 커서를 옮기면 [Hide]가 표시되며, 클릭하면 하위 속성이 접어지고, 그림처럼 옵션명만 표시할 수 있으며, [Show]를 클릭하면 다시 펼칠 수 있습니다. 또한 적용한 효과를 사용하고 싶지 않다면 왼쪽의 체크를 해제하거나 옵션을 클릭해서 선택한 후 backspace 를 눌러 삭제합니다.

필름 프레임 씌우기

영화 같은 느낌으로 표현하기 위한 마지막 단계입니다. 앞의 실습에 이어 필름으로 촬영한 듯한 효과를 극대화하기 위해 필름 프레임을 덧씌워 보겠습니다.

01 **클립 배치** [Lesson 12] 이벤트에 있는 [Film_Frame_Blue_Blur] 클립을 찾아 타임라인에서 [Berlin] 클립 위의 트랙으로 드래그하여 배치합니다.

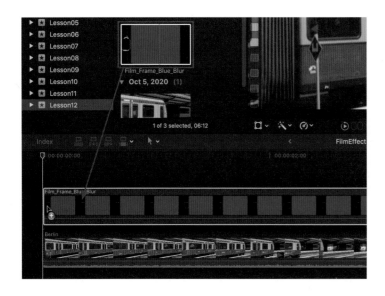

02 **배경 제거** 파란색 크로마키 화면이 보입니다. 크로마키를 제거하기 위해 이펙트 브라우저에서 [VIDEO 〉 Keying]에 있는 [Keyer] 효과를 [Film_Frame_Blue_Blur] 클립으로 드래그하여 적용합니다. Keyer 효과는 180쪽을 참고하세요.

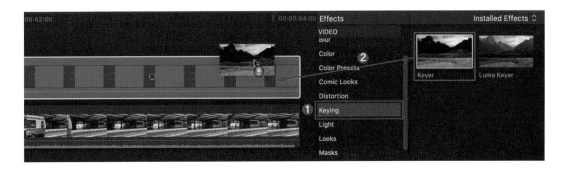

03 **결과 확인** Keyer 효과를 적용한 즉시 기본 샘플 색상인 파란색이 제거되면서 필름 프레임만 남고, 아래에 있는 클립과 합성되어 완벽하게 영화 같은 느낌의 영상이 완성됩니다.

한 걸음 더 **나만의 효과 프리셋 만들기**

지금까지 총 3단계로 구분하고, 5개 이상의 효과를 적용하면서 필름으로 찍은 듯한 영상을 만들었습니다. 그렇다면 같은 느낌의 영상을 만들 때마다 이런 과정을 계속 반복해야 할까요? 생각만 해도 너무 번거로운 일입니다. 이럴 때는 클립에 적용한 여러 효과를 나만의 효과 프리셋으로 저장하고 이후에는 단 한 번의 동작으로 모든 효과를 동일하게 적용할 수 있습니다.

우선 프리셋으로 저장할 효과들이 적용된 [Berlin] 클립을 선택하고, [Video Inspector] 탭에서 오른쪽 아래에 있는 [Save Effects Preset] 버튼을 클릭합니다. 효과 프리셋을 저장할 수 있는 팝업 창이 열리면 [Name]에 프리셋 이름을 적고 [Category]에서 효과 프리셋을 저장할 카테고리를 지정한 후 [Attributes]

에서 프리셋에 포함할 효과를 모두 체크합니다. 마지막으로 효과에 키 프레임을 설정했다면 [Keyframe Timing]에서 키 프레임 타이밍을 그대로 유지할지(Maintain Timing), 효과를 적용하는 클립의 길이에 따라 키 프레임 타이밍을 조절할지(Stretch to Fit)를 선택하고 [Save] 버튼을 클릭하여 저장합니다.

이제 이펙트 브라우저에서 지정한 카테고리에 지정한 이름의 효과 프리셋이 제대로 저장되었는지 확인합니다. 제대로 저장되었다면 이후에는 원하는 클립에 이 효과 프리셋만 적용하면 한 번에 필름 영화 같은 영상을 완성할 수 있습니다.

Sera의 Tip & Tech

손이 자주 가는 효과만 쏙쏙 골라 보기

Final Cut Pro X에는 수많은 효과가 있지만, 그중에서 자주 사용하는 대표적인 효과들이 있습니다.
[Chapter03_Tip] 라이브러리를 더블 클릭해서 실행하고 [01_Effect] 이벤트에 있는 [Effect] 프로젝트
를 더블 클릭해서 열어 보세요. 소개하는 각 효과들을 타임라인에 있는 [Puppy] 클립에 적용해 보면서
어떤 변화가 있는지 관찰해 보세요.

단축키 command + 5 를 눌러 이펙트 브라우저를 열고 [VIDEO > All]을 선택한 후 아래쪽에 있는 검색
필드를 이용하면 원하는 효과를 빠르게 찾을 수 있습니다.

▲ Blur > Gaussian: 화면을 흐리게 처리

▲ Blur > Prism: 화면 색상을 RGB로 분리

▲ Distortion > Flipped: 좌우반전

▲ Distortion > Mirror: 미러링 효과

▲ Stylize 〉BadTV: 오래된 TV

▲ Stylize 〉Camcorder: 캠코더 화면

▲ Stylize 〉Censor: 모자이크

▲ Stylize 〉Frame: 필름 프레임

▲ Stylize 〉Projector: 오래된 프로젝터

▲ Stylize 〉SLR: 카메라 뷰파인더

▲ Stylize 〉Kaleidoscope: 만화경

▲ Stylize 〉Tile: 타일처럼 반복

예쁜 색 조합 추천 사이트 활용하기

자막이나 Custom Solids 클립의 색을 정할 때 살짝 망설여졌다면 세련된 색 조합을 참고할 수 있는 웹사이트를 활용해 보세요.

- **Adobe Color(https://color.adobe.com/ko/trends):** 어도비에서 제안하는 최신 트렌드 색상입니다. 맘에 드는 색 조합을 클릭하면 헥사 코드를 확인할 수 있습니다.

- **flatuicolorpicker(http://www.flatuicolorpicker.com):** 예쁜 색상들만 모아서 직관적으로 보여 주는 사이트입니다. 오른쪽 위에 있는 각 색상 메뉴(RED, PURPLE, BLUE, GREEN, YELLOW, ORANGE, GREY)를 클릭한 후 [HEX]를 선택하면 관련 계열 색상의 헥사 코드를 확인할 수 있습니다.

- **uigradients(https://uigradients.com/):** 세련된 그라데이션 색 조합을 사용하고 싶다면 꼭 이 사이트를 방문해 보세요. 그라데이션 색상을 정하는 일은 굉장히 어렵습니다. 자칫하면 촌스러워지거든요. 그라데이션 색상을 보고 싶으면 왼쪽 위에 있는 [Show all gradients]를 클릭하면 됩니다.

 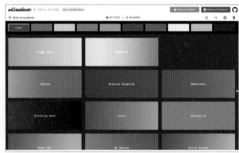

영상에 도형 클립 삽입하기

중요한 부분을 강조하고 싶다면 영상에 도형을 삽입해 보세요. 가장 일반적인 원형 테두리 도형을 이용하면 원하는 부분을 눈에 띄게 강조할 수 있습니다. 이외에도 필요에 따라 세모, 네모, 동그라미, 별 모양 등 다양한 도형을 영상에 삽입할 수 있습니다.

[Chapter03_Tip] 라이브러리를 더블 클릭해서 실행한 후 [03_ Elements] 이벤트의 [Elements] 프로젝트를 더블 클릭해서 엽니다. 이어서 도형 클립을 배치하기 위해 사이드바에서 [Titles & Generators sidebar] 탭을 클릭한 후 [Generators - Elements] 카테고리의 [Shapes] 클립을 찾아 타임라인의 [Cat] 클립 위로 드래그하여 배치해 보세요.

뷰어를 보면 흰색 동그라미가 삽입된 것을 볼 수 있습니다. 이제 [Generator Inspector] 탭에서 속성을 변경하여 도형을 원하는 형태로 변경하면 됩니다.

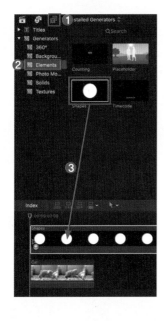

도형 클립의 속성	기능
Shape	도형의 모양
Fill	도형 내부 채우기 여부 결정
Fill Color	채우기 색상 결정
Roundness	모서리 둥글기
Outline	테두리 여부 결정
Outline Width	테두리 두께
Corners	모서리 형태
Drop Shadow Opacity	그림자 투명도
Drop Shadow Blur	그림자 흐림 정도
Drop Shadow Distance	그림자 거리
Drop Shadow Angle	그림자 각도
Center	도형의 위치

예를 들어 노란색 테두리의 투명한 동그라미를 만든다면 [Generator Inspector] 탭에서 [Shape] 속성은 기본 값인 [Circle]을 유지한 채 [Fill] 속성의 체크를 해제하여 채우기 색상을 없애고, [Outline Color] 속성은 노란색으로 변경합니다. 이어서 [Outline Width] 속성은 [38]로 변경하여 테두리를 굵게 바꾸고, [Drop Shadow Opacity] 속성은 [0%]로 낮춰서 그림자 없이 깔끔한 동그라미를 완성합니다.

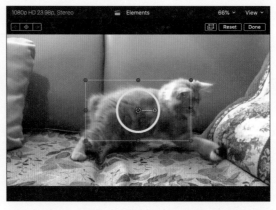

[Video Inspector] 탭에서 [Transform] 옵션을 이용하거나 온스크린 컨트롤러 기능을 실행하여 동그란 테두리를 강조할 위치로 옮깁니다. 키 프레임을 생성하여 강조할 위치가 바뀌면 도형도 따라 움직이게 하면 더욱 효과적이겠죠? 영상에 따라 움직이는 키 프레임 설정은 152, 193쪽 실습을 참고하세요.

CHAPTER 4

- - - - - - - - - -

자막으로 영상에
재미 더하기

자막은 영상의 메시지를 확실하게 전달할 수 있는 요소입니다. 최근 소리를 켜지 않고 영상을 보는 사람이 늘고 있어 자막의 중요성은 더욱 강조되고 있습니다. 또한, 장신구가 옷차림을 돋보이게 하는 것처럼 의태어나 의성어 등을 자막으로 추가하여 영상에 생생한 재미를 더할 수도 있습니다.

Lesson 01 | 자막 사용을 위한 기본기 다지기

자막은 확실한 내용 전달이나 재미 요소로 사용할 수도 있지만, 청각이 불편한 사용자를 위한 배려이기도 합니다. 가장 기본적인 자막 생성 방법부터 자막을 활용하기 위한 다양한 속성 변경 방법을 살펴보겠습니다.

기본 자막 생성하기

Final Cut Pro X의 사이드바에서 세 번째에 위치한 [Titles & Generators] 탭을 클릭하면 자막(Titles) 카테고리를 확인할 수 있습니다. 원하는 카테고리를 선택한 후 브라우저에 표시된 섬네일 위에서 마우스 커서를 움직이면서 스키밍해 보면 섬네일과 뷰어에서 자막 형태를 확인할 수 있습니다.

- **3D:** 3D 자막
- **3D Cinematic:** 영화 타이틀 느낌의 3D 자막
- **360°:** 360° 콘텐츠 자막
- **Build In/Out:** 나타났다 사라지는 애니메이션 자막
- **Bumper/Opener:** 오프닝 타이틀 혹은 영상 중간에 단독 삽입되는 범퍼 타이틀
- **Credits:** 엔딩 크레딧 자막, 앨범처럼 사진과 자막이 함께 나오는 프리셋
- **Elements:** 상단 자막
- **Lower Thirds:** 화면의 1/3를 차지하는 하단 자막
- **Social:** SNS 콘텐츠 자막

▲ [Titles & Generators] 탭의 Titles 카테고리 목록

[Chapter04] 라이브러리를 더블 클릭해서 실행한 후 [Lesson01] 이벤트에 있는 [BasicTitle] 프로젝트를 더블 클릭하여 열고 기본 자막을 배치한 후 텍스트를 변경해 보세요.

기본 자막 배치하기: [BasicTitle] 프로젝트를 실행했으면 [Titles & Generators] 탭에서 [Titles – Bumper/Opener] 카테고리에 있는 [Basic Title] 자막 클립을 찾아 타임라인의 [Autumn_LS] 클립 위로 드래그하여 자막을 배치합니다. 뷰어에 'Title' 텍스트가 표시되면 타임라인에서 자막이 표시될 시간만큼 자막 클립의 길이를 조절합니다. 단축키 control + T 를 누르면 [플레이헤드]를 기준으로 [Basic Titles] 자막 클립을 빠르게 배치할 수 있습니다.

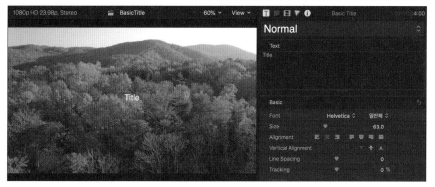

▲ [Basic Title] 기본 자막

자막 내용 변경하기: 자막의 내용을 변경하려면 타임라인에서 [Basic Titles] 자막 클립을 더블 클릭한 후 뷰어에서 텍스트를 변경하거나, 인스펙터에서 [Text Inspector] 탭의 [Text] 옵션을 이용합니다.

▲ 자막 클립을 선택한 후 [Text Inspector] 탭에서 내용을 변경할 수 있습니다.

자막 스타일 변경하기

자막 클립에 따라 폰트나 크기 등 기본 스타일이 지정되어 있습니다. 이런 스타일은 고정된 값이 아니므로 인스펙터의 [Text Inspector] 탭에서 언제든 변경할 수 있습니다. 대표적인 자막 스타일 변경 옵션을 확인해 본 후 세부 속성들을 자유롭게 변경하면서 기능을 파악해 보세요.

폰트 및 사이즈 변경: 텍스트 스타일 중 가장 대표적인 것이 폰트와 사이즈입니다. [Text Inspector] 탭에서 [Text] 옵션 아래쪽에 있는 [Basic] 옵션을 더블 클릭해서 펼치면 기본 스타일을 변경할 수 있는 다양한 속성이 표시됩니다.

▲ Font: Noto Sans CJK/볼드체, Size: 108

[Noto Sans CJK] 폰트는 구글에서 제공하는 무료 폰트로 모양새가 깔끔하고 다양한 굵기를 선택할 수 있으며, 상업용으로도 활용할 수 있어 매우 유용합니다.

색상 변경하기: [Text Inspector] 탭에서 [Face] 옵션을 더블 클릭해서 펼친 후 [Color] 속성 값을 변경하면 자막의 색상을 변경할 수 있으며, [Fill with] 속성 값을 변경하면 단색(Color), 그레이디언트(Gradient), 질감(Texture) 형태로 자막을 채울 수 있습니다. 또한 [Opacity] 속성 값을 낮춰서 투명한 자막을 만들 수도 있고, [Blur] 속성 값을 높여서 자막을 뿌옇게 표현할 수도 있습니다.

[Face], [Outline] 등의 옵션은 아래쪽에 배치되어 있으므로, 인스펙터에서 아래로 스크롤해서 내리면 확인할 수 있습니다.

테두리 추가하기: 자막에 테두리를 추가하여 가독성을 높일 수 있습니다. [Text Inspector] 탭에서 [Outline] 옵션에 체크하고, 더블 클릭해서 세부 속성을 펼쳐 보세요. [Color] 속성 값을 변경해서 테두리 색상을, [Width] 속성 값을 변경해서 테두리 두께를 조절할 수 있습니다.

▲ [Color: #5A3B2B], [Width: 5.0]로 설정한 테두리

[Outline]과 유사하면서 조금 다른 [Grow] 옵션에 체크한 후 속성 값을 변경해 보세요. [Radius] 속성에서 모서리의 둥근 정도를 변경할 수 있으며, 밝은 색을 사용하면 글자 테두리에 빛이 번지는 듯한 느낌을 낼 수 있습니다.

그림자 표현하기: 그림자 효과로 자막에 깊이감이 더할 수도 있습니다. [Text Inspector] 탭에서 [Drop Shadow] 옵션에 체크하고, 더블 클릭해서 세부 속성을 펼치면 [Outline] 옵션과 유사한 속성을 확인할 수 있습니다.

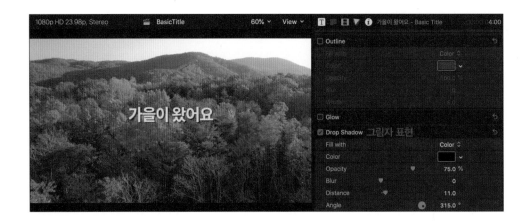

자막 위치 조정과 세이프 존

자막을 배치한 후 타임라인에서 자막 클립을 선택하고 [Video Inspector] 탭에서 [Transform] 옵션의 [Position] 속성 값을 변경하면 영상에서 자막이 표시될 위치를 자유롭게 변경할 수 있습니다. 자막의 위치를 변경할 때는 인스펙터에서 [Position] 속성 값을 직접 변경하는 것보다 [Transform] 옵션명 오른쪽에 있는 [Transform] 아이콘을 클릭해서 뷰어에 온스크린 컨트롤러를 활성화한 후 조절 핸들을 이용하는 방법이 더욱 수월합니다.

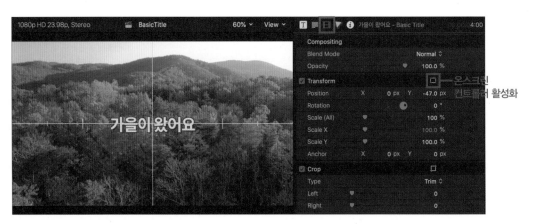

▲ 가이드라인이 활성화된 뷰어

가이드라인 활용하기: 자막의 위치를 변경할 때는 무작정 옮기는 것보다 먼저 가이드라인을 표시한 후 적절한 위치로 옮기는 것이 좋습니다. 뷰어에서 오른쪽 위에 있는 [View] 옵션을 클릭하고 [Show Horizon]를 선택하여 가이드라인을 표시하고, 자막의 위치 조절이 끝나면 다시 한 번 [Show Horizon] 메뉴를 선택해서 화면에서 가립니다.

세이프 존 활용하기: 아날로그 방송 시절, 뚱뚱한 브라운관 모니터에서는 화면의 끝자락이 약간씩 잘려서 표시되는 문제를 보완하기 위해 영상이 잘리지 않는 안전 영역인 '세이프 존(Safe Zone)'이라는 가이드라인을 활용했습니다. 요즘에는 사실상 의미 없는 기능이지만, 자막 등의 위치를 정할 때 활용하면 좋습니다.

뷰어에서 [View] 옵션을 클릭한 후 [Show Title/Action Safe Zone]을 선택하면 뷰어에 2개의 사각형 가이드라인이 표시됩니다. 가장 바깥쪽이 액션 세이프 존(Action Safe Zone), 안쪽이 타이틀 세이프 존(Title Safe Zone)으로, 자막을 액션 세이프 존과 타이틀 세이프 존 사이에 배치하면 안정적인 레이아웃이 됩니다.

▲ 자막 위치가 고민될 때는 세이프 존을 활용하면 효과적입니다.

Lesson 02 | 나타났다 사라지는 자막 만들기

자막이 움직이며 나타나거나 사라진다면 시선을 사로잡는 효과가 있겠지요? 그렇다고 자막을 과하게 사용하면 영상에 몰입하는 데 방해가 될 수 있으니 분위기를 전환하고자 하는 상황에서 사용하는 것이 효과적입니다. Final Cut Pro X에 있는 Build In/Out 자막 템플릿을 사용하여 손쉽게 움직이는 자막을 만들어 보세요.

[Chapter04] 라이브러리의 [Lesson02] 이벤트에서 [Buildin_Text] 프로젝트를 더블 클릭하여 열면 타임라인에 [Mybag] 클립이 놓여 있습니다. 이 프로젝트에 나타났다 사라지는 자막 템플릿을 배치하고, 내용과 스타일을 변경해서 자막을 완성해 보세요.

Build In/Out 자막 클립 배치

01 **자막 클립 배치** 사이드바의 [Titles & Generators sidebar] 탭에서 [Title – Build In/Out] 카테고리에 있는 [Fade] 자막 클립을 [Mybag] 클립 위로 드래그해서 배치한 후 영상에 맞게 클립의 길이를 조절합니다. spacebar 를 눌러 영상을 재생해 보면 'Title' 텍스트가 부드럽게 한 글자씩 나타났다 사라집니다.

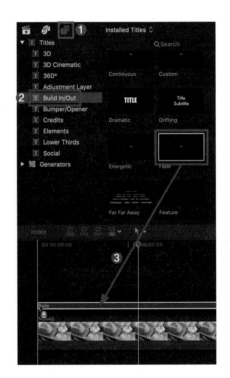

02 **내용 및 기본 스타일 변경** 타임라인에서 자막 클립을 선택한 후 인스펙터의 [Text Inspector] 탭에서 [Text] 옵션에 [What's in my bag]을 입력하고, [Basic] 옵션을 펼친 후 [Font: Noto Serif KR, 블랙체], [Size: 185], [Tracking(간격): −1.7]로 속성 값을 변경합니다.

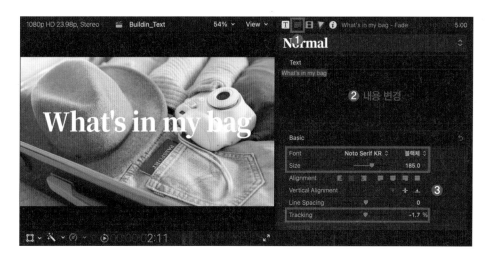

03 **자막 위치 변경** 이어서 [Video Inspector] 탭의 [Transform] 옵션에서 [Position Y: −51.5px] 로 속성 값을 변경하여 자막 위치를 살짝 아래로 옮깁니다. 타임라인에서 [플레이헤드]를 맨 앞으로 옮긴 후 영상을 재생해서 결과를 확인해 보세요. 간단한 방법으로 완성도 높은 자막을 완성했습니다.

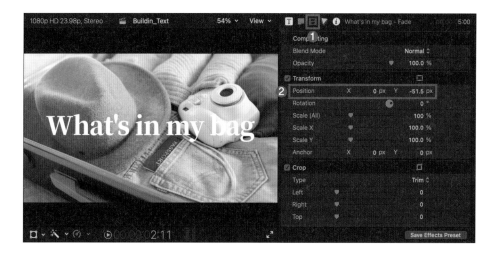

Build In/Out 자막 속성 변경하기

앞서 실습 결과에 만족하지 못한다면 [Title Inspector] 탭에서 다음과 같은 속성 값을 변경하여 자막의 움직임에 변화를 줄 수 있습니다.

- **Build In:** 자막이 나타나는 애니메이션 사용 여부를 결정합니다.

- **Build Out:** 자막이 사라지는 애니메이션 사용 여부를 결정합니다.

- **Font:** 글꼴을 변경합니다.

- **Size:** 자막 크기를 변경합니다.

- **Color:** 자막 색상을 변경합니다.

- **In/Out Size:** 자막이 나타나거나 사라지는 기준을 결정합니다. [Character]는 한 글자씩, [Word]는 한 단어씩, [Line]은 한 줄씩 나타나거나 사라집니다.

- **In/Out Direction:** 자막이 나타나거나 사라지는 순서를 결정합니다. [Forwards]는 앞에서 뒤로, [Backwards]는 뒤에서 앞으로, [Center to Ends]는 가운데서 양 끝으로, [End to Center]는 양 끝에서 가운데로, [Random]은 무작위로 나타나거나 사라집니다.

- **In/Out Spread:** 나타나거나 사라질 때 퍼지는 정도를 결정합니다. 값이 낮을수록 글자가 선명하고 딱딱하며, 높을수록 흐릿하고 부드럽게 나타나거나 사라집니다.

- **In/Out Duration:** 자막이 나타나거나 사라지는 시간을 결정합니다. 값이 낮을수록 빠르게, 높을수록 천천히 나타나거나 사라집니다.

[Title Inspector] 탭에서 직접 속성 값을 변경하면서 변화를 확인해 보세요. 가장 극적인 효과를 내려면 [Out Direction: Random]으로 속성 값을 변경하면 됩니다. 영상을 재생해 보면 자막이 왼쪽에서 오른쪽으로 차례대로 나타나지만 무작위(랜덤)로 사라집니다.

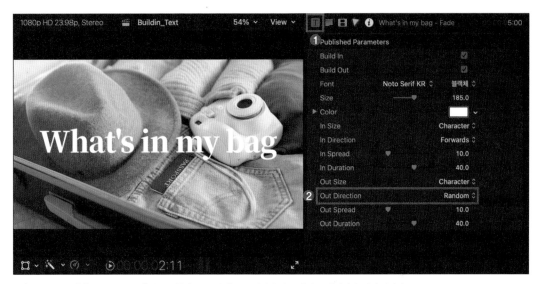

▲ [In Direction], [Out Direction] 속성 값을 [Random]으로 변경하면 무작위로 나타났다 사라집니다.

Lesson 03 | 여러 자막 클립에 동일한 스타일 적용하기

가급적 폰트나 스타일을 한두 개로 정해서 사용해야 전체 영상에서 통일성을 유지할 수 있습니다. 여러 개의 자막 클립을 사용할 때 모든 자막 스타일을 일괄 변경하는 방법을 알아보겠습니다.

[Chapter04] 라이브러리에서 [Lesson03] 이벤트에 있는 [TitlePreset] 프로젝트를 더블 클릭해서 열면 타임라인에서 총 5개의 자막 클립을 확인할 수 있습니다. [TitlePreset] 프로젝트에서 자막 스타일을 저장한 후 일괄 적용하는 방법을 실습해 보세요.

01 자막 스타일 적용 모든 자막에 일괄 적용할 기준이 될 자막을 만들어야 합니다. 타임라인에서 맨 앞에 있는 자막 클립을 선택한 후 [Text Inspector] 탭의 [Basic] 옵션에서 [Font: 제주명조OTF], [Size: 63], [Tracking: −6.0%]로 속성 값을 변경하고, [Drop Shadow] 옵션에 체크한 후 [Opacity: 50%], [Blur: 3]으로 속성 값을 변경하여 그림자 효과까지 적용했습니다.

깨알Tip 제주명조체는 제주시에서 만들어 배포한 무료 서체입니다.

02 프리셋으로 저장 스타일을 변경한 자막 클립이 선택된 상태로 [Text Inspector] 탭의 가장 위에 'Normal'이라고 표시된 자막 스타일 프리셋 관련 옵션을 클릭한 후 [Save All Format and Appearance Attributes]를 선택합니다.

 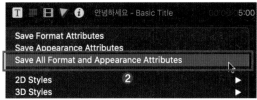

깨알Tip [Save Format Attributes]는 [Basic] 옵션에 있는 기본 스타일 속성만 저장하는 것이고, [Save Appearance Attributes]는 3D, 테두리 등의 효과 옵션 설정을 저장할 때 사용합니다. 실습에서는 [Basic]과 [Drop Shadow] 옵션을 설정했으므로 모든 설정을 다 저장하는 [Save All Format and Appearance Attributes]를 선택했습니다.

03 프리셋 이름 지정 Save Preset 팝업 창이 열리면 새 프리셋 이름을 입력하고 [Save] 버튼을 클릭하여 자막 스타일 프리셋 저장을 완료합니다.

04 자막 클립 선택 저장한 프리셋을 적용하려면 먼저 적용할 자막 클립을 선택해야 합니다. 타임라인에서 shift 또는 command 를 누른 채 프리셋을 적용할 자막을 모두 클릭해서 선택합니다.

05 프리셋 적용 [Text Inspector] 탭에서 'Normal'로 설정된 자막 스타일 프리셋 옵션을 클릭한 후 앞서 저장한 프리셋을 선택합니다. 선택한 모든 자막 클립의 스타일이 일괄 변경되었습니다. spacebar 를 눌러 영상을 확인해 보세요.

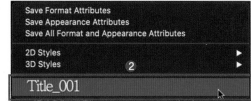

깨알Tip 애석하게도 자막의 위치는 자막 스타일 프리셋으로 저장하거나 적용할 수 없습니다. 그러므로 위치를 일괄 변경하고 싶다면 자막 클립을 모두 선택하고 [Video Inspector] 탭에 있는 [Transform] 속성 값을 변경합니다.

한 걸음 더 저장한 자막 스타일 프리셋 삭제하기

저장한 자막 스타일 프리셋이 마음에 들지 않는다면 언제 든 삭제할 수 있습니다. macOS에서 [Finder] 창을 열고 option 을 누른 채 상단 메뉴 막대에서 [이동 – 라이브러리] 를 선택합니다. [라이브러리] 폴더는 중요한 폴더로 숨겨져 있습니다. 그러므로 option 을 눌러야만 해당 메뉴를 선택할 수 있습니다.

[Finder] 창에서 [라이브러리] 폴더가 열리면 이어서 [Application Support – Motion – Library – Text Styles] 폴더로 이동한 후 삭제할 프리셋 이름의 파일 3가지를 모두 삭제합니다(1개의 프리셋 파일과 2개의 이미지 파일).

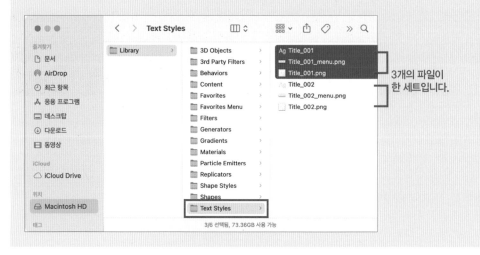

Lesson 04 | 유튜브 스타일의 하단 자막 바 만들기

유튜브 영상을 보면 화면 아래 검은색 자막 바에 흰색으로 내용을 입력한 자막 스타일을 쉽게 볼 수 있습니다. 이처럼 영상 위에 바로 자막을 입력하는 것보다는 자막의 배경이 될 자막 바를 활용하면 가독성을 높일 수 있습니다.

Custom Solids 클립으로 자막 바 만들기

예제 파일에서 [Chapter04] 라이브러리를 더블 클릭해서 실행한 후 [Lesson04] 이벤트에 있는 [Titlebar] 프로젝트를 더블 클릭해서 열고 실습해 보세요. Custom Solids 기능은 161쪽에서 자세히 소개합니다.

01 **[Custom] 클립 배치** Custom Solids 클립으로 자막 바를 만들기 위해 사이드 바의 [Titles & Generators sidebar] 탭에서 [Generators – Solids] 카테고리를 선택한 후 [Custom] 클립을 찾아 타임라인의 [Makeup] 클립 위로 드래그해서 배치합니다.

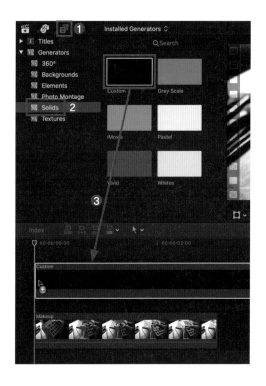

02 **세이프 존 표시** 뷰어에서 오른쪽 위에 있는 [View] 옵션을 클릭하고 [Show Title/Action Safe
Zone]을 선택하여 세이프 존 가이드라인을 표시합니다. 자막 바의 위치를 정할 때 유용합니다. 세이프
존에 대한 설명은 233쪽을 참고하세요.

03 **자막 바 사이즈 조절** 타임라인에서 [Custom] 클립을 선택한 후 [Video Inspector] 탭의
[Crop] 옵션에서 [Left: 500px], [Right: 500px], [Top: 924px], [Bottom: 51px]로 속성 값을 변경합
니다. 뷰어에서 상하좌우 지정한 값만큼 잘리고 남은 [Custom] 클립을 확인할 수 있습니다.

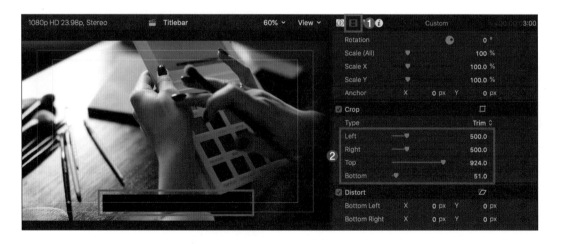

04 **자막 클립 배치** 사이드바의 [Titles & Generators sidebar] 탭에서 [Titles – Bumper/ Opener] 카테고리에 있는 [Basic Title] 자막 클립을 타임라인의 [Custom] 클립 위로 드래그해서 배치합니다.

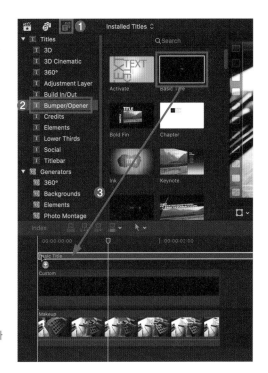

깨알Tip [Basic Titles] 자막 클립은 단축키 control + T 를 눌러 빠르게 배치할 수 있습니다.

05 **자막 속성 변경** [Basic Title] 클립이 선택된 상태에서 [Video Inspector] 탭의 [Transform] 옵션에서 [Position Y: −459px]로 속성 값을 변경하여 자막의 위치를 자막 바에 맞춥니다. 타임라인에서 [Basic Title] 클립을 더블 클릭하거나 [Text Inspector] 탭을 이용하여 자막 내용도 변경합니다.

깨알Tip 실습에서는 기본 자막 크기에 맞춰 자막 바의 크기를 조절했으므로, 자막 크기가 변경되면 [Custom] 클립을 선택한 후 [Crop] 옵션에서 속성 값을 변경합니다.

06 자막 바 투명도 조절 자막 바가 영상을 완전히 가리지 않고, 반투명하게 표현하려면 [Custom] 클립을 선택한 후 [Video Inspector] 탭에서 [Compositing] 옵션의 [Opacity] 속성 값을 조절합니다.

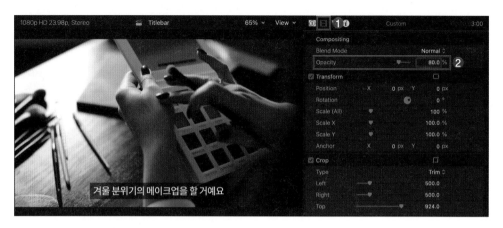

깨알Tip 자막 바의 색상을 변경하고 싶다면 [Custom] 클립을 선택하고 [Generator Inspector] 탭에서 [Color] 속성을 변경합니다.

다운로드한 자막 템플릿 사용하기

인터넷에서 '파이널컷 자막 템플릿' 등으로 검색하면 다양한 자막 템플릿을 다운로드하여 사용할 수 있습니다. 이러한 자막 템플릿을 다운로드한 후 어떻게 사용하는지 알아야겠죠?

템플릿 추가하기: 다운로드한 자막 템플릿을 Final Cut Pro X에 추가하려면 우선 macOS에서 [Finder] 창을 열고 [동영상 – Motion Templates – Titles] 폴더로 이동한 후 다운로드한 자막 템플릿 폴더를 넣으면 됩니다. 예제 파일의 [Chapter04] 폴더에서 [Titlebar] 자막 폴더를 찾아 복사한 후 [Titles] 폴더에 붙여 넣어 보세요.

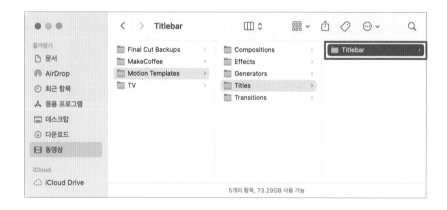

템플릿 확인하기: [Chapter04] 라이브러리에서 [Lesson04] 이벤트의 [Titlebar_2] 프로젝트를 더블 클릭해서 열고, 사이드바에서 [Titles & Generators sidebar] 탭을 클릭합니다. [Titles] 카테고리에 앞서 추가한 폴더명과 같은 [Titlebar] 카테고리가 추가되어 있습니다.

[Titlebar] 카테고리에서 [Titlebar] 클립을 타임라인의 [Makeup] 클립 위로 드래그하여 배치하고, 자막 클립의 테일(Tail)을 드래그해서 길이를 조절합니다.

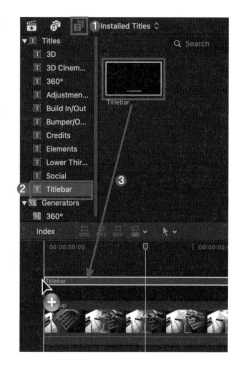

영상을 재생해서 결과를 확인해 보고, [Text Inspector] 탭에서 자막 내용을 변경해 보세요. 텍스트에 따라 자막 바의 길이가 자동으로 변경되는 것을 확인할 수 있습니다. Custom Solids 클립을 이용할 때처럼 [Crop] 옵션을 변경하지 않아도 되니 훨씬 편리하겠죠? 이처럼 다른 사용자가 만들어 제공하는 템플릿을 잘 활용하면 힘들게 직접 만들어야 하는 번거로움을 해결할 수 있습니다.

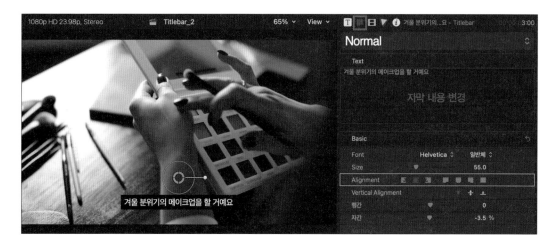

[Titlebar] 자막 클립의 속성 파악하기

예제 파일로 제공한 [Titlebar] 자막 클립을 선택한 후 [Tile Inspector] 탭에서 세부 속성을 변경하여 다양한 형태로 변경해서 사용해 보세요.

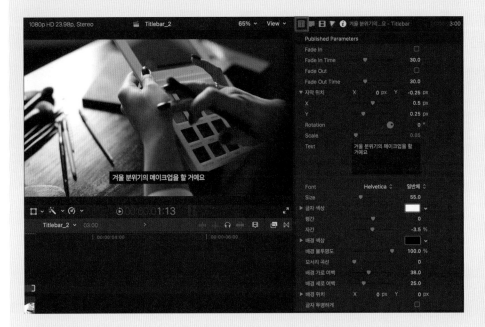

- **Fade In:** 체크하면 자막이 서서히 나타납니다. Fade In Time을 슬라이드하여 나타나는 속도를 정할 수 있습니다.

- **Fade Out:** 체크하면 자막이 서서히 사라집니다. Fade Out Time을 슬라이드하여 사라지는 속도를 정할 수 있습니다

- **자막 위치:** 자막 바의 전체 위치를 조절합니다.

- **Rotation:** 자막 바의 전체 회전 값을 조절합니다.

- **Scale:** 자막 바의 전체 크기를 조절합니다.

- **Text:** 자막 내용을 입력합니다.

- **Font:** 글꼴을 지정합니다.

- **Size:** 글꼴 크기를 지정합니다.

- **글자 색상:** 글자의 색상을 조절합니다.

- **행간:** 줄 간격을 조절합니다.

- **자간:** 글자와 글자 사이의 간격을 조절합니다.

- **배경 색상:** 자막 바의 채우기 색상을 변경합니다.

- **배경 불투명도:** 자막 바의 투명도를 변경합니다.

- **모서리 곡선:** 모서리 둥글기를 변경합니다. 값이 클수록 모서리가 둥글게 변합니다.

- **배경 가로 여백:** 자막 바의 가로 길이를 조절합니다.

- **배경 세로 여백:** 자막 바의 세로 길이를 조절합니다.

- **배경 위치:** 자막 바의 위치를 조절합니다.

- **글자 투명하게:** 체크하면 글자 부분이 투명한 자막으로 변경됩니다.

예를 들어 끝이 둥글고 화려한 색상의 자막 바를 사용하고 싶다면 [Title Inspector] 탭에서 [모서리 곡선: 25]로 변경한 후 [배경 색상] 속성에서 원하는 색을 지정합니다. 자막의 위치, 크기, 회전 각도는 뷰어에 표시된 조절 핸들을 클릭한 채 드래그하여 손쉽게 조절할 수 있습니다.

▲ [Titlebar] 자막 클립의 [Title Inspector] 탭에서 속성을 변경하여 다양하게 활용할 수 있습니다.

Lesson 05 | 텍스트 안에서 재생되는 영상 만들기

뮤직비디오나 여행 영상, 브이 로그의 인트로 영상에서 많이 보았을 법한 효과로, 크게 입력된 텍스트 안에서 영상이 재생되는 것을 본 적이 있을 겁니다. 이런 효과는 흔히 Blend Mode 기능을 이용해 자막과 영상을 합성하는 방법으로 완성합니다.

[Chapter04] 라이브러리에서 [Lesson05] 이벤트의 [MatteTitle] 프로젝트를 더블 클릭해서 열고 다음 실습을 진행해 보세요.

01 **기본 자막 배치** 영상이 재생될 영역인 자막을 입력하기 위해 타임라인의 맨 앞으로 [플레이헤드]를 옮긴 후 단축키 control + T 를 눌러 [Basic Title] 자막 클립을 배치합니다.

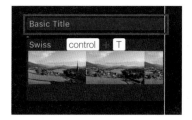

02 **자막 속성 변경** 타임라인에 배치한 [Basic Title] 클립을 선택한 후 [Text Inspector] 탭에서 [Text] 옵션에 [SWISS]를 변경하고, [Basic] 옵션에서 [Font: Impact], [Size: 723], [Position Y: -287px]로 속성 값을 변경해 기본 자막을 완성합니다.

03 **Blend Mode 속성 변경** 이제 기본 자막에서만 영상이 보이게 만들면 됩니다. 타임라인에서 'SWISS'가 입력된 [Basic Title] 클립을 선택한 후 [Video Inspector] 탭의 [Compositing] 옵션에서 [Blend Mode] 속성 값을 [Stencil Alpha] 혹은 [Stencil Luma]로 변경하기만 하면 됩니다. 다음과 같이 텍스트에만 영상이 표시됩니다.

한 걸음 더 [Blend Mode] 속성 값 살펴보기

[Blend Mode] 속성은 타임라인에서 위아래로 나란하게 쌓인 2개의 클립을 합성하는 기능으로 위에 있는 클립의 [Blend Mode] 속성 값을 변경하면 아래에 있는 클립과 합성됩니다. 주로 사용하는 속성 값은 다음과 같으므로, 직접 변경하면서 변화를 관찰해 보세요.

- **Normal:** 무조건 위에 있는 클립만 보입니다.

- **Subtract / Darken / Multiply / Color Burn / Linear Burn:** 화면에서 어두운 부분을 기준으로 합성합니다.

- **Add / Lighten / Screen / Color Dodge / Linear Dodge:** 화면에서 밝은 부분을 기준으로 합성합니다.

- **Overlay / Soft Light / Hard Light / Vivid Light / Linear Light / Pin Light / Hard Mix:** 화면의 밝은 부분은 더 밝게, 어두운 부분은 더 어둡게 합성합니다.

- **Stencil Alpha / Stencil Luma / Silhouette Alpha / Silhouette Luma / Behind:** 알파 채널, 루마 채널, 매트 키를 이용하여 특정 부분만 보이게 합성합니다.

04 **Custom Solids 클립 활용** 자막과 영상을 합성하니 나머지 배경이 검은색으로 표시되었습니다. 배경색을 바꾸기 위해 사이드바에서 [Titles & Generators sidebar] 탭을 클릭한 후 [Generators − Solids] 카테고리에 있는 [Custom] 클립을 영상 클립 아래쪽 트랙에 배치하고 [Generator Inspector] 탭에서 [Color] 속성을 원하는 색으로 변경합니다.

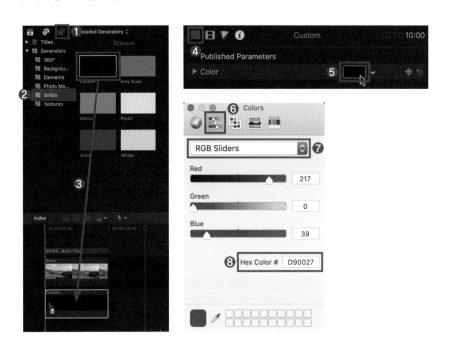

05 **컴파운드 클립** [Color] 속성 값을 변경해도 검은색 배경이 그대로입니다. 이럴 때는 Blend Mode의 영향을 받은 2개의 클립을 컴파운드 클립으로 묶어서 해결할 수 있습니다. [Basic Title]과 [Swiss] 클립을 선택한 후 [보조 클릭]([control] + 클릭)하고 [New Compound Clip]을 선택합니다. 이 어서 컴파운드(Compound) 클립의 이름과 저장할 이벤트를 지정하고 [OK] 버튼을 클릭합니다. 컴파 운드 클립에 대한 자세한 설명은 200쪽을 참고하세요.

06 **결과 확인** 타임라인을 보면 2개의 클립이 1개의 컴파운드 클립으로 묶여서 총 2개의 클립만 표시되고, [Custom] 클립의 색이 배경색으로 표시됩니다.

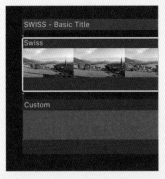 **Blend Mode 기능을 활용한 재미있는 영상 만들기**

실습에서는 영상 클립 위에 자막을 배치하고, 자막에 Blend Mode 기능을 적용했는데요, 만약 자막과 영상 클립의 배치 순서를 바꾼 후 영상 클립에서 [Blend Mode: Stencil Alpha]로 속성 값을 변경하면 어떻게 될까요?

[Chapter04] 라이브러리에서 [Lesson05] 이벤트의 [MatteTitle_깨알Tip] 프로젝트를 더블 클릭해서 열고 타임라인을 확인해 보세요. 앞서 실습과 달리 영상 클립 아래에 자막 클립이 있고, 그 아래에 Custom Solids 클립이 배치되어 있습니다.

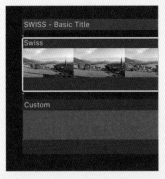 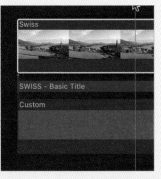

▲ [MatteTitle] 프로젝트(좌)와 [MatteTitle_깨알Tip] 프로젝트(우)의 타임라인

타임라인에서 [Swiss] 영상 클립을 선택한 후 [Blend Mode: Stencil Luma]로 속성 값을 변경해 보세요. 실습 결과와 전혀 다른 느낌의 영상이 완성됩니다. 이처럼 Blend Mode 기능은 클립의 배치 순서, 색상, 투명도 등의 속성 값에 따라 전혀 다른 느낌의 결과물을 만들 수 있으므로 다양하게 변형하면서 결과를 확인해 보세요.

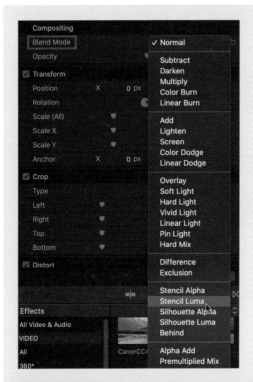

Lesson 06 | 표시 여부를 선택할 수 있는 캡션 자막 만들기

유튜브나 SNS 등에 업로드된 영상에서 [CC] 아이콘을 클릭하면 나타나는 자막을 Closed Caption이라 합니다. 이러한 캡션 자막을 적용하면 자막 사용 여부를 시청자가 선택할 수 있으며, 다른 나라 언어로 변환할 수 있다는 장점이 있습니다.

[Chapter04] 라이브러리에서 [Lesson06] 이벤트에 있는 [Caption] 프로젝트를 더블 클릭해서 열고 다음 실습을 진행하면서 캡션 자막 사용 방법을 알아보세요.

01 Edit Roles 창 열기 프로젝트를 실행한 후 메뉴 바에서 [Modify − Edit Roles]를 선택하거나, 타임라인에서 왼쪽 위에 있는 [Index] 버튼을 클릭한 후 [Roles] 탭에서 [Edit Roles] 버튼을 클릭합니다.

02 Caption Role 추가 Edit Roles 창이 열리면 [Captions] 탭에서 [+Caption Role] 버튼을 클릭한 후 캡션 포맷을 선택합니다.

한걸음더 **캡션 포맷 종류 살펴보기**

- **iTT:** iTunes Store에 캡션 콘텐츠를 제공하기 위한 형식입니다. 비 로마어 문자가 있는 언어에 가장 적합하며, 파일 확장자는 .itt입니다.

- **CEA-608:** EIA-608이라고도 합니다. 방송 및 웹 비디오의 캡션 표준으로, 다양한 위치, 서식, 색상 및 애니메이션 옵션을 제공합니다. CEA-608 캡션 파일의 확장자는 .scc입니다.

- **SRT:** Facebook, YouTube 및 Vimeo에서 지원하는 자막 형식입니다. 각 캡션에는 숫자, 시작 및 종료 시간 타임 코드 및 하나 이상의 텍스트 줄이 있습니다. 다른 형식의 캡션과 달리 내보낸 SRT 캡션은 일반 텍스트 편집기에서 읽고 편집할 수 있으며, 확장자는 .srt입니다.

03 **언어 변경 및 추가** [iTT] Caption Role이 추가되고, 기본 언어가 [English]로 설정된 것을 확인할 수 있습니다. 그대로 [Apply] 버튼을 클릭하여 언어 설정을 마칩니다.

깨알Tip [iTT] Caption Role에서 [+Language] 버튼을 클릭해 언어를 추가할 수 있으며, 기본 언어인 [English] 바 왼쪽에 있는 [−] 버튼을 클릭해서 제거할 수 있습니다.

04 **캡션 내용 입력** 메뉴 바에서 [Edit − Caption − Add Caption](단축키 option + C)을 선택하면 타임라인에서 캡션 입력 창이 열립니다. 캡션 내용을 입력하고, esc를 눌러 입력을 마칩니다.

05 **캡션 클립 편집** 캡션 내용을 입력한 후에는 캡션 길이나 위치를 조정하고, 캡션 클립을 복사 (단축키 command + C) 후 붙여 넣기(단축키 command + V) 방법으로 필요한 곳에 추가합니다. 이후 인스펙터에서 속성 값을 변경하여 내용이나 스타일을 변경합니다.

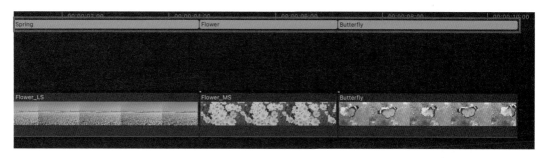

깨알Tip 캡션 내용을 수정할 때는 캡션 클립을 더블 클릭하거나 인스펙터의 [Caption Text] 옵션을 이용합니다.

06 **다른 언어 캡션 추가** 타임라인의 캡션 클립 중 하나를 [보조 클릭](control + 클릭)한 후 [Duplicate Captions to New Language]를 선택하고 추가할 언어를 선택합니다. 새로운 언어 캡션이 추 가되면 앞서와 같은 방법으로 필요한 위치에 해당 언어 캡션을 배치해서 완성합니다.

07 **캡션 표시 설정** 타임라인의 [Index] 창을 열어 [Roles] 탭에서 추가한 캡션 언어 목록을 확인하고, 왼쪽에 있는 체크 박스를 이용해 대표 언어 캡션을 선택합니다. 이어서 언어 목록 오른쪽 끝에 있는 [Show or hide this caption subrole in the timeline] 버튼을 클릭해 타임라인에서 캡션 표시 여부를 결정합니다.

08 **캡션 출력** 영상과는 별개로 캡션 내용만 파일로 출력하려면 메뉴 바에서 [File – Export Captions]를 선택한 후 저장 경로와 출력할 언어를 선택하고 [Export] 버튼을 클릭합니다. 영상과 캡션을 함께 출력하는 방법은 352쪽을 참고하세요.

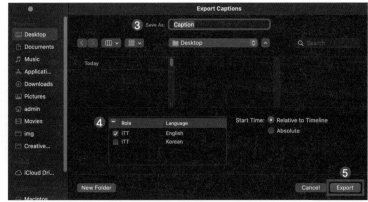

Lesson 07 | 움직이는 엔딩 크레딧 만들기

영화가 끝나면 마지막에 제작에 참여한 사람들의 이름이 아래에서 위로 움직이는 것을 볼 수 있습니다. 이러한 영상을 엔딩 크레딧(Ending Credit)이라고 하며, Final Cut Pro X에 있는 기본 프리셋을 이용해 간단하게 만들 수 있습니다.

프리셋을 활용하여 스크롤 자막 만들기

[Chapter04] 라이브러리를 실행한 후 [Lesson07] 이벤트의 [EndingCredit] 프로젝트를 더블 클릭해서 열고 Final Cut Pro X에서 제공하는 프리셋을 이용하여 간단한 스크롤 자막을 완성해 보세요.

01 **[Scrolling] 클립 배치** 사이드바에서 [Title & Generators sidebar] 탭을 열고 [Titles – Credits] 카테고리에 있는 [Scrolling] 클립을 찾아 타임라인의 [Custom] 클립 위로 드래그해서 배치합니다.

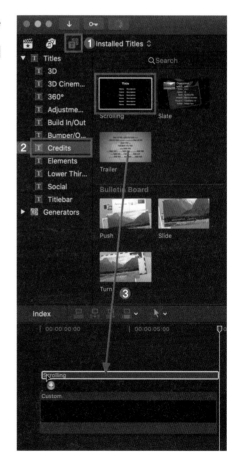

02 **텍스트 변경** 인스펙터의 [Text Inspector] 탭에서 [Text] 옵션의 입력란 아래쪽 ⋯ 부분을 아래쪽으로 길게 드래그해서 넓히면 기본으로 입력된 스크롤 자막이 모두 표시됩니다. 가급적 기존 형식을 유지한 채 필요한 내용만 수정하는 것이 편리합니다.

03 **자막 클립 길이 조절** 타임라인에서 [Scrolling] 클립의 길이를 조절하여 스크롤 시간을 조절합니다. [Custom] 클립 길이인 20초까지 길이를 늘리면 스크롤 속도가 느려집니다.

04 **결과 확인** 타임라인에서 [플레이헤드]를 맨 앞으로 옮기고 spacebar 를 눌러 결과를 확인해 보세요. 제목부터 천천히 스크롤되는 것을 확인할 수 있습니다.

PSD, TGA, TIFF 파일을 활용하여 스크롤 자막 만들기

포토샵과 같은 외부 그래픽 프로그램 사용이 능숙하다면 배경이 투명한 이미지 파일로 엔딩 크레딧 자막을 만든 후 Final Cut Pro X에서 움직임을 추가하여 좀 더 자유로운 스타일로 엔딩 크레딧을 만들 수 있습니다. [Chapter04] 라이브러리에서 [Lesson07] 이벤트의 [EndingCredit2] 프로젝트를 더블 클릭해서 열고 다음 실습을 진행해 보세요.

01 이미지 클립 배치 브라우저에서 미리 제작해 놓은 [Credit.psd] 이미지 클립을 찾아 타임라인의 [Custom] 클립 위로 드래그하여 배치하고 길이를 10초로 조절합니다. 뷰어를 보면 세로로 긴 엔딩 크레딧 이미지가 화면 크기에 맞게 축소된 상태로 표시됩니다.

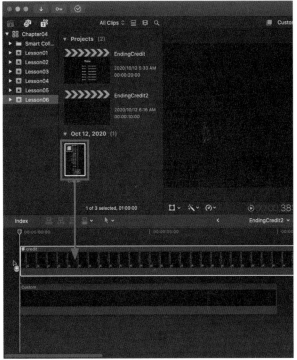

02 원본 크기로 조절 그래픽 프로그램에서 만든 이미지를 원본 크기 그대로 사용하기 위해 타임라인에서 [Credit.psd] 클립을 선택한 후 [Vedio Inspector] 탭에서 가장 아래에 있는 [Spatial Conform] 옵션을 더블 클릭하여 펼치고 [Type: None]으로 속성 값을 변경합니다.

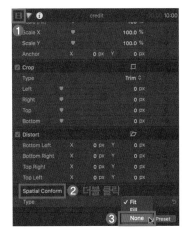

03 키 프레임 생성 자막 이미지에 스크롤되는 움직임을 표현하기 위해 키 프레임을 생성해야 합니다. [플레이헤드]를 맨 앞으로 옮기고 [Video Inspector] 탭의 [Transform] 옵션에서 [Position Y: −1894px]로 속성 값을 변경한 후 [키 프레임] 아이콘을 클릭하여 [Position] 속성에 키 프레임을 생성합니다.

04 속성 값 변경 [플레이헤드]를 이미지 클립의 마지막 프레임(10초)으로 옮기고 [Video Inspector] 탭의 [Transform] 옵션에서 [Position Y: 1990px]로 속성 값을 변경합니다. 자동으로 키 프레임이 추가됩니다.

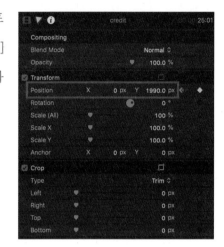

05 클립 길이 조절 영상을 재생해서 엔딩 크레딧 움직임을 확인해 보면 다소 빠르므로 크레딧 길이를 늘려 움직임을 느리게 변경하겠습니다. 먼저 타임라인에서 [credit.psd] 클립과 [Custom] 클립의 길이를 25초 정도로 늘입니다.

06 **비디오 애니메이터 활성화** 현재 설정된 키 프레임을 확인하고 변경하기 위해 [credit.psd] 클립을 선택한 후 단축키 control + V 를 눌러 비디오 애니메이터를 펼칩니다.

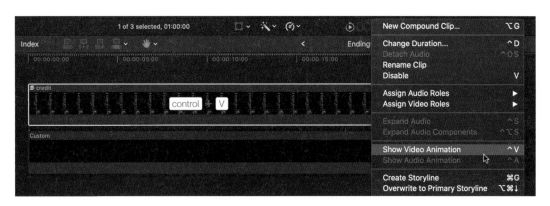

깨알Tip 해당 클립에서 [보조 클릭](control + 클릭)한 후 [Show Video Animator]를 선택하여 비디오 애니메이터를 활성화할 수도 있습니다.

07 **키 프레임 위치 조정** 비디오 애니메이터에서 [Transform: All] 항목을 보면 맨 앞과 10초 위치에 [키 프레임]이 배치되어 있습니다. 두 번째 [키 프레임]을 드래그해서 마지막 프레임으로 옮깁니다. 영상을 재생해 보면 천천히 스크롤되는 크레딧을 확인할 수 있습니다.

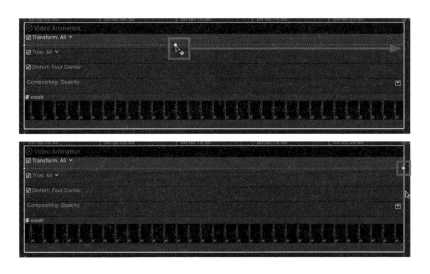

08 **균일하게 속도 조절** 뷰어에서 화면 배율을 [12.5%] 정도로 낮추고, [Tranform] 아이콘을 클릭하여 온스크린 컨트롤러 기능을 활성화합니다. 빨간색으로 스크롤 방향 회살표가 표시되면 위쪽 끝부분을 [보조 클릭]([control] + 클릭)한 후 [Linear]를 선택해서 스크롤 속도를 처음부터 끝까지 균일하게 변경합니다.

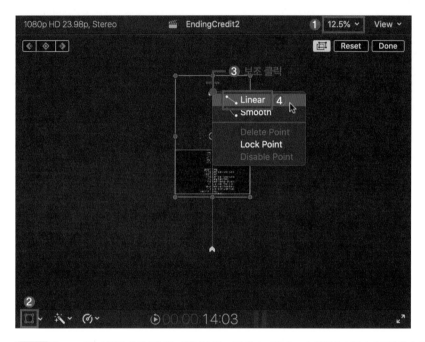

(깨알Tip) [Linear]로 설정하기 전 영상을 재생해 보면 자막의 스크롤 속도가 처음부터 끝까지 균일하지 않은 것을 확인할 수 있습니다. 이는 속도의 가변성이 적용되어 있기 때문입니다.

[Tranform] 옵션에서 [Position Y] 속성 값에 키 프레임을 적용하여 아래에서 위로 스크롤되는 자막을 완성하면서 기본 원리를 파악했다면 이를 응용해서 왼쪽에서 오른쪽으로, 혹은 오른쪽에서 위로 흐르는 자막도 만들 수 있겠죠? [Position X] 속성 값을 활용하면 됩니다.

Sera의 Tip & Tech

저작권 걱정은 No, 무료 글꼴 다운로드

자막을 입력할 때 글꼴 사용은 아주 중요하고도 민감한 요소입니다. 인터넷에서 공유되는 수많은 글꼴이 있지만, 함부로 사용했다가는 저작권 소송 등의 문제가 발생할 수 있습니다. 그러므로 저작권 관련 정보를 꼼꼼하게 확인해야 합니다. 또한 무료로 제공되는 글꼴이라도 개인이 비상업적인 용도로 활용할 때만 자유롭게 사용할 수 있으며, 수익을 창출하거나 영상에서 활용할 때는 무료로 사용할 수 없는 것도 있습니다.

가장 대표적으로 자유롭게 사용할 수 있는 것은 네이버와 구글에서 제공하는 글꼴입니다. 개인적인 용도는 물론 상업적으로도 사용할 수 있으니 안심하고 사용하면 됩니다. 특히 구글의 Noto sans는 강력 추천하는 고딕체 글꼴입니다. 군더더기 없이 깔끔하고 굵기의 종류도 다양해 이 글꼴 하나만 있어도 깔끔한 타이틀을 손쉽게 완성할 수 있습니다.

- **네이버 나눔글꼴:** https://hangeul.naver.com/2017/nanum
- **구글 글꼴:** https://fonts.google.com/

아기자기하게 예쁜 무료 글꼴을 찾고 있다면 '눈누' 웹사이트를 추천합니다. 상업적 이용이 가능한 무료 글꼴을 모아 놓은 사이트로, 기업이나 지자체에서 제공하는 다양한 글꼴을 모아서 볼 수 있어 편리합니다.

- **눈누:** https://noonnu.cc

앞서도 언급했듯 강력 추천하는 글꼴은 Noto Sans CJK이며, 네이버 나눔고딕, 나눔 스퀘어, 에스코어드림, 여기어때 잘난체, Gmarket Sans 등도 추천할 만한 글꼴입니다. 모두 안정적이고 깔끔하면서 가독성이 높아 여러 방면에 사용하기 좋습니다.

인공지능을 이용한 자동 자막 만들기

영상 콘텐츠에 자막을 입력하는 일은 결코 쉬운 작업이 아닙니다. 특히 모든 내용을 하나씩 입력하려면 많은 시간과 노력이 필요합니다. 이런 작업을 간편하게 도와주는 인공지능 음성 인식 자막 프로그램이 있습니다. [VREW]라는 프로그램으로, 100% 정확하지는 않지만 자막을 직접 입력하는 수고를 획기적으로 줄일 수 있습니다.

01 **설치 및 회원가입** 홈페이지(https://vrew.voyagerx.com/ko/)에서 설치 파일을 다운로드한 후 설치하고 회원가입까지 진행합니다.

02 **영상 불러오기** [VREW]를 실행합니다. [새 영상 파일로 시작하기] 버튼을 클릭해서 편집이 완료된 영상을 불러오면 프로그램이 자동으로 영상의 음성을 분석합니다.

03 분석 결과 확인 분석이 끝나면 왼쪽에는 미리보기 파일, 오른쪽에는 자동으로 입력된 자막이 나타납니다. 영상을 재생하면서 잘못된 곳은 수정할 수 있으며, 자막 클립들을 합치거나 분리하기, 스타일 변경 등의 기능도 포함되어 있습니다.

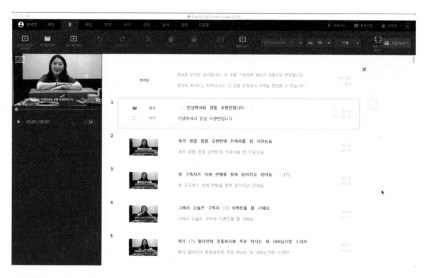

깨알Tip 자막 인식률 정확도는 대략 70%이며, 발음에 따라 인식률이 달라질 수 있습니다.

04 내보내기 자막 수정이 완료되면 [다른 형식으로 내보내기] 버튼을 클릭한 후 사용하는 편집 프로그램을 선택합니다. 여기서는 [Final Cut Pro xml]을 선택합니다.

05 **자막 파일 위치** [VREW] 안내에 따르면 내보내기한 자막 파일과 이후 자막을 배치할 영상 클립이 같은 폴더에 있어야 합니다.

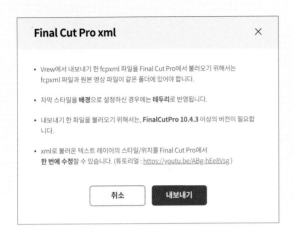

06 **자막 불러오기** Final Cut Pro X을 실행하고 상단 메뉴 바에서 [File – Import – XML]을 선택한 후 앞서 내보내기한 파일을 찾아 선택합니다. 타임라인에 자막 파일이 배치된 것을 확인할 수 있습니다.

CHAPTER 5

영상을 풍성하게 만드는
오디오 편집

아무리 멋진 화면이라도 음향의 밸런스가 맞지 않거나 노이즈가 심하면 시청하기 힘들 겁니다. 특히나 이어
폰 사용이 잦은 요즘에는 또렷한 목소리, 전체적인 음향 밸런스, 배경음악 등의 오디오 요소를 얼마나 잘 활
용하는지에 따라 영상의 시청 시간을 좌우할 수 있습니다. 오디오 볼륨을 조절하는 방법부터 배경음악과 효
과음을 삽입하는 방법, 다양한 오디오 효과를 활용하는 방법 등을 알아보겠습니다.

Lesson 01 | 오디오 볼륨 조절하기

영상을 편집하면서 작은 소리를 크게, 큰 소리를 작게 바꾸는 오디오 작업도 필수로 병행되어야 합니다. 오디오를 조절하려면 최우선으로 오디오 파형을 볼 줄 알아야 하며, 그 후에 타임라인이나 인스펙터에서 오디오 볼륨을 자유롭게 조절할 수 있습니다.

클립의 오디오 레벨 파악하기

오디오 볼륨을 조절하려면 우선 오디오의 상태를 파악해야 합니다. 전체적인 상태를 한눈에 확인하려면 오디오 파형(Audio Waveforms)을 보고, 그 보다 더 자세히 파악하려면 오디오 미터(Audio Meters)를 봅니다.

오디오 파형 표시

타임라인에 클립을 배치하면 기본적으로 비디오 화면과 오디오 파형이 섬네일로 표시되며, 옵션 값을 설정하여 표시 방법을 변경할 수 있습니다. 타임라인에서 오른쪽 위에 있는 아이콘 중 필름 모양인 [Change the appearance of the clips in the Timeline] 아이콘을 클릭한 후 팝업 창에서 왼쪽에 있는 아이콘을 선택할수록 오디오 파형이 명확하게 표시됩니다.

— 클립명만 표시
— 오디오 파형만 크게 표시

▲ 타임라인에 배치된 클립의 표시 형식을 변경할 수 있습니다.

[Chapter05] 라이브러리를 더블 클릭해서 실행한 후 [Lesson01] 이벤트의 [Volume] 프로젝트를 더블 클릭해서 엽니다. 타임라인에서 기본 설정일 때 표시되는 형태를 확인한 후 옵션을 변경하면서 오디오 파형이 어떻게 표시되는지 확인해 보세요.

▲ 기본 설정으로, 비디오 화면과 오디오 파형이 함께 표시된 클립 섬네일

▲ 오디오 파형만 표시된 클립 섬네일

오디오 파형을 쉽게 확인할 수 있는 옵션으로 변경하여 전체적인 파형의 높이를 살펴보세요. 하얀 실선에 가까울수록 볼륨이 크다는 의미이므로, 파형을 보며 전체적으로 오디오가 균일한지 혹은 특정 부분의 소리가 지나치게 크거나 작지는 않은지 대략적으로 파악할 수 있습니다.

오디오 미터 표시

오디오 파형만으로는 오디오 볼륨 레벨이 어느 정도인지 정확히 알기 힘듭니다. 이럴 때는 오디오 미터(Audio Meters)를 확인합니다. 오디오 미터는 오디오 레벨을 정확히 확인할 때 사용하는 것으로 뷰어에 있는 타임코드의 오른쪽을 보면 [오디오 미터] 섬네일이 있습니다. 하지만, 너무 작아서 잘 보이지 않죠? [오디오 미터] 섬네일을 클릭하거나 상단 메뉴에서 [Window – Show in Workspace – Audio Meters]를 선택해 보세요(단축키 shift + command + 8). 타임라인 오른쪽 끝에 오디오 미터 패널이 표시됩니다.

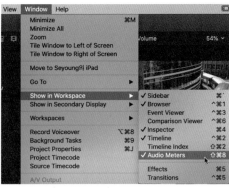

spacebar 를 눌러 영상을 재생해 보면 오디오 미터 패널에서 실시간으로 음향 레벨이 표시되는 것을 볼 수 있습니다. Final Cut Pro X에서는 0dB을 가장 높은 소리인 피크 레벨(Peak Level)로 인식하여, -3dB 이하는 초록색, -3dB~0dB은 노란색, 0dB을 초과하면 빨간색으로 표시합니다.

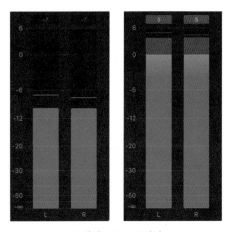

▲ 적정 오디오 레벨(좌)과 피크 레벨(우)

오디오 레벨은 -12dB에서 -6dB 사이가 적당합니다. 만약, 0dB을 넘는다면 Final Cut Pro X에서는 문제없이 표현되지만, 이후 동영상 파일로 출력하면 찢어지는 듯한 왜곡된 소리가 날 수 있으니 피크 레벨을 넘지 않도록 주의해야 합니다.

클립의 오디오 볼륨 조절하기

클립의 전체적인 오디오 상태를 확인했을 때 피크 레벨을 넘은 곳이나 지나치게 레벨이 낮은 곳이 있다면 타임라인이나 인스펙터에서 오디오 볼륨을 조절해 줍니다.

깨알Tip 데시벨(dB)은 상용로그를 사용하므로 체감상 소리가 2배 커지게 하려면 2dB이 아닌 10dB를 올려야 합니다.

타임라인에서 볼륨 조절하기: 타임라인에 배치된 [Train2] 클립의 오디오 파형을 보면 하얀 실선이 있습니다. 이 실선으로 마우스 커서를 옮기면 커서의 모양이 작은 화살표 모양으로 바뀌며, 위아래로 드래그하면 볼륨을 조절할 수 있고, command 를 누른 상태로 드래그하면 1dB씩 조절할 수도 있습니다.

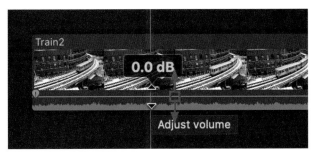

▲ 파형에 표시된 실선을 드래그하여 볼륨을 조절할 수 있습니다.

오디오 인스펙터에서 볼륨 조절하기: 인스펙터에서 [Audio Inspector] 탭을 클릭한 후 맨 위에 있는 [Volume] 속성의 슬라이더를 좌우로 드래그해 보세요. 드래그한 정도에 따라 볼륨이 커지거나 작아집니다.

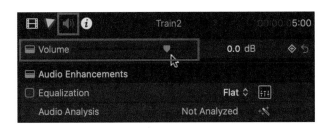

Lesson 02 | 배경음악과 효과음 넣기

배경음악(BGM)과 효과음은 영상의 분위기를 극대화합니다. Final Cut Pro X에서 배경음악과 효과음을 넣는 방법 2가지와 저작권에 자유로운 음원을 다운로드하는 방법을 보겠습니다. 그런 다음 영상과 찰떡처럼 잘 어울리는 오디오를 활용하여 센스 있는 영상을 완성해 보세요.

Final Cut Pro X에서 제공하는 무료 오디오 사용하기

Final Cut Pro X의 사이드바에서 [Photos & Audio sidebar] 탭을 클릭한 후 [Sound Effects] 카테고리를 선택하고 브라우저를 보면 Final Cut Pro X에서 사용자들에게 제공하는 다양한 오디오 목록이 나타납니다. 각 오디오를 더블 클릭하거나 마우스 커서를 가져가면 표시되는 [재생] 아이콘을 클릭해 보세요. '이걸 정말 무료로 사용할 수 있다고?'라는 생각이 들 정도로 유용한 오디오 클립들이 잔뜩 있을 겁니다.

깨알Tip [Sound Effects]에 아무런 음원이 표시되지 않는다면 상단 메뉴에서 [Final Cut Pro – Download Additional Content]를 선택해서 패키지 파일을 다운로드 및 설치한 후 다시 확인해 보세요. [iLife Sound Effects] 폴더가 보이지 않는다면 [App Store]에서 무료로 제공하는 [iMovie]를 찾아 설치합니다.

브라우저에서 사용할 오디오 클립을 찾았다면 그대로 타임라인으로 드래그해서 배치해 보세요. 타임라인에 다른 클립이 배치되어 있다면 오디오 트랙은 자연스럽게 프라이머리 스토리라인 아래쪽 트랙으로 배치됩니다.

오디오 클립 중 일부만 사용하기: 오디오 클립 중 일부분만 사용하고 싶다면 어떻게 해야 할까요? 우선 브라우저에서 오디오 클립을 재생해서 사용할 부분의 시작점을 찾아 단축키 I를 누르고 끝 점에서 O를 눌러 사용할 범위를 지정합니다. 그런 다음 범위를 클릭한 채 타임라인으로 드래그하면 됩니다.

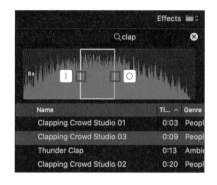

깨알Tip 지정한 범위를 해제할 때는 브라우저에서 option을 누른 채 해당 오디오 클립의 파형을 클릭합니다.

배경음악만 골라 보기: [Photos & Audio sidebar] 탭에서 [Sound Effects] 카테고리를 선택하고 브라우저 오른쪽 위를 보면 [Effects] 폴더가 선택되어 있습니다. [Effects] 폴더는 모든 오디오 클립이 모여 있는 상위 폴더이므로, [iLife Sound Effects 〉 Jingles]나 [Theme Music] 폴더로 변경해 보세요. 짤막하면서 배경음악으로 사용하기에 좋은 오디오 클립 목록이 표시됩니다.

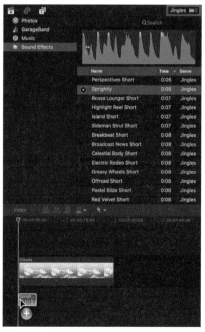

효과음 골라 보기: 같은 방법으로 이번에는 [iLife Sound Effects]나 [Sound Effects] 폴더로 변경해 보세요. [iLife Sound Effects] 폴더는 더 하위 폴더를 선택해도 좋습니다. 효과음이 너무 많아 원하는 것을 찾기 어려울 때는 [Effects] 폴더를 선택한 후 폴더명 아래쪽에 있는 검색 필드(Search)에 관련된 단어를 입력해서 찾으면 됩니다.

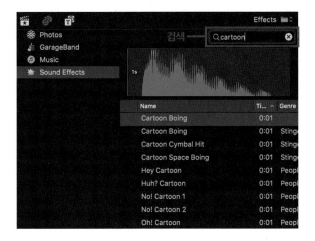

- **만화 같은 효과음:** 브라우저에서 가장 상위 폴더인 [Effects]를 선택한 후 검색 필드에서 'cartoon'으로 검색해 보세요. 만화에서 들을 법한 재미있는 효과음을 찾을 수 있습니다.

- **박수 소리:** 검색 필드에서 'clap'으로 검색해 보세요.

무료 오디오 파일 다운로드하기

유튜브에는 오디오 저작권을 감지하고 걸러내는 기술이 있어 자칫 저작권이 있는 오디오를 임의로 사용했다가는 유튜브에서 얻게 될 수익이 원저작자에게 지불되거나 최악의 경우 업로드를 금지 당할 수 있습니다. 따라서 무료 오디오 파일이라도 저작권에 문제가 없는지 잘 따져 보고 사용해야 합니다. 다운로드한 오디오 파일을 Final Cut Pro X에서 사용하는 방법과 오디오 파일을 다운로드할 수 있는 사이트 등을 알아보겠습니다.

다운로드한 오디오 파일 사용 방법

다운로드한 오디오 파일을 Final Cut Pro X으로 불러와 사용하는 방법은 영상 클립과 다르지 않습니다. Final Cut Pro X의 도구 막대에서 왼쪽에 있는 화살표 모양의 [Import] 아이콘을 클릭하거나 단축키 command + I 를 눌러 다운로드한 음원을 Final Cut Pro X로 가져오면 해당 이벤트의 브라우저에서 확인하고 사용할 수 있습니다. macOS의 [Finder] 창에서 이벤트의 브라우저나 타임라인으로 바로 드래그해도 됩니다.

깨알Tip Final Cut Pro X에서 타임라인에 배치할 때 1프레임 단위로만 이동할 수 있는 비디오 클립과 달리 오디오 클립은 1프레임 내에서도 1/80 단위로 매우 미세하게 움직일 수 있습니다.

유튜브 오디오 보관함 활용

가장 쉽고 안전하게 무료로 오디오를 사용하는 방법 중 하나가 유튜브에서 제공하는 [오디오 보관함]을 활용하는 것입니다. 유튜브 채널을 운영하고 있다면 유튜브 스튜디오(https://studio.youtube.com)에 접속하여 로그인하거나 유튜브(https://youtube.com)에 로그인한 후 화면 오른쪽 위에 있는 계정 프로필을 클릭하고 [YouTube 스튜디오]를 선택한 후 왼쪽 사이드바에서 [오디오 보관함]을 찾아 클릭해 보세요. [무료 음악]과 [음향 효과] 탭으로 구분된 오디오 목록을 확인할 수 있습니다.

▲ 유튜브 스튜디오(https://studio.youtube.com)에서 다양한 무료 오디오를 제공합니다.

[유튜브 보관함]에 있는 오디오라고 모두 저작권에서 자유로운 것은 아닙니다. 그러므로 오디오 목록에서 왼쪽 위에 있는 '보관함 검색 또는 필터링'이라고 표시된 필터를 클릭한 후 [저작자 표시 필요 없음]을 선택해 보세요. 저작자를 표시하지 않고도 자유롭게 사용할 수 있는 오디오만 표시되고, 추가된 날짜 항목으로 마우스 커서를 옮기면 [다운로드] 링크가 표시됩니다.

no copyright music

이번에도 유튜브를 이용하는 방법입니다. 하지만 유튜브에서 공식적으로 제공하는 것이 아닌 사용자들 간 공유하는 오디오입니다. 유튜브 검색 창에 'no copyright music'을 입력해서 검색해 보세요. 무료 오디오를 소개하는 영상 콘텐츠 목록이 표시됩니다.

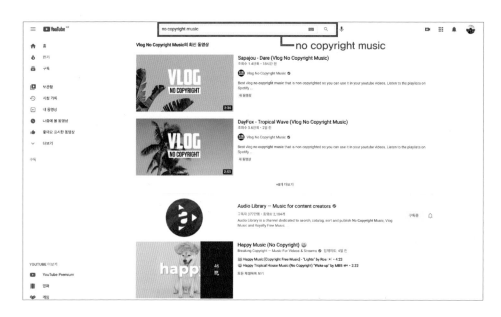

검색된 영상 중 하나를 클릭해서 상세 설명란을 보면 해당 오디오 파일을 다운로드할 수 있는 링크와 사용 규칙(원저작자 표기 내용 등)이 적혀 있습니다. 원저작자 표기가 필요한 오디오 파일은 영상 콘텐츠를 업로드할 때 설명란에 사용한 오디오에 대한 표기를 반드시 해 주는 것이 좋습니다.

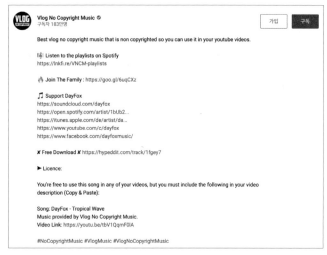

▲ 오디오에 따른 상세 사용 규칙을 확인해야 합니다.

이렇게 사용자 간 공유하는 무료 오디오는 이후에 작곡가가 저작권을 주장하는 경우가 발생할 수 있으며, 내가 만든 영상 콘텐츠에 대한 광고 수익이 모두 음악 원저작자에게 지급될 수 있으니 가능하면 유튜브 스튜디오의 [오디오 보관함]이나 안전한 유료 오디오 파일을 이용하는 것을 추천합니다.

사운드 클라우드

사운드 클라우드(https://soundcloud.com/)는 무료 오디오 스트리밍 플랫폼입니다. 이곳에서는 신인 아티스트에게 허락을 구한 후 오디오를 사용할 수 있습니다. 트렌디하고 신선한 오디오를 찾을 수 있지만 원하는 분위기의 음악을 찾는 데 굉장히 많은 시간을 투자해야 하며, 추후에 저작권을 주장하는 사례도 있으니 역시 주의가 필요합니다.

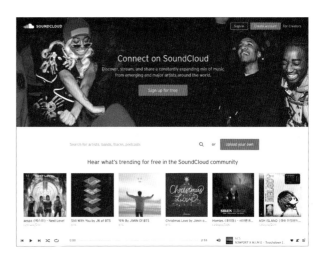

한 걸음 더 유료 오디오 구독 사이트

고품질의 오디오를 안전하게 사용하고 싶다면 아트리스트(https://artlist.io)나 에피데믹사운드(https://www.epidemicsound.com)와 같은 유료 오디오 구독 사이트를 이용하는 것이 좋습니다.

▲ 가장 안전한 방법은 비용을 지불하고 사용하는 것입니다.

무료로 다운로드할 수 있는 오디오보다 품질이 좋고, 상세한 필터링 기능으로 원하는 분위기의 오디오를 쉽게 찾을 수 있습니다. 한 달에 대략 2~3만 원 정도의 구독료를 지불하면 상업적인 용도로도 무제한 사용할 수 있으므로 영상 콘텐츠를 만드는 일이 빈번하다면 유료 오디오 사이트 구독을 추천합니다.

Lesson 03 | 볼륨이 점점 커지게, 점점 작아지게 만들기

영상에 사용할 오디오를 찾고, 간단한 오디오 클립 사용 방법을 알았다면 본격적으로 영상 편집에 활용해 봐야 겠죠? 흔히 사용하는 오디오 클립 활용 방법은 작은 볼륨으로 시작했다 점점 커지고, 다시 점점 작아지는 설정입니다. 3가지 방법으로 자연스러운 오디오 볼륨 조절 방법을 알아보겠습니다.

페이드 핸들로 자연스럽게 볼륨 조절하기

볼륨을 서서히 키우거나 줄이는 가장 기본적인 방법은 타임라인에 배치한 오디오 클립의 페이드 핸들 (Fade Handle)을 이용하는 것입니다. [Chapter05] 라이브러리를 실행한 후 [Lesson03] 이벤트의 [Sound Fade] 프로젝트 더블 클릭해서 열면 [Custom] 클립과 자막 클립이 배치되어 있습니다.

사이드바에서 [Photos & Audio sidebar] 탭을 클릭한 후 [Sound Effects] 카테고리에서 [iLife Sound Effects 〉 Jingles] 폴더에 있는 [Red Velvet Medium] 오디오 클립을 찾아 타임라인으로 드래 그해서 배치하세요. 이어서 오디오 클립의 길이를 [Custom] 클립에 맞춰 줄입니다.

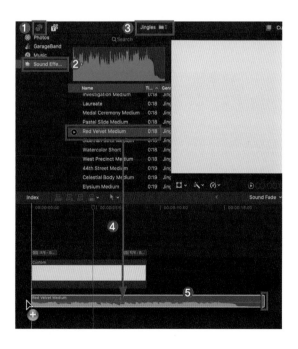

Fade In

이제 페이드 핸들을 조절해 보겠습니다. 오디오 클립 위에 커서를 올린 후 맨 앞을 보면 볼륨 조절 선 위로 작은 아이콘이 하나 보입니다. 이 아이콘이 페이드 핸들(Fade Handle)이며, 페이드 핸들에 마우스 커서를 가져가면 아래와 같이 좌우 화살표 모양으로 바뀝니다.

(깨알Tip) 페이드 핸들을 조절할 때 마우스 커서 모양이 그림과 같은지 꼭 확인하세요. 자칫 클립의 길이가 조절될 수 있습니다.

페이드 핸들을 찾았으면 '점점 크게'라고 입력된 자막 클립의 길이만큼 페이드 핸들을 오른쪽으로 드래그해 보세요. 오디오 클립에 곡선 그래프가 생겼지요? 타임라인에서 [플레이헤드]를 맨 앞으로 옮긴 후 spacebar 를 눌러 재생해 보면 볼륨이 천천히 커지는 효과(Fade In)를 확인할 수 있습니다.

Fade Out

이번에는 같은 방법으로 오디오 클립의 맨 끝에 있는 페이드 핸들을 찾아 '점점 작게'라고 입력된 자막 클립까지 왼쪽으로 드래그합니다. 클립 앞쪽과 반대 모양의 곡선 그래프가 생기며, 재생해 보면 볼륨이 자연스럽게 줄어드는 효과(Fade Out)를 확인할 수 있습니다.

키 프레임으로 자연스럽게 볼륨 조절하기

움직임하면 떠오르는 단어가 있죠? 바로 키 프레임입니다. 비디오에만 키 프레임을 생성할 수 있는 것이 아닙니다. 오디오에서도 키 프레임을 설정하고 속성 값을 변경하여 자연스럽게 볼륨을 조절할 수 있습니다. [Sound Fade] 프로젝트에 배치한 [Red Velvet Medium] 오디오 클립에서 페이드 핸들을 양 끝으로 되돌린 후 다음 실습을 진행해 보세요.

01 키 프레임 생성 타임라인에서 [플레이헤드]를 '점점 크게' 자막 클립이 끝나는 2초(02:00)로 옮깁니다. [Red Velvet Medium] 오디오 클립을 선택한 후 인스펙터의 [Audio Inspector] 탭에서 [Volume] 속성의 [키 프레임] 아이콘을 클릭하여 키 프레임을 생성합니다.

02 속성 값 변경 [플레이헤드]를 클립의 맨 앞으로 옮기고 [Audio Inspector] 탭에서 [Volume] 속성의 슬라이더를 왼쪽 끝으로 옮깁니다. 속성 값이 변하면서 자동으로 키 프레임이 추가되고, 곡선 그래프가 만들어집니다.

03 **키 프레임 추가** [플레이헤드]를 '점점 작게' 자막 클립이 시작하는 7초(07:00)로 옮기고, [Audio Inspector] 탭에서 [Volume] 속성의 [키 프레임] 아이콘을 클릭합니다. 속성 값 변화 없이 키 프레임을 추가함으로써 이 지점까진 볼륨을 유지하고, 이후로 줄이겠다고 선언하는 것입니다.

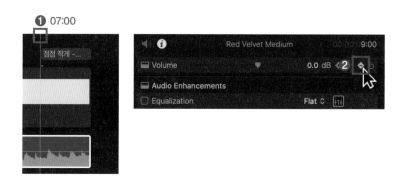

04 **속성 값 변경** [플레이헤드]를 클립 끝으로 옮긴 후 [Audio Inspector] 탭에서 [Volume] 속성의 슬라이더를 왼쪽 끝으로 드래그해 속성 값을 최저로 낮춥니다. 역시 속성 값이 변하면서 자동으로 키 프레임이 추가되고, 하강하는 곡선 그래프로 변하는 것으로 보아 볼륨이 점점 줄어든다는 것을 예상할 수 있습니다.

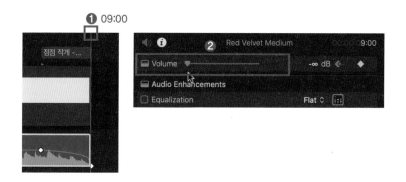

실습이 끝났으면 spacebar 를 눌러 재생해 보세요. '점점 크게' 자막이 표시되는 동안 소리가 점점 커지고, '점점 작게' 자막이 표시되는 동안 소리가 점점 작아집니다.

사운드 트랜지션 효과로 볼륨 자연스럽게 조절하기

비디오를 전환하는 것처럼 오디오 전환 효과도 있으며, 그중에서 [Cross Dissolve] 효과를 적용하면 자연스럽게 볼륨을 조절할 수 있습니다. 앞서 키 프레임 실습을 진행했다면 [Audio Inspector] 탭에서

[Volume] 속성 오른쪽 끝에 있는 [Reset] 아이콘을 클릭하여 실습 내용을 모두 초기화하고, 타임라인에서 오른쪽 위에 있는 나비 모양 아이콘을 클릭하거나 단축키 control + command + 5 를 눌러 트랜지션 브라우저를 표시합니다.

타임라인 오른쪽으로 트랜지션 브라우저가 표시되면 [Dissolves] 카테고리에 있는 [Cross Dissolve] 효과를 찾아 타임라인에 있는 오디오 클립으로 드래그하여 효과를 적용해 보세요(단축키 command + T).

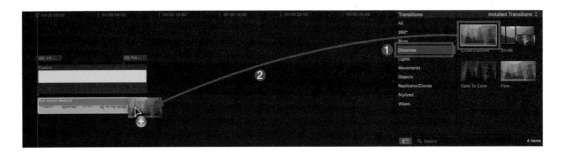

오디오 클립의 앞뒤에 회색으로 표시된 [Cross Dissove] 트랜지션이 적용되며, [Cross Dissolve] 트랜지션의 길이를 조절하여 볼륨 조절 시간을 변경할 수 있습니다. [플레이헤드]를 맨 앞으로 옮긴 후 spacebar 를 눌러 재생해 보세요. 페이드 핸들이나 키 프레임을 이용했을 때와 마찬가지로 볼륨이 서서히 커졌다가 작아집니다.

깨알Tip [Cross Dissove] 트랜지션을 활용하는 방법이 가장 쉽지만, 비디오와 오디오가 붙어 있는 클립에서는 비디오에도 [Cross Dissolve] 트랜지션이 적용된다는 단점이 있습니다.

Lesson 04 특정 구간에서 볼륨 조절하기

영상에서 인물의 내레이션과 배경음악이 겹치는 구간이라면 내레이션의 볼륨을 유지한 채 배경음악의 볼륨을 낮추는 것이 좋겠지요? 키 프레임과 Range Seletion 기능으로 특정 구간의 볼륨 조절 방법을 알아보겠습니다.

키 프레임으로 구간 볼륨 조절하기

우선 키 프레임을 이용해 내레이션이 나올 때 배경음악이 줄어드는 효과를 완성해 보겠습니다. [Chapter05] 라이브러리를 실행한 후 [Lesson04] 이벤트의 [BGM Volume] 프로젝트 더블 클릭해서 열고 실습해 보세요.

01 배경음악 추가 사이드바에서 [Photos & Audio sidebar] 탭을 클릭한 후 [Sound Effects] 카테고리를 선택하고 [iLife Sound Effects 〉 Jingles] 폴더에서 [Breakbeat Short] 오디오 클립을 찾아 타임라인으로 드래그해서 배치합니다.

02 **키 프레임 생성** 영상을 재생해 보면 배경음악 때문에 내레이션이 제대로 들리지 않습니다. [플레이헤드]를 대사가 얼핏 끝나는 위치인 [2:02]로 옮기고, [option]을 누른 채 [Breakbeat Short] 클립의 중간에 있는 흰색 실선에 마우스 커서를 옮겨 커서에 [+] 아이콘이 표시되면 클릭해서 키 프레임을 생성합니다.

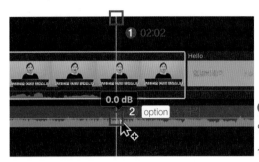

깨알Tip 흰색 실선은 오디오 볼륨을 조절할 때 사용하는 것으로 인스펙터의 [Volume] 속성에 해당하며, 인스펙터의 [Volume] 속성에서 [키 프레임] 아이콘을 클릭해서 키 프레임을 생성해도 됩니다.

03 **키 프레임 추가** [BGM Volume_01] 클립이 끝나는 위치에서 [option]을 누른 채 흰색 실선을 클릭해서 두 번째 키 프레임을 추가합니다.

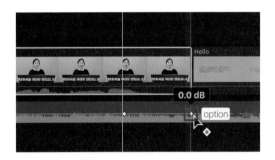

04 **볼륨 조절** 타임라인에서 2개의 키 프레임 중 첫 번째 키 프레임을 아래로 드래그해서 볼륨을 낮춥니다. 여기서는 확실한 차이를 비교해 보기 위해 [-28dB]까지 낮췄습니다.

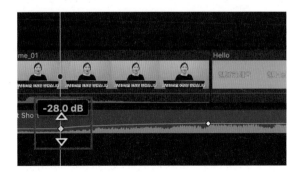

키 프레임 설정이 끝났으면 spacebar 를 눌러 영상을 재생해 보세요. 내레이션 중에는 배경음악 소리가 작게 들리다가 내레이션이 끝나는 지점에서 배경음악이 점점 커지면서 원래 크기로 돌아오는 것을 확인할 수 있습니다. 그렇다면 [BGM Volume_02] 클립의 내레이션 부분에서는 어떻게 해야 할까요? 앞의 실습을 참고하여 직접 키 프레임을 추가해 보세요.

[BGM Volume_01] 클립 구간과 달리 [BGM Volume_02] 클립 구간에서는 내레이션이 시작할 때 배경음악이 줄어들고, 내레이션이 끝날 때 배경음악이 다시 커져야 합니다. 그러므로 다음과 같이 4개의 키 프레임을 추가한 후 2, 3번 키 프레임에서는 볼륨을 낮춰야 합니다.

 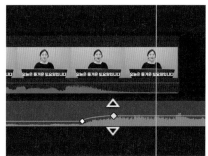

▲ [BGM Volume_02] 클립의 재생 구간에 설정한 4개의 키 프레임

키 프레임 설정이 끝나면 처음부터 영상을 재생하면서 내레이션과 배경음악이 조화롭게 어우러졌는지 확인해 보고, 어색한 부분을 찾아 볼륨을 조절해 보세요.

Range Selection 기능으로 구간 볼륨 조절하기

앞서 실습에서 키 프레임을 이용해 구간의 볼륨을 조절할 때 총 6개의 키 프레임을 사용했습니다. 이번에는 특정 구간을 선택/지정하는 Range Selection 기능으로 얼마나 간편하게 같은 효과를 완성할 수 있는지 확인해 보세요. 우선 인스펙터에서 [Audio Inspector] 탭의 [Volume] 속성에 있는 [Reset] 버튼을 클릭하여 앞서 설정한 키 프레임을 초기화한 후 실습을 진행하세요.

속성 값 초기화

01 **Range Selection 실행** 타임라인 위에 있는 툴 박스를 클릭하고 [Range Selection]ⓡ을 선택합니다.

02 **클립 구간 설정** 타임라인의 [Breakbeat Short] 클립에서 볼륨 조절이 시작될 위치부터 내레이션이 끝나는 구간만큼 드래그하면 노란 테두리로 범위가 지정됩니다.

(깨알Tip) 임의의 구간을 드래그해서 범위로 지정한 후 양쪽 끝에 있는 핸들을 좌우로 드래그하여 정확한 범위를 지정할 수 있습니다.

03 **구간 볼륨 조절** 배경음악 클립에서 범위로 지정한 구간 안에서 흰색 실선을 아래로 드래그해서 볼륨을 조절합니다. 오른쪽 끝부분에 자동으로 키 프레임이 추가됩니다.

04 **구간 설정 및 볼륨 조절** 계속해서 [BGM Volume_02] 클립과 겹치는 구간을 드래그해서 범위를 설정하고, 실선을 드래그해서 볼륨을 낮춥니다.

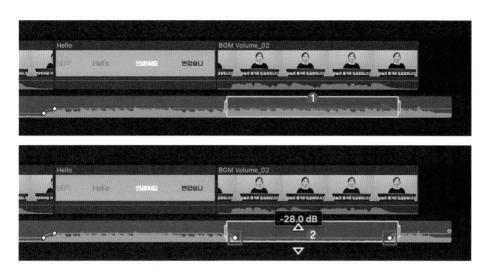

05 **키 프레임 간격 조정** 자동으로 추가된 키 프레임을 좌우로 드래그하여 간격을 조절하여 볼륨이 변하는 속도를 조정하면 완성됩니다.

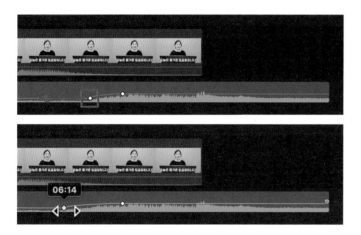

Lesson 05 | Synchronize Clip으로 오디오 싱크 맞추기

카메라에 내장된 마이크는 주위 환경에 많은 영향을 받습니다. 그러므로 선명하고 정확한 오디오를 얻기 위해 레코더를 이용해 오디오만 따로 녹음해서 사용하곤 합니다. 하지만, 이후 편집 프로그램에서 비디오와 오디오 싱크를 맞춰야 하는 번거로움도 있습니다. Final Cut Pro X에서 비디오와 오디오 싱크를 손쉽게 맞추는 방법에 대해 알아보겠습니다.

[Chapter05] 라이브러리에서 [Lesson05] 이벤트의 [Sync] 프로젝트를 더블 클릭해서 열고, 브라우저에 있는 [Sound Sync] 클립과 [NA] 클립을 각각 재생해서 오디오를 확인해 보세요.

[Sound Sync] 클립은 밀폐된 공간에서 촬영했기 때문에 잡음이 많지는 않아도 '웅−'하는 노이즈가 전반적으로 깔려 있습니다. 반면, [NA] 오디오 클립은 외장 레코더를 이용해서 녹음했기 때문에 음질이 깨끗하고 톤도 더 선명합니다. 그러므로 [Sound Sync] 클립에서는 비디오만 사용하고, 음성은 [NA] 오디오 클립으로 대체하려고 합니다. 방법은 간단합니다. 브라우저에서 싱크를 맞출 2개의 클립을 선택한 후 [보조 클릭]([control] + 클릭)하고 [Synchronize Clip]을 선택합니다(단축키는 [option] + [command] + [G]).

새 동기화 클립에 대한 설정 창이 열리면 간단한 기본 속성만 변경한 후 [OK] 버튼을 클릭해도 되며, 동기화 방법이나 코덱 등을 직접 설정하려면 왼쪽 아래에 있는 [Use Custom Settings] 버튼을 클릭하여 세부 속성을 변경할 수 있습니다.

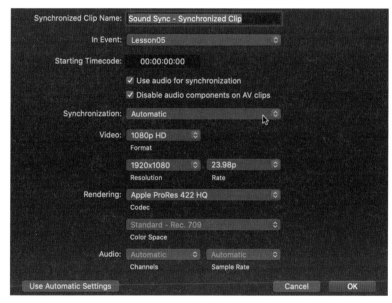

▲ 기본 속성 창과 세부 속성을 펼친 창

- **Synchronized Clip Name:** 동기화 후 만들어질 새 클립의 이름을 지정합니다.

- **In Event:** 클립이 저장될 이벤트를 선택합니다.

- **Starting Timecode:** 동기화할 클립의 타임코드 첫 시작점을 지정합니다.

- **Use audio for synchronization:** 체크하면 오디오 파형 데이터를 참고하여 클립을 동기화합니다.

- **Disable audio components on AV clips:** 체크하면 비디오와 오디오가 함께 녹음된 클립의 오디오를 비활성화하고, 고품질의 오디오를 사용합니다.

- **Synchronization:** 다음과 같은 방법 중 클립 동기화 방법을 선택합니다.

기능	설명
Automatic	자동으로 동기화
Timecode	타임코드를 사용해서 동기화
Content Created	캠코더 또는 비디오 녹화 장치에서 기록된 날짜나 시간 정보를 사용하여 동기화, 초 단위로 클립을 조정 가능
Start of First Clip	각 클립의 첫 번째 프레임을 기준으로 동기화
First Marker on the Clip	각 클립의 첫 번째 마커를 기준으로 동기화

- **Rendering:** 사용할 코덱을 선택합니다.

동기화를 진행하면 브라우저에 지정한 이름으로 새로운 클립이 생성됩니다. 동기화된 클립을 타임라인으로 드래그해서 배치한 후 영상을 재생해 보세요. 촬영된 비디오에 깨끗한 음질의 오디오가 잘 맞춰졌지요? 싱크가 잘 맞지 않아서 수정해야 한다면 툴 박스에서 [Select] 툴을 선택하고 타임라인에서 동기화된 클립을 더블 클릭한 후 오디오 클립 위치를 수동으로 조절할 수 있습니다.

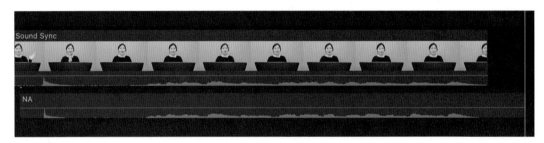

▲ 동기화된 클립을 더블 클릭한 후 오디오 클립의 위치를 조절할 수 있습니다.

Lesson 06 | 오디오만 따로 편집하기

Final Cut Pro X에서는 기본적으로 비디오와 오디오가 하나의 클립으로 합쳐져 함께 이동합니다. 싱크를 유지하기 쉽다는 장점이 있지만, 오디오만 따로 편집할 때 다소 불편하다는 단점도 있습니다. 하나의 클립에서 오디오만 따로 편집하거나 오디오와 비디오를 완전히 분리하는 방법을 알아보겠습니다.

오디오 확장하기

컷 편집을 한 후 재생해 보면 편집 점(Edit Point)에서 마치 전기가 오르는 것처럼 탁탁 튀는 소리가 날 수 있습니다. 맞닿은 컷의 오디오 레벨이 다르기 때문이지요. 이럴 때는 오디오 확장(Expand Audio) 기능을 실행한 후 클립 끝의 오디오를 살짝 늘려 페이드 인/아웃 효과를 적용함으로써 소리를 한층 부드럽게 연결할 수 있습니다.

[Chapter05] 라이브러리에서 [Lesson06] 이벤트의 [Expand Audio] 프로젝트 더블 클릭해서 열어 보세요. 타임라인에 배치되어 있는 3개의 클립 중 [Pouch_03] 클립의 오디오 파형을 자세히 살펴보면 앞부분이 약간 비어 있는 것을 확인할 수 있습니다. 영상을 재생해 보면 역시나 [Pouch_02] 클립에서 [Pouch_03] 클립으로 넘어갈 때 튀는 소리가 들릴 겁니다. 사소할 수 있지만 이런 부분을 매끄럽게 다듬어야 시청자가 불편함 없이 영상을 볼 수 있습니다.

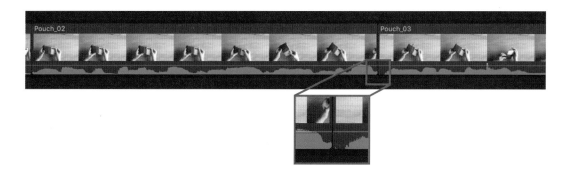

오디오 확장 실행하기: [Pouch_02] 클립에서 오디오 파형을 더블 클릭하거나 [보조 클릭]([control] + 클릭)한 후 [Expand Audio]를 선택합니다(단축키 [control] + [S]). 하나였던 클립이 비디오와 오디오 클립으로 확장되어 표시됩니다. [Pouch_02] 오디오 클립에서 테일을 1프레임 정도 오른쪽으로 드래그해서 늘리고 다시 영상을 재생해 보세요. 이어지는 컷과 파형이 자연스럽게 연결되어 튀는 소리가 들리지 않습니다.

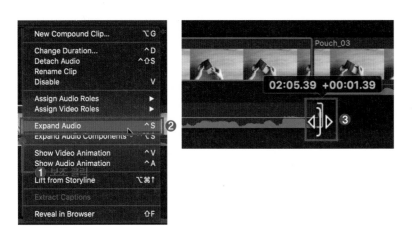

만약 오디오 클립 부분을 늘려도 소리가 매끄럽게 이어지지 않는다면 오디오 클립의 오른쪽 끝에서 페이드(Fade) 핸들을 안쪽으로 드래그해서 소리가 자연스럽게 줄어들도록 조정합니다. 페이드 핸들 설명은 278쪽을 참고하세요.

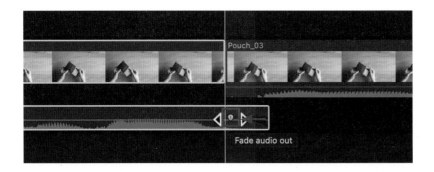

오디오 확장 되돌리기: 이러한 오디오 확장(Expand Audio) 기능은 단순하게 오디오 클립을 확장해서 보여 주는 것이지 완벽하게 분리된 것은 아닙니다. 그러므로 언제든 확장된 오디오 클립을 더블 클릭하거나 단축키 [control] + [S]를 눌러 하나의 클립으로 합칠 수 있습니다.

오디오 레인 보기

타임라인에 여러 개의 클립이 배치되어 있고, 클립 간 섬세한 오디오 작업이 필요하다면 오디오 레인 (Audio Lanes) 보기 기능을 실행하여 타임라인에 있는 모든 클립의 비디오와 오디오를 일괄 확장한 후 작업하는 것이 좋습니다.

오디오 레인 보기 실행하기: 타임라인 왼쪽 위에 있는 [Index] 버튼을 클릭해서 Timeline Index 패널을 열고(단축키 shift + command + 2), [Roles] 탭을 클릭한 후 [Dialogue] 항목에서 첫 번째에 있는 [Show or collapse this lane in the timeline] 아이콘을 클릭해 보세요. 타임라인에 있는 모든 클립의 비디오와 오디오가 확장됩니다. 메뉴 바에서 [View − Show Audio Lanes]를 선택해도 됩니다.

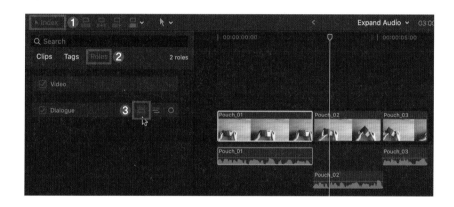

오디오 완전 분리하기

오디오와 비디오를 따로 써야 할 상황에서는 오디오 확장 기능을 사용하는 것보다는 오디오를 완전히 분리해서 작업하는 것이 좋습니다.

오디오 분리 실행하기: [Chapter05] 라이브러리에서 [Lesson06] 이벤트의 [Detach Audio] 프로젝트 더블 클릭해서 열고 타임라인에서 [Watch strap] 클립을 [보조 클릭](control + 클릭)한 후 [Detach Audio]를 선택하거나 메뉴 바에서 [Clip − Detach Audio]를 선택합니다(단축키 command + shift + S).

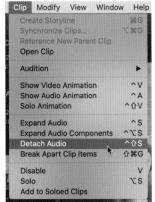

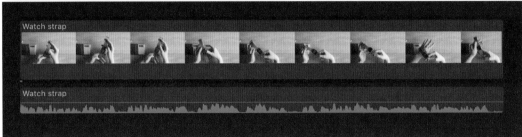

▲ 완벽하게 분리된 비디오와 오디오

Detach Audio 기능은 오디오와 비디오를 완전히 분리하는 것이므로 오디오 클립만 선택해서 자를 수 있고, 드래그해서 위치를 조절할 수도 있습니다.

▲ 분리한 오디오 클립을 자유롭게 편집할 수 있습니다.

한 걸음 더 분리한 클립을 다시 합치고 싶다면?

Detach Audio 기능으로 완전히 분리한 클립은 오디오 확장(Expand Audio)처럼 다시 합칠 수 없습니다. 그러므로 합쳐진 클립을 사용하고 싶다면 새 컴파운드 클립을 만들거나, 브라우저에서 원본 클립을 다시 배치하는 방법 밖에 없습니다.

분리한 클립을 [보조 클릭](control + 클릭)한 후 [Reveal in Browser]를 선택하면, 타임라인에 있는 클립이 원본 클립에서 어느 부분인지 브라우저에서 노란 영역으로 구분됩니다. 해당 범위를 타임라인으로 드래그해서 재배치하면 됩니다.

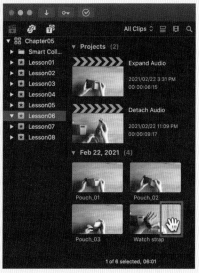

예제 파일 [Chapter05] 라이브러리 > [Lesson07] 이벤트

Lesson 07 | 재미있는 오디오 효과 활용하기

Final Cut Pro X에서 제공하는 기본 오디오 효과를 활용하면 간단하게 괴물 목소리, 헬륨 풍선 마신 목소리 등으로 음성을 변조하거나 배경음악을 더욱 풍성하게 활용할 수 있습니다. 오디오 효과를 잘 활용하여 더욱 재미있는 영상 콘텐츠를 만들어 보세요.

오디오 효과로 음성 변조하기

음의 높낮이를 피치(Pitch)라고 합니다. 오디오 피치가 낮으면 느릿느릿한 저음의 괴물 같은 소리를 낼수 있고, 피치를 높이면 헬륨 풍선을 마신 것 같은 소리를 낼 수 있습니다. [Chapter05] 라이브러리를 실행한 후 [Lesson07] 이벤트의 [Monstor] 프로젝트를 더블 클릭해서 열고 재생해 보세요. 멀쩡한 소리를 확인할 수 있죠? 이제 이 목소리에 효과를 적용해 보겠습니다.

괴물 목소리

먼저 괴물 목소리로 변경해 보겠습니다. 타임라인 오른쪽 위에 있는 [Effect Browser] 아이콘을 클릭하거나 단축키 command + 5 를 눌러 이펙트 브라우저를 열고, 스크롤을 아래로 쭉 내려 [Audio 〉 Voice] 카테고리에 있는 [Monster] 효과를 찾아 타임라인의 클립으로 드래그해서 적용합니다.

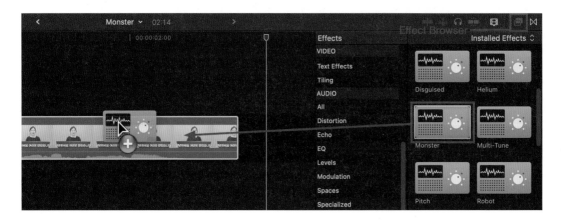

spacebar 를 눌러 영상을 재생해 보세요. 간단하게 괴물 목소리 변조가 완성되었습니다. 인스펙터에서 [Audio Inspector] 탭을 클릭한 후 [Monster] 옵션의 [Amount] 속성 값을 높이거나 [AUPitch] 속성에 있는 [음향 믹서] 아이콘을 클릭해서 음향 믹서가 표시되면 [Pitch] 속성 값을 더 낮은 음정으로 변조해서 결과를 확인해 보세요.

━ 음향 믹서

헬륨 풍선 마신 목소리

헬륨 풍선을 마신 듯한 우스꽝스러운 소리로 변경할 수도 있습니다. 우선 앞서 적용한 효과를 삭제하기 위해 [Audio Inspector] 탭에서 [Monster] 옵션을 클릭한 후 backspace 를 눌러 삭제하고, 이펙트 브라우저에서 [Audio 〉 Voice] 카테고리에 있는 [Helium] 효과를 찾아 타임라인에 있는 클립으로 드래그해서 적용합니다.

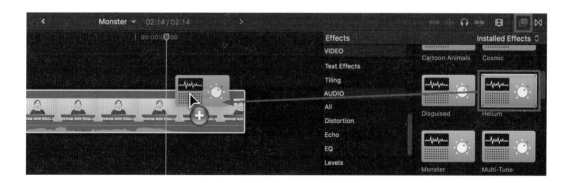

spacebar 를 눌러 영상을 재생해 보세요. 헬륨 가스를 마신 듯한 음성으로 변환되었습니다. [Audio Inspector] 탭에서 [Helium] 옵션의 [Amount] 속성 값을 높이면 더 높은 음정으로 변조되며, [Fat EQ] 와 [Pitch Shifter] 속성에 있는 [음향 믹서] 아이콘을 클릭하여 더욱 섬세하게 조절할 수 있습니다.

라디오 같은 배경음악 만들기

빈티지한 감성의 분위기를 연출할 때는 라디오에서 흘러나오는 듯한 배경음악을 사용하면 더없이 좋 겠죠? Final Cut Pro X에서 제공하는 오디오 클립과 오디오 효과를 활용하여 간단하게 만들 수 있습 니다. [Chapter05] 라이브러리에서 [Lesson07] 이벤트의 [Radio] 프로젝트 더블 클릭해서 열고 실습 해 보세요.

01 **배경음악 배치** 사이드바의 [Photos & Audio sidebar] 탭에서 [Sound Effects] 카테고리에 있는 [Swing City Short] 오디오 클립을 찾아 타임라인으로 드래그해서 배치합니다. [Swing City Short] 오디오 클립은 [Effects 〉 iLife Sound Effects 〉 Jingles] 폴더에 있습니다.

02 **오디오 효과 적용** spacebar 를 눌러 재생해 보면 경쾌한 배경음악을 확인할 수 있습니다. 여기에 라디오 느낌을 추가하기 위해 이펙트 브라우저에서 [AUDIO 〉 Distortion] 카테고리에 있는 [Vintage Radios] 효과를 찾아 타임라인의 배경음악 클립으로 드래그하여 적용합니다.

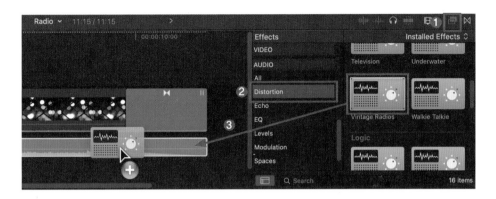

03 **속성 변경** 다시 spacebar 를 눌러 재생해 보세요. 오래된 라디오에서 흘러나오는 것처럼 바뀐 배경음악을 확인할 수 있습니다. [Audio Inspector] 탭에서 [Vintage Radios] 옵션에 있는 [Preset] 속성 값을 변경하면서 결과를 확인해 보세요. 속성 값에 따라 각기 다른 느낌을 표현할 수 있습니다.

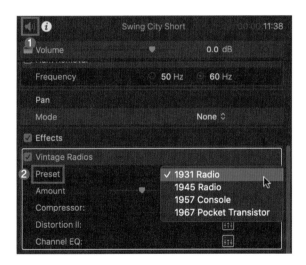

Sera의 Tip & Tech

Audio Enhancements로 오디오 문제 해결하기

Final Cut Pro X에는 오디오 클립을 분석하고 문제가 되는 부분을 손쉽게 향상시킬 수 있습니다. 문제가 있는 클립을 선택하고 뷰어에서 왼쪽 아래에 있는 마술봉 모양의 아이콘을 클릭한 후 [Auto Enhance Audio]를 선택하면 자동으로 오디오 클립이 개선됩니다(단축키 option + command + A).

[Audio Inspector] 탭에서 [Audio Enhancements] 옵션의 속성을 확인해 보세요.

- **Equalization:** 사운드 이퀄라이즈를 사용할 수 있습니다. 오른쪽에 있는 아이콘을 클릭하면 좀 더 세부적으로 조절할 수 있습니다.

- **Audio Analysis:** 오디오를 분석합니다. 마술봉 모양 아이콘을 클릭했을 때 초록색 체크 아이콘이 나타나면 문제 없음을, 노란색 경고 아이콘이 나타나면 문제 해결이 필요하다는 의미입니다.

특정 오디오만 듣기

오디오 클립이 여러 개 겹쳐진 상황에서 필요한 오디오 클립만 모니터링할 때는 오디오 솔로(Solo) 기능을 사용합니다. 타임라인에서 듣고 싶은 클립을 선택한 후 타임라인 오른쪽 위에 있는 헤드폰 모양의 [Solo] 아이콘을 클릭해 보세요. 나머지 클립이 모두 회색으로 변합니다. spacebar 를 눌러 재생해 보면 비디오는 그대로 재생되지만 오디오는 파란색으로 활성화된 클립에서만 들립니다. 다시 [Solo] 아이콘을 클릭하면 모든 오디오를 들을 수 있습니다.

이러한 솔로 기능은 내레이션, 효과음, 엠비언스(Ambiance), 배경음악 등 여러 종류의 오디오가 섞였을 때 더욱 빛을 발합니다.

CHAPTER 6

- - - - - - - -

색 보정으로 영화 같은
영상미 표현하기

스산한 분위기의 영화를 떠올려 보세요. 전체적으로 어둑어둑하고 파르스름한 톤을 가지고 있어 무섭고 비정한 느낌이 듭니다. 반대로 사랑스러운 영화를 떠올려 보세요. 화사한 오렌지색이나 핑크색 톤의 밝은 영상은 보기만 해도 긍정적인 기운이 나는 듯하지요? 이처럼 색은 영상의 분위기를 결정하는 중요한 역할을 합니다. Final Cut Pro X에서 제공하는 색 보정 도구를 이용하여 촬영한 영상의 색을 보정하고, 특정한 색감을 더해 영상의 분위기를 더하는 방법을 배워 보겠습니다.

Lesson 01 | 색은 어떤 요소들로 이루어져 있을까요?

사과는 왜 빨간색으로 보이고, 바나나는 왜 노란색으로 보이는 걸까요? 우리 눈에 보이는 색은 피사체에서 흡수하고 남은, 반사된 색입니다. 즉, 사과는 빨간색을 반사하고, 바나나는 노란색을 반사한 것이지요. 본격적인 색 보정을 시작하기 전에 이러한 색에 대한 기본 지식을 살펴보겠습니다.

빛의 삼원색 vs. 색의 삼원색

학창 시절 투명한 프리즘으로 무지개를 만들어 본 경험을 떠올려 보세요. 햇살이 잘 드는 곳에 프리즘을 놓으면 어떤 색들이 보였나요? 빨간색부터 보라색까지 흔히 말하는 무지개 색이 보였죠? 이처럼 백색광인 태양광을 색상 띠로 나타낸 것을 태양 스펙트럼이라고 합니다.

빛의 삼원색: 태양 스펙트럼을 이루는 색 중에 Red, Green, Blue를 빛의 삼원색(RGB)이라고 부르며, 빛의 삼원색을 같은 농도로 섞으면 흰색이 됩니다.

색의 삼원색: 이상하지 않나요? 학창 시절 물감을 섞으면 검은색이 됐는데, 왜 색을 다 섞으면 하얀색이 되는 걸까요? 태양 스펙트럼을 이루는 7가지 색 중 Cyan, Magenta, Yellow를 색의 삼원색이라고 하며, 같은 농도로 섞으면 모든 빛을 흡수하여 검은색(Black)이 됩니다.

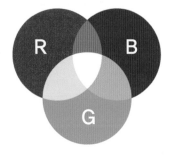

RED, GREEN, BLUE

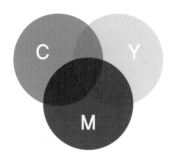

CYAN, MAGENTA, YELLOW, BLACK

즉, 빛의 삼원색은 섞을수록 흰색에 가까워지고, 색의 삼원색을 섞을수록 검은색에 가까워집니다. 이러한 색과 빛의 삼원색은 그래픽 작업을 할 때 중요한 선택 옵션입니다. 포토샵과 같은 그래픽 프로그램을 사용할 때 모드를 RGB와 CMYK 중에 선택하는데, 인쇄용 작업을 하려면 CMYK를, 모니터로 출력하는 작업을 하려면 RGB를 선택합니다.

깨알Tip CMYK는 색의 삼원색(Cyan, Magenta, Yellow)에 검은색(Black)을 포함한 표현 방식으로, 인쇄를 할 때 검은색을 확실한 검은색으로 표현하기 위해 색의 삼원색을 섞어서 사용하지 않고 별도의 검은색을 사용하기 때문입니다.

보색 관계: 빛의 삼원색을 모두 더하면 흰색이 된다고 했죠? 이와 유사하게 어떤 두 가지 색을 더했을 때 흰색이 되는 색 조합이 있습니다. 이러한 색 조합을 '보색'이라고 하며 R, G, B의 보색은 C, M, Y입니다. 보색의 개념은 색을 더하거나 빼는 보정 작업을 할 때 꽤나 중요하니 기본 개념을 기억해 두세요.

색을 표현하는 속성

색의 3요소

색을 표현하거나 보정할 때 대표적으로 다음과 같이 3가지 요소를 가지고 이야기합니다.

- **색상:** 색상(Hue)은 색의 종류를 말합니다. 쉽게 말하면 색깔입니다.

- **명도:** 명도(Value, Brightness, Lightness) 혹은, 휘도(Luminance)는 밝기를 표현하는 말입니다. 명도나 휘도가 높으면 색이 밝고 흰색에 가까워집니다. 반대로 명도나 휘도가 낮으면 색이 어두우며 검은색에 가까워집니다.

- **채도:** 색의 선명도를 말합니다. 채도가 높으면 흔히 '쨍하다'라고 표현하는 생생한 색이 나오고, 채도가 낮으면 흐리고 칙칙해 보이며, 건조해 보일 수 있습니다.

색온도

빛의 색을 온도로 표현한 것을 색온도라고 하며, 절대 온도인 켈빈(K, Kelvin)을 단위로 사용합니다. 촛불과 같이 색온도가 낮으면 붉은 빛이고, 한낮의 하늘색처럼 색온도가 높으면 푸른 빛을 띱니다.

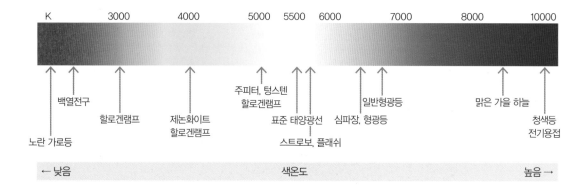

화이트 밸런스

우리 눈은 주변의 영향을 받아 상대적으로 하얀색을 인식합니다. 카메라 역시 수시로 변하는 주변의 색온도를 측정하는 기능이 있지만, 사람 눈에 비해 완벽하지 않습니다. 결국 카메라에서 측정한 색온도와 실제 색온도가 다르면 눈으로 보는 것과 다른 색이 표현됩니다. 예를 들어 새벽이나 비가 오는 날은 색온도가 대낮보다 높은데, 카메라에서 제대로 인식하지 못하고 기본 설정으로 촬영했다면 실제보다 더 푸르스름하게 찍히는 것이지요.

이처럼 색온도가 다를 때 가장 차이가 큰 색상이 바로 흰색입니다. 그러므로 카메라로 촬영할 때 흰색을 흰색처럼 보이게 하는 화이트 밸런스를 먼저 설정해야 합니다. 즉, 화이트 밸런스 설정으로 절대적인 흰색을 지정함으로써 카메라에서 인식한 색온도를 보정하면 우리가 눈으로 보는 것과 최대한 비슷한 색감을 얻을 수 있습니다.

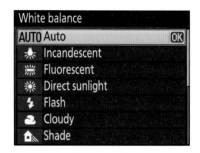

▲ 카메라의 화이트 밸런스 설정 기능

Lesson 02 | 촬영한 영상의 색 보정하기

색 보정의 가장 기본은 영상에서 색 균형을 맞추는 일입니다. 노출과 대비, 화이트 밸런스 등을 맞추거나 색감이 다른 두 컷의 색감을 맞추는 등 색 균형을 맞추는 방법에 대해 알아보겠습니다.

클릭 한 번으로 자동 색 보정하기

Final Cut Pro X의 자동 기능을 이용해 클릭 한 번으로 빠르게 색을 보정할 수 있습니다.

자동 색 균형

[Chapter06] 라이브러리를 더블 클릭해서 실행한 후 [Lesson02] 이벤트의 [Color Balance_01] 프로젝트를 더블 클릭해서 열고 spacebar 를 눌러 영상을 재생해 보세요. 전반적으로 밝게 촬영된 것 같죠?

▲ 팝업 메뉴 중 위쪽 3개는 비디오 보정, 아래 2개는 오디오 보정에 사용합니다.

자동으로 색 균형을 맞추기 위해 타임라인에서 보정할 클립을 선택하고 뷰어에서 왼쪽 아래에 있는 마술봉 모양의 아이콘을 클릭한 후 [Balance Color]를 선택합니다(단축키 [option] + [command] + [B]). 상단 메뉴 바에서 [Modify – Balance Color]를 선택해도 됩니다.

잠시 기다리면 색 균형 보정이 진행되고, 인스펙터의 [Video Inspector] 탭에서 [Effects] 옵션에 [Balance Color] 속성이 추가됩니다. 속성명 왼쪽에 있는 체크 박스를 클릭하면서 뷰어를 통해 적용 전후 결과를 비교해 보세요. 대비(Contrast)가 높아지면서 지나치게 밝은 느낌이 보정된 것을 확인할 수 있습니다. 이처럼 Balace Color 기능은 비디오 이미지를 분석하여 밝기, 대비, 화이트 밸런스를 자동으로 조절해 줍니다.

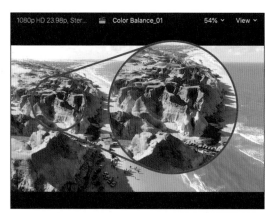

▲ 자동 색 균형 보정 전후 비교

두 컷의 색상 톤 통일

[Chapter06] 라이브러리에서 [Lesson02] 이벤트의 [Color Balance_02] 프로젝트를 더블 클릭해서 열어 보세요. 타임라인에 배치된 클립들의 색감이 제각각입니다. 이럴 때 Match Color 기능을 사용하면 클립 간 색상 톤을 유사하게 맞출 수 있습니다.

01 **Match Color 실행** [City_02] 클립을 기준으로 [City_01] 클립의 색상 톤을 변경하기 위해 [City_01] 클립을 선택합니다. 뷰어에서 마술봉 모양 아이콘을 클릭한 후 [Match Color]를 선택합니다

(단축키 option + command + M). 상단 메뉴 바에서 [Modify - Match Color]를 선택해도 됩니다.

02 **기준 색상 톤 선택하기** Match Color가 실행되면 뷰어가 2분할되면서 [City_01] 클립이 오른쪽에 표시됩니다. 이제 타임라인에서 마우스 커서를 좌우로 움직이면서 기준이 될 화면을 찾아 클릭합니다. 클릭한 위치가 뷰어 왼쪽에 표시되고, 오른쪽 화면의 색감이 보정됩니다. 보정된 색감이 마음에 든다면 그대로 [Apply Match] 버튼을 클릭합니다.

깨알Tip Match Color 기능으로 보정한 후 좀 더 보완하고 싶다면 이후 309쪽에서 소개하는 [Color Inspector] 탭을 이용하고, 클립 간 정확한 색상 비교는 332쪽에서 소개하는 벡터스코프를 이용합니다.

수동으로 화이트 밸런스 맞추기

Balance Color 기능 등을 이용하여 자동으로 색을 보정하면 편리하지만 완벽하게 만족스럽지 않을 수 있습니다. 이럴 때는 수동으로 화이트 밸런스를 조절하여 색 균형을 맞춰 보세요. [Chapter06] 라이브러리에서 [Lesson02] 이벤트의 [Color Balance_01] 프로젝트를 더블 클릭해서 다시 열고 [Video Inspector] 탭을 확인해 보세요.

Balance Color 기능을 적용했으므로 [Balance Color] 속성이 추가되어 있고, [Method] 값이 [Automatic]으로 지정되어 있습니다. [Method] 값을 [White Balance]로 변경해 주세요. [Balance Color] 속성이 보이지 않는다면 305쪽을 참고해서 Balance Color 기능을 실행해 보세요.

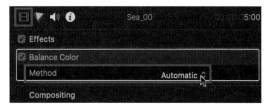 

뷰어로 마우스 커서를 옮겨서 스포이드 모양이 나타나면 영상에서 실제 흰색이지만 다른 색으로 잘못 표현된 부분을 클릭하거나 드래그해서 지정합니다. 지정한 영역이 흰색으로 변하면서 전체적으로 색이 보정됩니다.

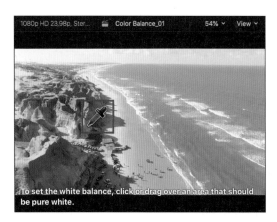 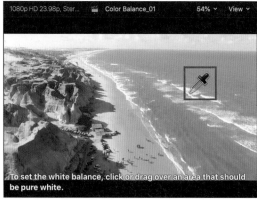

Lesson 03 | 인스펙터에서 색상 보정하기

Final Cut Pro X에서 제공하는 직관적이고 강력한 색 보정 도구는 인스펙터의 [Color Inspector] 탭에서 확인할 수 있습니다. 각 도구의 특성을 살펴보고 대략적인 사용법을 익혀 보세요.

4가지 색상 보정 모드 살펴보기

뷰어에서 왼쪽 아래에 있는 마술봉 아이콘을 클릭한 후 [Show Color Inspector]를 선택하거나 인스펙터에서 삼각형 모양 아이콘을 클릭하면 [Color Inspector] 탭이 열립니다(단축키 command + 6).
[Color Inspector] 탭에는 4가지 모드가 있는데 특별히 어떤 모드를 사용해야 한다는 법칙은 없습니다. 그러므로 다양한 방법으로 색을 보정해 보고 사용하기 가장 편리한 도구를 사용하면 됩니다. 여러 모드를 혼용해서 섬세한 작업을 할 수도 있습니다.

Color Board 모드

[Color Inspector] 탭을 열면 기본 값으로 Color Board 모드의 옵션들이 표시되며, 색상을 결정하는 [Color] 탭, 채도를 결정하는 [Saturation] 탭, 노출을 결정하는 [Exposure] 탭이 있습니다.

▲ [Color Inspector] 탭의 Color Board 모드

 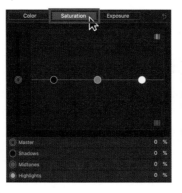 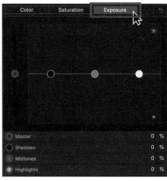

▲ [Color Board] 항목의 각 탭과 조절 핸들

각 탭에는 4개의 원형 조절 핸들이 있으며, 위로 드래그하면 값이 증가하고, 아래로 드래그하면 값이 줄
어듭니다. 핸들 중 2개의 원형이 겹쳐진 형태로 가장 왼쪽에 있는 Master 핸들은 전반적으로 색을 보정
할 수 있으나 가급적 다음과 같은 각 핸들의 기능을 파악한 후 영역별로 보정하는 것을 추천합니다.

- **Shadows 핸들:** 검은색 핸들로, 화면에서 가장 어두운 부분을 조절할 때 사용합니다.

- **Midtones 핸들:** 회색 핸들로, 화면의 중간 톤을 조절할 때 사용합니다. 인물의 피부색이 중간 톤에 속합
  니다.

- **Highlights 핸들:** 흰색 핸들로, 화면에서 가장 밝은 부분인 하이라이트 영역을 조절할 때 사용합니다.

Color Wheels 모드

[Color Inspector] 탭에서 모드를 변경할 때는 상단에 있는 [No Corrections] 부분을 클릭한 후 원하
는 모드를 선택해서 추가합니다. 우선 [Color Wheels]을 선택해 보세요.

▲ [Color Inspector] 탭의 선택 가능 모드

Color Wheels 모드에서는 MASTER, SHADOWS, MIDTONES, HIGHLIGHTS 색상 휠이 표시되
며, 각 색상 휠에 있는 조절 핸들을 이용하여 색상과 밝기, 채도, 색온도와 색감을 변경할 수 있습니다.

- **Saturation 핸들:** 휠 왼쪽에 있는 조절 핸들로 채도를 조절합니다.

- **Color 핸들:** 휠 중앙에 있는 핸들로 더하고 싶은 색상 방향으로 드래그하면 색감이 조금씩 바뀝니다.

- **Brightness 핸들:** 휠 오른쪽에 있는 핸들로 명도를 조절합니다.

Color Board 모드와 마찬가지로 MASTER 색상 휠을 이용하는 것보다는 각 영역에 맞는 색상 휠을 조정하는 것이 좋습니다. 또한 색상 휠 아래에 있는 [Temperature] 옵션을 이용해 색온도를 조절할 수 있고, [Tint]나 [Hue] 옵션을 이용해 색감을 변경할 수도 있습니다.

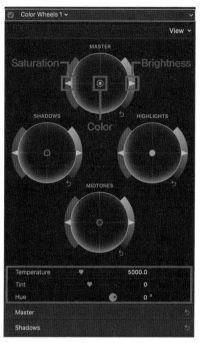

▲ [Color Inspector] 탭의 Color Wheels 모드

Color Curves 모드

[Color Inspector] 탭의 Color Curves 모드에서는 LUMA(휘도) 채널을 포함해 RED, GREEN, BLUE 채널별 커브를 조정하여 색을 보정합니다. 포토샵 같은 그래픽 프로그램을 사용한 경험이 있다면 커브를 이용한 색 보정이 익숙할 것입니다.

Color Curves 모드에서 왼쪽 끝에 있는 것은 Shadows 핸들이고, 오른쪽 끝에 있는 것은 Highlights 핸들이며, 대각선에서 원하는 지점을 클릭하여 조절 핸들을 추가할 수 있습니다. 다른 모드와 달리 조절 핸들을 자유롭게 추가할 수 있으므로 좀 더 섬세하게 보정할 수 있다는 장점이 있습니다.

깨알Tip 색상 채널 오른쪽에 있는 [스포이드] 아이콘을 클릭하고 뷰어에서 보정할 색상을 클릭하면 해당 색상 커브로 변경됩니다.

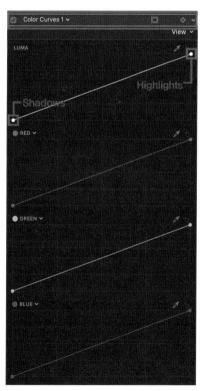

▲ [Color Inspector] 탭의 Color Curves 모드

Hue/Saturation Curves 모드

[Color Inspector] 탭의 Hue/Saturation Curves 모드에서는 스 포이드로 지정한 특정 색상이나 Luma 값을 기준으로 색상, 채도, 밝기를 수정합니다. Hue/Saturation Curves 모드의 각 옵션에 있는 [스포이드] 아이콘을 클릭한 후 뷰어에서 지정할 색상을 클 릭하거나 옵션에 있는 무지개 빛 직선 위에서 직접 원하는 부분을 클릭하여 조절 핸들을 추가한 후 핸들을 드래그하여 값을 조절할 수 있습니다. 324쪽에서 구체적인 Hue/Saturation Curves 모드 활 용 방법을 참고하세요.

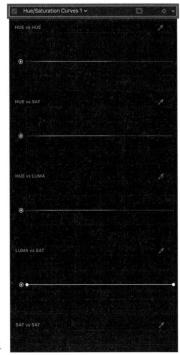

▶ [Color Inspector] 탭의 Hue/Saturation Curves 모드

Color Board 모드에서 밝기 조정하기

[Color Inspector] 탭의 Color Board 모드를 사용하려면 영상을 구성하고 있는 색을 어두운 톤 (Shadows), 중간 톤(Midtones), 밝은 톤(Highlights)으로 구분할 수 있어야 합니다

깨알Tip 애초에 너무 밝게 찍힌 영상은 색 정보가 손실되어 색을 보정하는 데 한계가 있습니다. 그러므로 촬영 시 밝은 부분이 하얗게 날아가지 않도록 주의해야 합니다.

[Chapter06] 라이브러리에서 [Lesson03] 이벤트의 [Exposure] 프로젝트를 더블 클릭해서 엽니다. spacebar 를 눌러 타임라인에 있는 [Sea_02] 클립을 재생해 보면 어두운 부분은 진녹색 나뭇잎 그림자 나, 파도의 음영진 곳, 중간 톤은 녹색의 나뭇잎이나 모래사장, 바다, 밝은 톤은 하늘이나 구름, 파도의 하얀 거품 정도로 구분할 수 있을 겁니다.

영상을 좀 더 화사한 느낌으로 연출하기 위해 [Color Inspector] 탭의 Color Board 모드에서 [Exposure] 탭을 클릭하고 Shadows 핸들은 살짝 아래로 내리고, Midtones 핸들은 위로 올려서 어 두운 부분은 살짝 더 어둡게, 중간 부분은 더 밝게 노출 값을 변경합니다.

깨알Tip 그래프 아래쪽에는 영역별 속성 값이 수치로 표현되므로 핸들을 조절하면서 수치 값을 확인합니다. 정확한 보정 값을 알고 있을 때는 직접 수치 값을 입력해도 됩니다.

보정 전후 결과를 확인해 보기 위해 인스펙터에서 [Video Inspector] 탭 또는 [Color Inspector] 탭에 있는 [Color Board]의 체크 박스를 클릭하면서 보정 전/후 결과를 비교해 봅니다. 보정 후 전반적으로 이미지가 화사해진 것을 느낄 수 있습니다.

▲ [Video Inspector] 탭의 [Color Board] 속성

▲ 보정 전(좌)과 후(우)

한 걸음 더 **비디오 스코프 이용하기**

색을 보정할 때 비디오 스코프(Video Scopes)를 이용하면 더욱 정확하게 작업할 수 있습니다. 뷰어에서 오른쪽 위에 있는 [View] 옵션을 클릭한 후 [Video Scopes]를 선택하면 뷰어 왼쪽에 비디오 스코프 패널이 열립니다(단축키 command + 7).

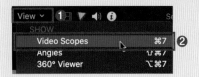

비디오 스코프에서 오른쪽 위에 있는 파형 모양 아이콘을 클릭해 보세요. 비디오 스코프의 표시 형식 등을 결정할 수 있는 메뉴들이 표시됩니다. 먼저 [Waveform]을 선택한 후 다시 파형 모양 아이콘을 클릭해 보면 기본 값으로 [Luma]가 선택되어 있으며, 영상의 Luma(휘도) 값을 Waveform(파형) 형태로 볼 수 있습니다. 타임라인에서 좌우로 스키밍하면서 비디오 스코프와 뷰어 화면을 확인해 보세요. 영상과 파형이 같은 형태로 움직이는 것을 알 수 있을 겁니다.

Waveform에서 Luma 값은 −20~120 범위에서 표현되며, 숫자가 높을수록 휘도가 높아 화면이 밝다는 의미입니다. 영상에서 구름이 가장 밝은 부분인 것처럼 비디오 스코프에서도 구름이 위치한 지점의 Luma 값이 높게 표현된 것을 확인할 수 있습니다. Luma 값이 0~100 범위에서 골고루 분포될 때 심하게 밝거나 심하게 어둡지 않은 영상이 됩니다. 그러므로 [Color Inspector] 탭에서 색을 보정할 때 Luma 값의 범위가 0~100 범위에 머무르도록 조정하는 것이 좋습니다.

Lesson 04 | 고혹적인 분위기의 흑백 영상 만들기

옛날 영화처럼 고혹적인 분위기를 연출하고 싶다면 흑백 영상만큼 효과적인 방법은 없을 것입니다. 인스펙터의 [Color Inspector] 탭에서 속성 값을 변경하는 방법과 기본 프리셋 효과를 이용하는 방법으로 흑백 영상을 만들어 보겠습니다.

속성 값 조절하여 흑백 영상 만들기

영상이나 이미지를 흑백으로 만들 때는 색의 3요소 중 채도를 최대로 낮추면 됩니다. [Chapter06] 라이브러리에서 [Lesson04] 이벤트에 있는 [Mono_01] 프로젝트를 더블 클릭해서 열고 Color Board 모드와 Color Wheels 모드에서 각각 채도를 조절해 보세요.

Color Board 모드에서 채도 조절

타임라인에서 [Book] 클립을 선택한 후 [Color Inspector] 탭에서 Color Board 모드의 [Saturation] 탭을 클릭합니다. 전체적인 채도를 낮출 것이므로 Master 핸들을 드래그해서 가장 아래로 옮기면 바로 흑백 영상이 완성됩니다.

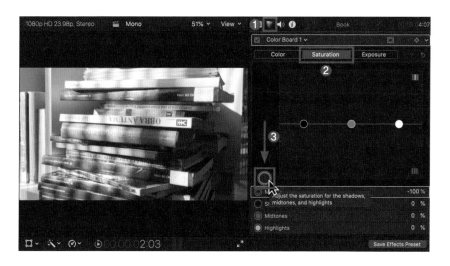

흑백 영상에 깊이감을 좀 더 표현하고 싶다면 [Exposure] 탭을 클릭한 후 Midtones 핸들을 살짝 올리고, Shadows 핸들을 살짝 낮춰 보세요. 흑백의 대비가 강해지면서 입체감 있는 영상이 만들어집니다.

Color Wheels 모드에서 채도 조절

이번에는 Color Wheels 모드에서 채도를 조절해 보겠습니다. 우선 [Video Inspector] 탭에서 앞서 적용한 [Color Board] 속성을 선택하고 backspace 를 눌러 삭제하여 영상을 원래대로 되돌립니다. 그런 다음 [Color Inspector] 탭에서 [Color Wheels]를 선택해서 Color Wheels 모드를 실행합니다.

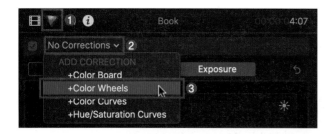

Color Wheels 모드에서는 영역별로 조절 핸들을 이용해 색상, 채도, 명도를 조정할 수 있다고 했죠? MASTER 휠에서 왼쪽에 있는 Saturation 핸들을 아래로 드래그하여 채도를 0으로 변경하면 흑백 영상이 됩니다. 마찬가지로 흑백 영상의 깊이감을 더하기 위해 MIDTONES 휠에서 오른쪽에 있는 Brightness 핸들을 살짝 위로 올려 중간 영역의 밝기를 올리고, SHADOWS 휠에서 Brightness 핸들을 살짝 아래로 내려서 어두운 영역을 조금 더 어둡게 조절합니다.

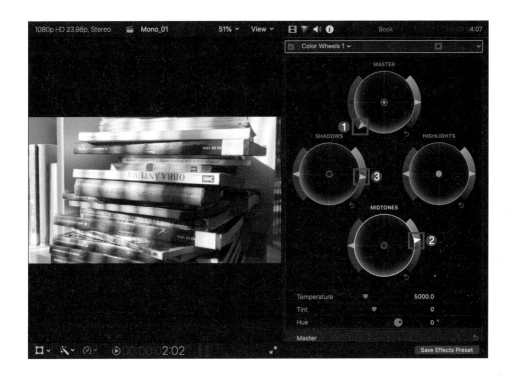

프리셋 효과로 흑백 영상 만들기

속성 값을 변경하지 않고 효과를 적용하여 간단하게 흑백 영상을 만들 수도 있습니다. [Lesson04] 이벤트의 [Mono_02] 프로젝트에서 더블 클릭해서 엽니다. 그런 다음 이펙트 브라우저를 열고 [Video 〉 Color] 카테고리에 있는 [Black & White] 효과를 찾아 타임라인의 [Book] 클립으로 드래그하여 적용합니다.

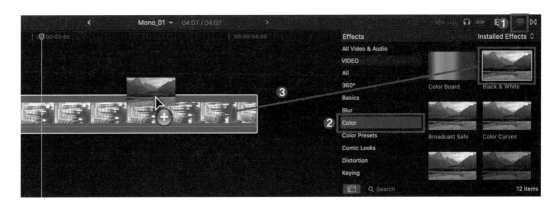

간단하게 흑백 영상이 완성되었죠? 인스펙터의 [Video Inspector] 탭을 보면 [Black & White] 속성이 추가되어 있습니다. [Black & White] 속성의 [Amount] 값이 100%에 가까울수록 완벽한 흑백 이미지가 되고, 0%에 가까울수록 원본 색에 가까워집니다. 또한 [Black & White] 속성의 [Color] 값을 펼친 후 [Red], [Green], [Blue] 슬라이드를 좌우로 드래그해 보세요. 왼쪽으로 조절하면 어두워지고, 오른쪽으로 조절하면 밝아지므로 적절하게 조절하여 화면의 대비를 높일 수 있습니다.

흑백 영상을 만드는 여러 방법 중 어느 방법이 더 편리한가요? 과정은 다르지만 그 결과물은 비슷할 겁니다. 영상 편집에는 정답이 없으니 직접 실행해 보고 편한 방법을 이용하면 됩니다.

Lesson 05 | 감성 브이로그 스타일 색 보정하기

차분한 분위기의 브이로그나 여행 관련 콘텐츠에서는 부드럽고 차분한 느낌을 표현할 수 있도록 색을 보정하는 것이 좋습니다. 감성 브이로그 스타일의 색 보정 방법을 알아보겠습니다.

Color Board 모드에서 보정하기

[Chapter06] 라이브러리에서 [Lesson05] 이벤트의 [Cook] 프로젝트를 더블 클릭해서 엽니다. 노출, 채도, 색감을 조절해서 브이로그 느낌의 영상을 만들어 보겠습니다.

01 **노출 조절** [Color Inspector] 탭에서 Color Board 모드의 [Exposure] 탭을 클릭합니다. Shadows 핸들은 올리고(Shadows: 15%), Highlights 핸들은 약간 내려서(Highlights: −5%) 어두운 영역의 노출을 올리고, 밝은 영역의 노출을 낮추면 영상의 명암비가 낮아지면서 부드러운 느낌이 표현됩니다.

깨알Tip 노출 값을 너무 과하게 높이면 화면이 뿌옇게 보여 답답한 느낌이 날 수 있습니다.

02 채도 조절 이번에는 [Saturation] 탭을 클릭하고 Midtones 핸들을 아래로 내려 [Midtones: −35%] 정도로 적용합니다. 중간 톤의 채도가 낮아지면서 색감이 한층 더 차분해집니다.

03 색감 조절 음식에 초록빛이 돌면 맛이 없어 보입니다. 그러므로 초록빛을 줄이기 위해 [Color] 탭을 클릭한 후 Midtones 핸들을 초록색 영역에서 흰색 실선보다 살짝 아래로 옮기면 붉은 빛이 도는 따뜻한 느낌의 감성적인 영상이 완성됩니다.

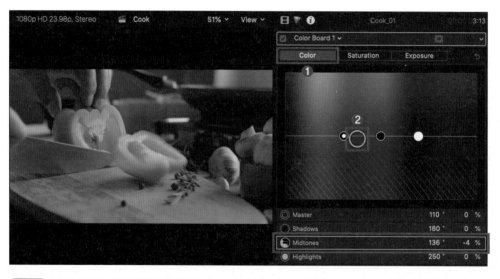

깨알Tip 흰색 실선을 기준으로 위로 옮기면 값이 커지고, 아래로 옮기면 낮아집니다. 그러므로 초록색 영역에서 흰색 실선 아래로 옮기면 초록빛이 줄어듭니다.

밝기와 색감 조절하여 브이로그 영상 만들기

Color Wheels 모드와 Color Curves 모드를 조합하여 브이로그 느낌의 감성적인 영상을 만들 수도 있습니다. [Lesson05] 이벤트의 [Drip Coffee] 프로젝트를 더블 클릭해서 열고 실습해 보세요.

Color Curves 모드에서 밝기 조절

타임라인에서 [Drip Coffee] 클립을 선택하고 인스펙터의 [Color Inspector] 탭에서 [No Correction]을 클릭한 후 [Color Curves]를 선택합니다. 영상에서 전체적인 밝기를 조절하기 위해 LUMA 채널의 왼쪽 끝에 있는 Shadows 핸들을 살짝 위로 옮기고, 오른쪽 끝에 있는 Highlights 핸들을 살짝 아래로 내립니다. 어두운 곳은 살짝 밝아지고, 밝은 곳은 살짝 어두워져서 전체적인 대비(Contrast)가 낮아져 영상이 부드러워집니다.

차가운 느낌 추가: 부드러워진 영상에 차가운 느낌을 추가하고 싶다면 BLUE 채널을 이용합니다. BLUE 채널에서 Shadows 핸들을 약간 위로 옮깁니다. 영상 전체적으로 심하게 푸른빛이 더해졌다고 생각되면 Shadows 핸들의 오른쪽을 클릭하여 Midtones 핸들을 추가한 후 미세하게 아래로 옮겨 보세요. 어두운 부분에만 파르스름한 느낌이 더해지고, 중간 영역에서는 푸른빛이 빠집니다.

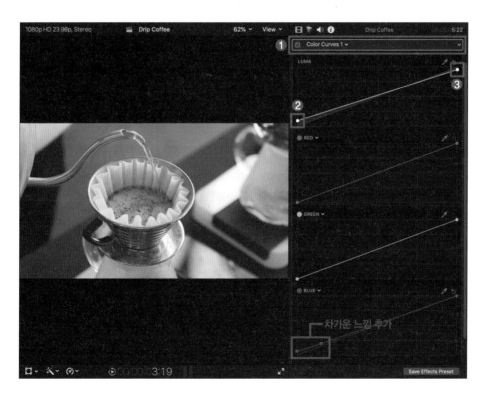

따뜻한 느낌 추가: 반대로 영상에 따스한 느낌을 추가하고 싶다면 RED 채널에서 Shadows와 Highlights 핸들을 아주 조금씩 위로 옮겨서 전체적으로 붉은 느낌을 추가합니다. 온화하고 여유로운 느낌의 영상이 완성되었지요?

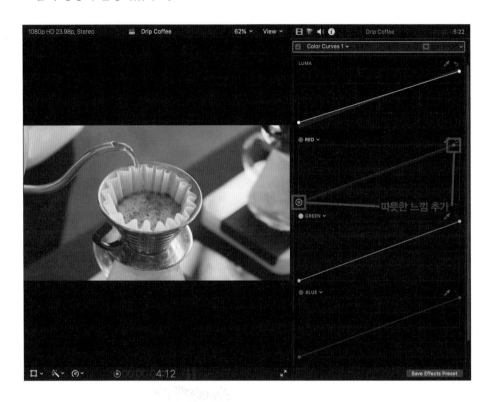

Color Wheels 모드에서 색감 조절하기

영상의 밝기를 수정해 이미지를 부드럽게 만드는 것까지는 손쉽게 했으나 색감을 조절하는 부분에서는 도통 자신이 없다면 이 부분을 집중해 주세요. 지금부터 손쉬운 색 보정 방법을 알려 드립니다. [Color Inspector] 탭에서 Color Wheels 모드를 추가하세요. Color Wheels 모드가 시작되면 MIDTONES 휠 아래쪽으로 [Temperature], [Tint], [Hue] 옵션이 있습니다. 이 중에서 [Temperature] 옵션은 색온도를 조절하는 것으로 옵션 값을 낮추면 파란색, 높이면 붉은색으로 변합니다.

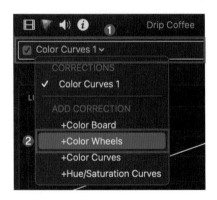

▲ 색온도에 따른 색감 변화

색온도를 조절한 후에는 [Tint] 옵션에서 색조를 조절합니다. 슬라이더를 오른쪽으로 드래그하면 마젠타, 왼쪽으로 드래그하면 녹색이 추가됩니다. 마지막으로 [Hue] 옵션에서는 조그를 돌려 색상을 바꿀 수 있습니다. 하지만 색이 왜곡될 우려가 있으므로 가급적 [Temperature]와 [Tint] 옵션을 조금씩 조절하면서 브이로그 느낌의 감성적인 영상을 완성합니다.

Lesson 06 | 특정 색상만 지정해서 보정하기

빨간색을 초록색으로 바꾸는 것처럼 특정 색상을 지정해서 다른 색으로 보정하거나, 특정 색을 제외한 나머지 색을 모두 흑백으로 표현하여 강조하는 방법을 알아보겠습니다.

지정한 색을 다른 색으로 바꾸기

빨간색 사과를 초록색으로 변경해 보겠습니다. [Chapter06] 라이브러리에서 [Lesson06] 이벤트의 [Apple] 프로젝트 더블 클릭해서 열면 먹음직스러운 빨간색 사과가 보입니다. 타임라인에서 [Apple] 클립을 선택하고 인스펙터의 [Color Inspector] 탭에서 Hue/Saturation Curves 모드를 실행하세요. Hue/Saturation Curves 모드는 특정 색을 지정하여 색상, 채도, 밝기를 조정하는 도구라고 했죠? 사과의 빨간색을 초록색으로 바꿀 것이므로 [HUE vs HUE]에 있는 [스포이드] 아이콘을 클릭한 후 뷰어에서 사과의 빨간 부분을 클릭하여 색을 지정합니다.

HUE vs HUE 그래프에 3개의 조절 핸들이 추가되면 변경하려는 색상과 가장 유사한 가운데 빨간색 조절 핸들을 위아래로 드래그해 보세요. 위로 드래그하면 사과 표면이 파란색~보라색으로 변하고, 아래로 드래그하면 주황색~초록색으로 변합니다.

특정 색만 제외하고 흑백으로 만들기

사과의 빨간색만 남기고 나머지 색을 모두 흑백으로 변경해 보겠습니다. [HUE vs HUE]에 적용한 값을 초기화하기 위해 오른편에 있는 [Reset] 아이콘을 클릭한 후 이번에는 [HUE vs SAT]에서 [스포이드] 아이콘을 클릭한 후 사과의 표면을 클릭합니다.

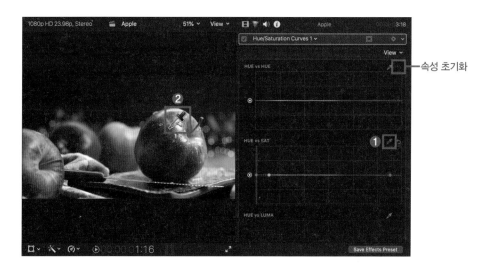

속성 초기화

이번에도 클릭한 지점과 유사한 색에 3개의 조절점이 추가되었죠? 빨간색을 제외한 나머지 색의 채도를 모두 낮춰 흑백으로 표현할 것이므로 3개의 조절점에서 유지할 색인 빨간색 조절 핸들만 남기고 나머지 핸들은 모두 맨 아래로 드래그합니다. 맨 아래로 드래그한 핸들을 다시 좌우로 드래그해서 흑백 범위를 조절할 수 있습니다. 빨간 핸들과 가까울수록 빨간색의 범위가 줄어들고, 멀어질수록 빨간색의 범위가 늘어납니다.

지정한 색 이외에 모두 흑백으로 변하니 독특한 느낌이지요? 뮤직비디오와 같이 감각적인 영상을 만들 때 이런 기법을 사용하여 강렬한 인상을 심어 줄 수 있습니다.

Lesson 07 | 청량한 여행 영상 스타일로 색 보정하기

봄, 여름에 잘 어울리는 청량한 느낌의 여행 영상 스타일로 색을 보정해 보겠습니다. 비디오 스코프의 벡터스 코프를 함께 활용할 것이므로 먼저 314쪽에서 비디오 스코프의 기본 사용법을 확인하는 것이 좋습니다.

청량한 느낌의 기준

머릿속으로는 '청량한 느낌'을 쉽게 떠올릴 수 있지만 막상 표현하라고 하면 쉽지 않습니다. 색을 보정하기에 앞서 어떻게 보정해야 청량한 느낌을 살릴 수 있을지 고민해 보세요.

흔히, 청량한 느낌을 표현할 때는 밝고 화사하며, 전반적으로 푸른빛을 포함하여 시원하고 깨끗한 느낌에, 약간의 핑크빛 기운을 추가하는 식으로 색을 보정합니다. 이처럼 특정 느낌을 표현할 때는 무작정 보정 도구에서 값을 조절하는 것이 아니라 머릿속으로 떠올려 본 후 구체적으로 방법을 고민해 보면 큰 도움이 됩니다.

- **밝고 화사한 느낌:** 명도와 채도를 올립니다.

- **전반적으로 푸른빛:** 색온도를 조절하거나 중간 톤(Midtones)에 파란색을 추가합니다.

- **약간의 핑크빛:** 밝은 영역(Highlightes)에 핑크색을 추가합니다.

벡터스코프 측정기 사용

[Chapter06] 라이브러리를 찾아 더블 클릭해서 실행한 후 [Lesson07] 이벤트에 있는 [Park] 프로젝트를 더블 클릭해서 열면 타임라인에서 [Park] 클립이 있습니다. 본격적으로 색을 보정하기에 앞서 색 데이터를 더 정확하게 확인하기 위해 뷰어에서 오른쪽 위에 있는 [View] 옵션을 클릭하고 [Video Scopes]를 선택해서 비디오 스코프 패널을 활성화합니다(단축키 command + 7).

비디오 스코프가 열리면 이번에는 비디오 스코프에서 오른쪽 위에 있는 [View] 옵션을 클릭한 후 [가로 2분할] 모드를 선택합니다.

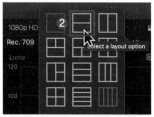

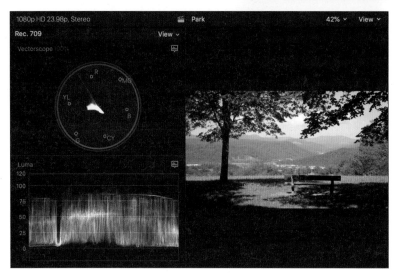

비디오 스코프에서 아래쪽에는 파형이 표시되고, 위쪽에는 영상의 색상 분포를 확인할 수 있는 벡터스코프(Vectorscope) 측정기가 표시됩니다. 측정기 안쪽으로 빨강(R), 초록(G), 파랑(B), 노랑(YL), 청록(CY), 자홍(MG) 영역이 구분되어 있으며, 영상의 색조와 채도에 따라 측정 결과가 표시됩니다.

예를 들어 영상이 전반적으로 붉고, 채도가 높다면 R 영역으로 패턴이 형성되며, 중심에서 테두리쪽으로 길게 뻗는 형태로 측정됩니다. 즉, 중심에서 멀어질수록 채도가 높다는 의미입니다. 또한, YL과 R 영역 사이에 길게 뻗어 있는 얇은 실선은 인물의 피부색 표시기입니다. 벡터스코프에 대한 좀 더 자세한 설명은 332쪽을 참고하세요.

명도와 채도 조절

명도 조절하기: 우선 노출 값을 높여 영상을 밝게 보정하겠습니다. [Color Inspector] 탭에서 기본 값인 Color Boards 모드의 [Exposure] 탭을 클릭한 후 [Shadows : 4%], [Midtones: 30%], [Highlights: 6%] 정도로 각 영역에서 노출 값을 올렸습니다.

채도 조절하기: 이어서 [Saturation] 탭을 클릭한 후 [Midtones: 45%]로 변경하여 중간 톤만 채도를 올립니다.

채도까지 조절한 후 벡터스코프를 확인해 보세요. 채도 값이 높아졌으니 하얀색 패턴 범위가 이전보다 더 길어진 것을 확인할 수 있습니다. 명도와 채도를 조절하여 전체적으로 화사한 영상이 완성되었으니, 이제 색감을 추가할 차례입니다.

색온도와 중간 영역 색상 조절

영상 전반에 파란색을 덧입히기 위해 [Color Inspector] 탭에서 Color Wheels 모드를 추가한 후 [Temperature: 3980] 값으로 조절해 전반적으로 푸른 영상을 만듭니다. 이어서 MIDTONES 휠 중앙에 있는 Color 핸들을 파란색 방향으로 살짝 드래그합니다. 이때 option 을 누른 채 드래그하면 더 섬세하게 조절할 수 있습니다.

다시 벡터스코프를 확인해 보세요. 영상에 파란색을 덧입혔더니 노란색(YL) 영역은 감소하고 파란색 (B)과 청록색(CY) 영역이 넓어진 것을 확인할 수 있습니다.

청량한 느낌 추가

하늘색, 연두색을 강조하면 더욱 더 파릇파릇한 분위기를 연출할 수 있습니다. 이번에는 Hue/ Saturation Curves 모드를 추가하고, HUE vs SAT에 있는 [스포이드] 아이콘을 클릭한 후 뷰어에서 하늘과 풀밭을 각각 클릭합니다. 각각 3개씩 총 6개의 조절 핸들이 추가되면 각 영역별 중간에 있는 핸들을 위로 올려 하늘과 풀밭의 채도를 높입니다.

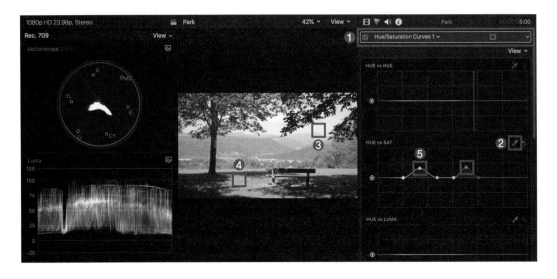

하늘 부분에 핑크빛 추가

색상 보정하기: 마지막으로 밝은 영역에 옅게 핑크빛을 더할 차례입니다. [Color Inspector] 탭에서 Color Board 모드를 추가한 후 [Color] 탭에서 Highlights 핸들을 마젠타 영역으로 옮깁니다. 이때 벡터스코프를 보면서 패턴이 MG 방향으로 가는지 확인하면서 드래그하면 정확하게 보정할 수 있습니다.

Mask 적용하기: 영상 전체적으로 핑크빛이 추가되었습니다. 이대로도 괜찮지만 하늘 위 구름 부분만 살짝 핑크빛으로 표현하면 어떨까요? Mask 기능을 이용하면 특정 영역에만 보정 효과를 적용할 수 있습니다. [Color Inspector] 탭에서 모드 이름(Color Board 2) 오른쪽에 있는 [Mask] 아이콘을 클릭한 후 [Add Shape Mask]를 선택해 보세요.

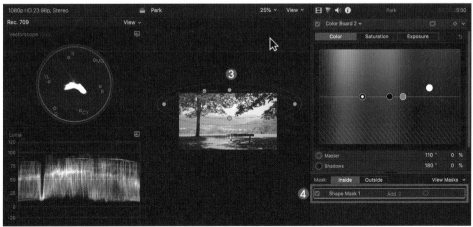

뷰어에 Masks 영역을 지정하는 조절 핸들이 표시됩니다. 연두색 조절 핸들을 드래그하여 영역 크기를 지정하고 영역 안쪽을 드래그하여 하늘 부분에 배치합니다. 이제 [Video Inspector] 탭에 추가된 [Shape Mask 1] 항목에서 체크 박스를 클릭하면서 전후 결과를 비교해 보세요. 모든 보정이 끝났습니다. 청량한 봄이나 여름의 청춘 영화가 연상되나요?

한 걸음 더 벡터스코프 읽기

벡터스코프(Vectorscope)는 비디오 스코프(Video Scopes)에 표시되는 측정기로 이미지를 구성하는 색상과 채도를 나타냅니다.

벡터스코프에서 오른쪽 위에 있는 아이콘을 클릭하면 다음과 같은 표시 옵션을 선택할 수 있습니다.

- **100%:** 채도 100%의 색상 막대를 참조할 때 선택합니다. TV 시청 중 정규 방송이 모두 끝나면 나타나는 화면이 바로 색상 막대입니다.
- **133%:** 채도 75%의 색상 막대를 참조할 때 선택합니다.
- **Vector:** 측정기 위쪽에 빨간색(R)이 있는 일반 채도 색조 참조를 사용합니다.
- **Mark3:** 오른쪽에 빨간색(R)이 있는 90도 회전된 채도 색조 참조를 사용합니다.
- **Hide/Show Skin Tone Indicator:** 노란색(YL)과 빨간색(R) 사이에 있는 하얀 실선은 사람의 피부색 채도 단계를 나타냅니다. 메뉴를 선택해서 하얀 실선을 표시하거나 숨깁니다.

Lesson 08 | LUT을 이용하여 영화 같은 색감 만들기

LUT은 Look Up Table의 약자로 색을 보정하는 프리셋 개념으로 많이 사용합니다. Final Cut Pro X에서 제공하는 기본 프리셋과는 어떻게 다른지와 사용하는 방법을 알아보겠습니다.

무료 LUT 다운로드하기

본래 LUT(Look Up Table)은 컴퓨터 처리 과정에서 사용하는 용어로, Final Cut Pro X에서는 색상 프리셋 효과와 비슷한 개념으로 사용합니다. 하지만, 프리셋 파일과 달리 Final Cut Pro X 내에서 색 데이터 값을 수정할 수 없습니다. 시청자들의 눈높이가 높아지고, 영상의 색감을 중요하게 여기면서 각종 LUT이 개발 및 배포되고 있습니다.

- **COLOR GRADING CENTRAL**https://www.colorgradingcentral.com/: Orange&Teal 혹은 Teal&Orange 색 보정을 선호하는 사람들에게 굉장히 있기 있는 LUT로 피부와 같은 중간 톤은 주황색, 어두운 영역은 푸른 청록색으로 보정합니다. 홈페이지에 접속한 후 [JOIN AND GET FREE LUT] 버튼을 클릭하면 팝업이 표시됩니다. 팝업 창에서 [I don't use Facebook] 버튼을 클릭한 후 새 창에서 이름과 이메일 주소를 입력하고 사용할 소프트웨어로 [Final Cut Pro X]을 선택합니다. 이어서 [Sign up via email] 버튼을 클릭하고 기다리면 입력한 이메일로 다운로드 파일이 도착합니다.

- **IWLTBAP**https://luts.iwltbap.com/: 회원으로 가입하지 않아도 퀄리티 좋은 LUT을 다운로드할 수 있습니다.

깨알Tip 위 두 곳 이외에도 유튜브나 구글에서 '무료 lut'을 검색하면 다양한 LUT을 다운로드할 수 있습니다. 다운로드한 LUT은 별도의 영상 자료 폴더를 만들어 관리하는 것을 추천합니다.

다운로드한 LUT 사용하기

다운로드한 LUT을 사용해 보기 위해 [Chapter06] 라이브러리에서 [Lesson08] 이벤트의 [Garden] 프로젝트를 더블 클릭해서 엽니다.

Custom LUT 적용하기: 이펙트 브라우저를 열고 [VIDEO 〉 Color] 케테고리에서 [Custom LUT]를 찾아 타임라인의 클립으로 드래그해서 적용해 보세요. 효과를 적용했는데 아무런 변화가 없지요? [Custom LUT]은 다운로드한 LUT을 사용하기 위한 포석입니다. 즉, LUT을 지정하기 전까지는 빈 껍데기와 같습니다.

LUT 파일 지정하기: 인스펙터의 [Video Inspector] 탭을 보면 [Custom LUT] 효과 옵션이 추가되어 있습니다. [Custom LUT] 옵션의 [LUT] 속성에서 사용할 LUT을 지정해야 합니다. [None]을 클릭한 후 [Choose Custom LUT]를 선택하고 다운로드한 LUT 파일 혹은 폴더를 선택합니다.

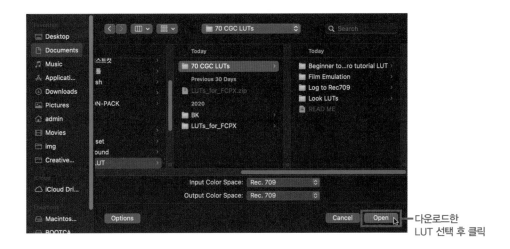

다운로드한
LUT 선택 후 클릭

결과 확인하기: LUT 파일이 제대로 적용됐는지 확인하기 위해 [LUT] 속성의 [None]을 다시 클릭해 보세요. 팝업 목록에 선택한 LUT 파일 혹은 폴더가 보인다면 정상적으로 불러온 것입니다. 이제 목록에서 하나씩 선택하면서 결과를 확인해 보세요. 보통 LUT을 적용한 색감은 과하게 보정된 경우가 많으므로 [Mix] 속성 값을 낮춰 자연스럽게 보정하는 것이 좋습니다.

(깨알Tip) 처음 언급했듯 LUT에서는 사용자가 색 데이터 값을 수정할 수 없습니다. 그러므로 추가적인 색 보정이 필요하다면 [Color Inspector] 탭의 색 보정 도구를 활용합니다.

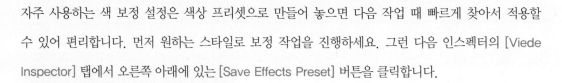

Sera의 Tip & Tech

나만의 색감 저장하기

자주 사용하는 색 보정 설정은 색상 프리셋으로 만들어 놓으면 다음 작업 때 빠르게 찾아서 적용할 수 있어 편리합니다. 먼저 원하는 스타일로 보정 작업을 진행하세요. 그런 다음 인스펙터의 [Viede Inspector] 탭에서 오른쪽 아래에 있는 [Save Effects Preset] 버튼을 클릭합니다.

팝업 창이 열리면 [Name]에 프리셋 이름을 입력한 후 [Category: Color Presets]로 속성 값을 지정합니다. 이때 [Category]와 [Name] 속성을 명확하게 설정할수록 이후 관리가 편해집니다. 이어서 함께 저장하고 싶은 효과가 있다면 체크한 후 [Save] 버튼을 클릭합니다. 효과를 저장했으면 이펙트 브라우저에서 지정한 카테고리(Category)에 제대로 저장되었는지 확인합니다. 앞으론 더 간편하게 영상을 보정할 수 있겠죠?

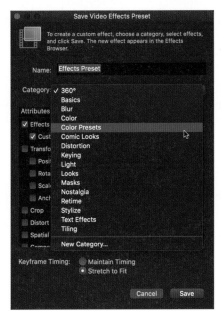
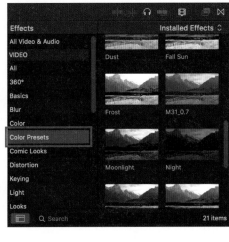

▲ 색상 프리셋을 저장한 후에는 다른 효과와 마찬가지로 드래그해서 클립에 적용합니다.

Adjustment Layer를 이용하여 한 번에 색 보정하기

보정할 클립이 많다면 작업 시간이 부담스러울 수 있습니다. 이럴 때는 조정 레이어(Adjustment Layer) 기능을 이용해 한 번에 색을 보정할 수 있습니다. 조정 레이어는 Final Cut Pro X의 기본 기능이 아닙니다. 그러므로 macOS의 [Finder] 창에서 [동영상 〉 Motion Templates 〉 Titles] 폴더로 이동한 후 예제 파일 중 [Chapter06] 폴더에 있는 [Adjustment Layer] 폴더를 그대로 [Titles] 폴더로 복사해 넣어 주세요.

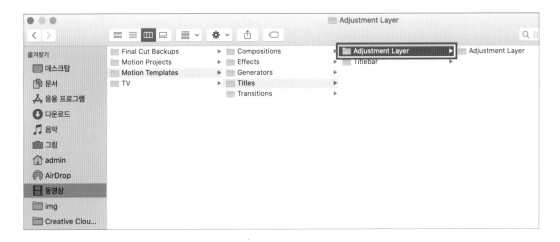

조정 레이어를 사용해 보기 위해 [Chapter06] 라이브러리에서 [Tip&Tech] 이벤트의 [AdjustmentLayer] 프로젝트 더블 클릭해서 엽니다. 타임라인을 보니 여러 개의 클립이 배치되어 있어 하나씩 색을 보정하려면 많은 시간이 소모될 것 같습니다. 사이드바에서 [Titles & Generators sidebar] 탭을 클릭하고 [Titles - Adjustment Layer]를 선택한 후 브라우저에서 [Adjustment Layer]를 타임라인으로 드래그해서 배치된 클립들 위쪽 트랙에 배치합니다. 이어서 [Adjustment Layer] 클립의 길이를 배치된 클립들의 길이에 맞춰 조절합니다.

흔히 색을 보정할 때 클립을 선택했으나 여기서는 [Adjustment Layer] 클립을 선택하고 인스펙터의 [Color Inspector] 탭에서 다양한 방법으로 색을 보정해 보세요. 어떤 변화가 일어났나요? [Adjustment Layer] 클립 아래에 있는 모든 클립의 색이 보정되는 것을 확인할 수 있을 겁니다. 이처럼 1개의 조정 레이어를 배치하여 색을 보정함으로써 아래에 배치된 클립들의 색을 일괄 보정할 수 있습니다. 자막 작업을 완성한 이후 색 보정 조정 레이어를 사용할 때는 반드시 자막 클립의 아래쪽 트랙에 배치해야 합니다.

동영상 강의 — 조정 레이어를 사용해서 색 보정하기

https://youtu.be/0rfxfTkhMY0

CHAPTER 7

- - - - - - - - - -

완성! 동영상 파일로 저장하고,
프로젝트 백업하기

영상을 완성했다면 이제 유튜브나 SNS 등에 업로드하거나 다른 사람과 공유할 수 있도록 동영상 파일로 출력할 차례입니다. 영상 편집 프로그램에서 외부로 편집본이나 클립을 내보내는 기능을 보통 Export라고 하지만, Final Cut Pro X에서는 Share라는 용어를 사용합니다.

책에서는 코덱을 사용해 동영상, 오디오, 사진 파일을 내보내고, 작업을 마친 후 라이브러리를 완벽하게 백업하는 방법까지 알아보고, DVD나 Blue-Ray 제작용 파일을 출력하는 방법은 현시점에서 활용도가 떨어지므로 생략합니다.

최종 결과를
동영상 파일로 내보내기

타임라인에 비디오, 오디오, 이미지, 자막 등의 클립을 배치하여 한 편의 영상을 완성했다면 이제 편집한 내용
을 하나의 동영상 파일로 저장하는 내보내기 작업을 실행합니다.

전체 영상 내보내기

편집한 전체 내용을 동영상으로 만드는 '내보내기'는 다른 말로 '출력한다'고 표현합니다. 쉽게 말해 결
과물을 동영상, 오디오, 스틸 이미지 파일로 저장하는 기능이라고 생각하면 됩니다. 다음과 같이 다양
한 방법으로 내보내기를 실행할 수 있으므로, 편한 방법을 사용하면 됩니다.

- **도구 막대 이용하기:** Final Cut Pro X의 도구 막대에서 오른쪽 끝에 있는 [Share] 아이콘을 클릭한 후 팝
  업 메뉴에서 [Master File]을 선택합니다.

- **메뉴 바 이용하기:** Final Cut Pro X의 메뉴 바에서 [File – Share – Master File]을 선택합니다.

- **브라우저 이용하기:** 브라우저에서 내보내기할 프로젝트를 [보조 클릭](control + 클릭)한 후 팝업 메뉴에서 [Share Project – Master File]을 선택합니다.

- **단축키 이용하기:** 프로젝트를 선택한 후 내보내기 단축키인 command + E 를 누릅니다. Export의 첫 글자인 E를 사용하며, 자주 사용하는 단축키이니 꼭 외워 두시기 바랍니다.

위 네 가지 방법 중 어느 것을 사용하든 이어서 소개하는 Master File 팝업 창이 열리며 여기서 출력할 동영상의 세부 사항을 설정할 수 있습니다.

Master File 창에서 세부 설정하기

내보내기 기능을 실행하면 Master File 창이 열리고, 창 왼쪽에 있는 미리보기 화면에서 마우스 커서를 좌우로 움직이며 스키밍하면 저장될 동영상을 미리 확인할 수 있습니다. 또한, 상단에 있는 [Info], [Settings], [Roles] 탭에서 세부 설정을 변경할 수 있습니다.

[Info] 탭

Master File 창은 3개의 탭으로 구성되어 있으며 모든 탭에는 미리 보기 화면이 있습니다. 먼저, [Info]
탭에서는 파일의 제목, 내용(Description), 만든 사람(Creator), 태그(Tag)를 입력할 수 있습니다. 여
기에 입력하는 내용들은 내보내기한 동영상 파일의 메타 태그로 활용되니 시간이 허락된다면 가급적
정확하게 작성하는 것이 좋습니다.

[Settings] 탭

[Settings] 탭은 코덱과 해상도를 설정할 수 있는 곳입니다.

[Settings] 탭에서 [Format] 옵션 값을 클릭하면 내보내기할 파일 형식을 정하는 메뉴가 펼쳐집니다. 크게 3가지 영역에서 옵션 값을 선택할 수 있는데, 'MASTERING' 영역은 맥에서만 재생되는 퀵타임 기반의 MOV 파일로 저장되며, 코덱의 종류를 선택할 수 있습니다. 'PUBLISHING' 영역은 영상을 재생할 기기에 따라 값을 선택하며, 코덱의 종류는 H.264(Apple Devices는 H.265도 가능)뿐이고, 비디오 해상도를 선택할 수 있습니다. 마지막으로 'BROADCAST' 영역에서는 방송용 MXF 파일만 선택할 수 있습니다.

- **Video and Audio:** 비디오와 오디오를 모두 출력

- **Video Only:** 비디오만 출력

- **Audio Only:** 오디오만 출력(이 메뉴를 선택한 경우 Audio Format 옵션을 클릭하면 AAC, AC3, AIFF, CAF, MP3, WAV 중 하나를 선택할 수 있습니다.)

- **Apple Devices:** 애플 기기(아이폰, 아이패드, 맥, 애플TV)에서 재생되는 M4V 파일 생성

- **Computer:** 맥과 PC 모두 재생 가능한 MP4 파일 생성

- **Web Hosting:** 웹(유튜브, 비메오 등) 업로드 용도의 MOV 파일 생성

- **MXF:** 방송용 파일로 출력

Video and Audio / Video Only: [Format] 옵션에서 [Video and Audio] 또는 [Video Only]를 선택하면 [Video Codec] 옵션만 선택할 수 있으며 Resolution(해상도), Color Space(색 공간), Audio Format(오디오 포맷) 값은 자동으로 설정됩니다.

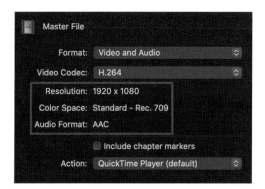

▲ [Format]과 [Video Codec]에 따라 자동으로 설정되는 옵션들

대부분은 영상과 음성을 함께 출력하므로 [Fomart] 옵션을 [Video and Audio]로 선택해 보세요. 그런 다음 [Video Codec] 옵션 값을 클릭하면 다음과 같은 압축 코덱을 선택할 수 있습니다. 코덱에 따라 화질과 파일 크기가 좌우되기 때문에 용도에 맞는 것을 선택하는 것이 중요합니다.

```
Source - Apple ProRes 422 HQ

Apple ProRes 4444 XQ
Apple ProRes 4444
Apple ProRes 422 HQ
Apple ProRes 422
Apple ProRes 422 LT
Apple ProRes 422 Proxy
✓ H.264
Uncompressed 8-bit 4:2:2
Uncompressed 10-bit 4:2:2

AVC-Intra (Class 50)
AVC-Intra (Class 100)
AVC-Intra (Class 200)
DVCPRO HD
HDV / XDCAM HD (25 Mbps)
XDCAM HD (35 Mbps)
XDCAM EX (35 Mbps)
XDCAM HD422 (50 Mbps)
```

- **Source:** 편집에 사용한 코덱입니다.

- **Apple ProRes:** 애플의 고화질 코덱으로 화질이 좋지만 용량이 큽니다. 글쓴이의 경우 10분 이내의 영상은 Apple ProRes 422 HQ 이상의 코덱으로 마스터 파일을 생성하고, 그 파일을 다른 압축 프로그램을 이용하여 용량이 더 낮은 파일로 만들어 타인에게 전달하거나 웹에 업로드하는 방식을 선호합니다. .

- **H.264:** 좋은 화질에 적당한 용량, 뛰어난 범용성 덕분에 보편적으로 많이 사용하는 코덱입니다.

- **Uncompressed:** 무압축 코덱입니다. 압축을 하지 않아 화질은 훌륭하나 용량이 어마어마하게 커집니다. 그러므로 합성 작업 시 짧은 원본 컷 전달용으로 사용하는 것이 좋습니다.

- **AVC-Intra:** 파나소닉에서 개발한 포맷입니다.

- **DVCPRO HD:** 파나소닉에서 개발한 HD용 비디오 코덱으로 100Mbps의 전송률을 지닙니다.

- **XDCAM:** 소니에서 개발한 동영상 포맷입니다.

Apple Devices: [Format] 옵션 값을 [Apple Devices]로 설정한다면 [Video Codec] 옵션에서 다음과 같은 옵션을 선택할 수 있으며, [Resolution] 옵션에서는 동영상의 해상도(화면 크기)를 변경할 수 있습니다.

- **H.264 Faster Encode:** 인코딩 속도가 빠르지만 화질은 약간 떨어짐

- **H.264 Better Quality:** 인코딩 속도는 약간 느리지만 화질이 더 좋음

- **HEVC 8-bit:** H.264보다 두 배 높은 효율을 지닌 H.265 코덱을 사용

- **HEVC 10-bit:** H.265 코덱 10-bit

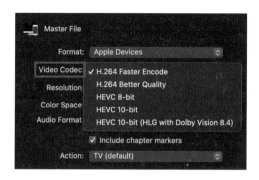
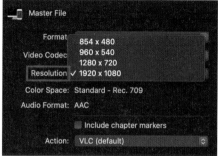

비디오 포맷과 코덱 등을 설정했다면 Master File 창 하단에 있는 모니터 모양 아이콘 위에 마우스 커서를 올려 보세요. 내보내기한 영상을 재생할 수 있는 기기의 종류를 볼 수 있습니다. 초록색으로 표시된 기기에서는 재생할 수 있고, 회색으로 표시된 기기에서는 재생할 수 없다는 의미입니다.

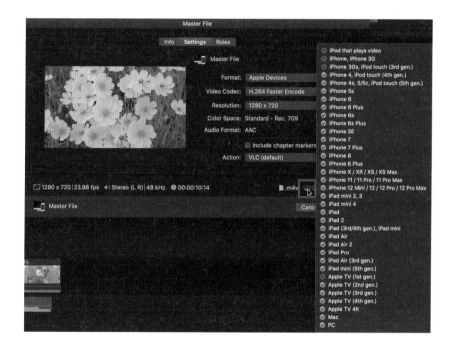

Computer / Web Hosting: [Format] 옵션에서 [Computer] 또는 [Web Hosting]을 선택하면 [Video Codec] 옵션에서 [H.264 Faster Encode], [H.264 Better Quality] 중 하나를 선택할 수 있으며, 해상도를 제외한 나머지 옵션들은 모두 자동으로 설정됩니다.

깨알Tip Final Cut Pro X의 가장 아쉬운 점은 출력 관련 옵션이 너무 빈약하다는 것입니다. 동영상 파일의 화질과 용량을 원하는 대로 조절하려면 출력 비트레이트(Bitrate)의 값을 변경할 수 있어야 하는데, Final Cut Pro X에서는 비트레이트 값을 조정하는 옵션이 없습니다.

[Roles] 탭

[Roles] 탭에서는 내보내기할 비디오와 오디오를 롤별로 선택할 수 있습니다. 롤을 잘 사용하지 않는 사람들이 많지만 알아 두면 의외로 편리합니다. 자세한 롤 사용 방법은 359쪽을 참고하세요.

편집 시 클립별로 비디오 롤(Title, Video), 오디오 롤(Dialogue, Effects, Music)을 구분해 놓으면, [Roles] 탭에서 원하는 롤들만 조합하여 내보내기할 수 있습니다. 예를 들어 편집에 사용한 동영상 클립의 롤을 Video, Dialogue로, 자막 클립은 Title로, 배경음악은 Music, 효과음은 Effects 롤로 정해 놓았다고 가정하고, 자막과 배경음악, 효과음이 없는 버전으로 내보내기한다면 번거롭게 타임라인에서 이것저것 만질 필요 없이 [Roles] 탭에서 [Title], [Music], [Effects] 항목만 삭제하면 됩니다.

내보내기 시작

Master File 창에서 모든 설정을 마쳤다면 각 탭에서 설정한 내용에 따라 창 맨 아래에서 해상도, 프레임레이트, 오디오 채널, 오디오 샘플링 레이트, 러닝타임(전체 길이), 출력 파일 유형, 출력된 동영상을 시청할 수 있는 디바이스, 예상 파일 크기 등을 확인합니다. 확인 후 이상이 없으면 오른쪽 아래에 있는 [Next] 버튼을 클릭하고, 내보내기할 파일의 저장 위치와 이름을 지정한 후 [Save] 버튼을 클릭합니다.

내보내기 진도 확인하기: 내보내기가 시작되면 Final Cut Pro X 도구 막대 왼쪽에 있는 3개의 아이콘 중 세 번째에 있는 [Background Tasks] 아이콘에서 진행 정도를 확인할 수 있습니다. 흰색으로 채워지는 만큼 내보내기 작업이 진행된 것이며, 체크 표시로 바뀌면 내보내기가 완료된 것입니다.

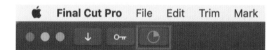

내보내기 취소하기: 내보내기를 시작한 후 중간에 작업을 취소하고 싶다면 [Background Tasks] 아이콘을 클릭한 후 팝업 창에서 [Sharing] 옵션에 있는 [x] 아이콘을 클릭합니다.

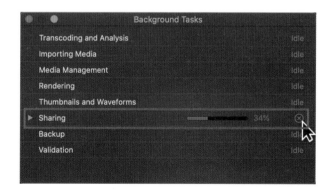

내보내기가 완료되면 자동으로 [QuickTime Player]가 실행되며, macOS 데스크탑 화면 오른쪽 위에
는 내보내기 작업을 마쳤다는 알림 창도 나타납니다. 어떤가요? 직접 편집한 영상이 하나의 완벽한 동
영상 파일로 완성되다니 정말 감격스럽지요? 지금까지 실습을 하면서 직접 편집한 예제 파일 등을 내
보내기한 후 결과를 확인해 보세요.

일부분 혹은 특정 클립만 내보내기

Final Cut Pro X을 배우기 시작할 무렵 브라우저에서 클립의 일부분만 타임라인에 배치할 때 사용했
던 시작점과 끝 점을 지정하는 단축키 I와 O를 기억하시나요? 부분 영상을 출력하는 방법도 같은
원리입니다. 시작점과 끝 점 지정은 088쪽을 참고하세요.

일부분만 내보내기

영상 편집이 완료된 타임라인에서 스키밍하면서 내보내기를 시작할 지점에서 시작점 단축키인 I를 누
르고, 마무리할 지점에서 끝 점 단축키인 O를 누릅니다. 프라이머리 스토리라인에서 노란 테두리로 범
위가 지정됩니다. 이 노란 테두리, 왠지 익숙하지 않나요? 그렇습니다. 범위 선택(Range Selection)과
동일한 테두리입니다.

▲ 범위 선택과 같은 방법으로 내보내기할 범위를 지정할 수 있습니다.

출력할 범위를 지정했으니 이제 동영상 파일로 내보내기를 실행하면 됩니다. 구체적인 방법은 앞서 살펴본 전체 영상 내보내기와 동일합니다. 즉, 타임라인에서 범위 선택 여부에 따라 전체 내보내기를 할지, 일부분만 내보내기를 할지가 결정됩니다.

클립 내보내기

브라우저에서 특정 클립을 선택해서 전체 혹은 일부만 내보내기할 수도 있습니다. 클립을 선택한 후 내보내기 기능을 실행하면 해당 클립 전체를 내보내기할 수 있고, 클립에서 일부만 범위를 지정하면 해당 부분만 내보내기할 수 있습니다. 내보내기 실행 방법은 340쪽을 참고합니다.

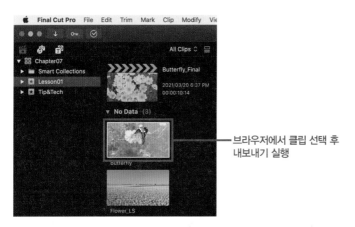

━ 브라우저에서 클립 선택 후 내보내기 실행

Lesson 02 | 영상에서 정지 화면 출력하기

영상에서 특정 장면을 이미지 파일로 출력할 수 있습니다. 이렇게 출력한 이미지는 유튜브 등에서 섬네일 등으로 활용할 수 있지요. 자주 사용하는 출력 옵션을 추가하는 방법과 정지 화면(Still Image)을 내보내는 방법을 알아보겠습니다.

기본적인 내보내기 기능, 즉 [Share] 메뉴에는 정지 화면을 만드는 항목이 없으므로, 메뉴를 추가한 후 실행해야 합니다.

01 Add Destination 실행 Final Cut Pro X 상단에 있는 도구 막대에서 [Share] 아이콘을 클릭한 후 [Add Destination]을 선택하거나, 메뉴 바에서 [File – Share – Add Destination]을 선택합니다.

02 Save Current Frame 추가 파일을 출력하고 공유하는 추가 기능들이 표시되면 플레이헤드가 위치한 지점의 장면을 정지 화면으로 저장하는 [Save Current Frame]을 찾아 왼쪽 사이드바의 'Destination' 목록으로 드래그합니다.

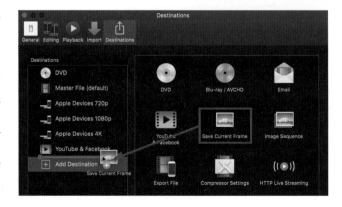

03 옵션 설정 사이드바에 [Save Current Frame] 메뉴가 추가되면 선택한 후 오른쪽 세부 옵션을 확인합니다. 기본 출력 포맷은 TIFF 파일이므로 [Export] 옵션 값을 변경하여 JPG나 PNG 파일 등 자주 사용하는 포맷으로 변경합니다.

04 정지 화면 출력 타임라인 혹은 브라우저에서 출력할 화면을 찾아 [플레이헤드]를 옮깁니다. 도구 막대에서 [Share] 아이콘을 클릭한 후 앞서 추가한 [Save Current Frame]을 선택하거나 메뉴 바에서 [File – Share – Save Current Frame]을 선택합니다.

 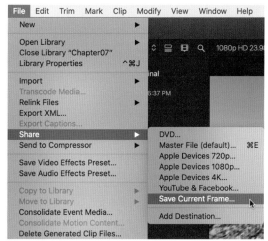

위의 실습을 진행하면 342쪽에서 소개한 Master File 창과 유사한 Save Current Frame 창이 열립니다. 출력 옵션을 설정하는 방법(이름, 설명, 태그 삽입 및 경로와 파일명 지정)은 동일하므로 참고하여 정지 화면(이미지 파일)으로 저장합니다.

Lesson 03 | 유튜브 & 페이스북 업로드용 영상 출력하기

Final Cut Pro X에서는 유튜브와 페이스북 업로드 용도의 파일 출력 기능을 제공합니다. 일반적인 Share 기능과 차이점은 캡션 출력 옵션입니다. 사용 빈도가 높은 것은 아니지만 캡션 기능을 요긴하게 이용 중이라면 간단하게 살펴보고 넘어가세요.

실행 방법은 다음과 같이 3가지입니다.

아이콘 이용하기: 도구 막대에서 [Share] 아이콘을 클릭한 후 [YouTube & Facebook]을 선택합니다.

메뉴 바 이용하기: [File – Share – YouTube & Facebook]을 선택합니다.

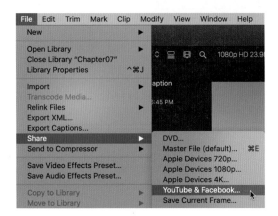

브라우저 이용하기: 브라우저에서 프로젝트를 [보조 클릭]([control] + 클릭)한 후 [Share Project – YouTube & Facebook]을 선택합니다.

위 3가지 방법 중 하나를 실행하면 YouTube & Facebook 창이 열립니다. [Info] 탭은 Master File 창과 동일하지만 [Settings] 탭을 클릭해 보면 옵션이 조금 다릅니다.

- **Resolution:** 해상도

- **Color Space:** 색 공간

- **Compression:** Better Quality, Fast Encode 중 압축 정도 택일

- **Export captions:** 캡션 파일 내보낼지 여부 선택

- **Burn in captions:** 영상에 캡션을 입힐지 여부 선택

영상 편집 중에 캡션 기능을 사용했다면 [Export captions] 옵션에서 원하는 언어의 캡션 파일을 선택합니다. 이후 macOS의 [Finder] 창에서 동영상 파일과 함께 출력된 캡션 파일을 확인할 수 있으며, 이 캡션 파일을 유튜브나 페이스북에 함께 업로드하면 영상에서 해당 캡션(자막)을 볼 수 있습니다. 캡션 기능 사용 방법은 253쪽을 참고하세요.

▲ ITT 파일이 캡션 파일입니다.

[Burn in captions] 옵션에서 캡션 파일을 선택하면 동영상에 캡션이 입혀진 상태로 출력됩니다.

▲ 캡션이 포함된 영상

Lesson 04 | 보관 및 수정을 위한 라이브러리 백업하기

동영상으로 최종 결과물을 내보내기했다면 불필요한 파일들을 깨끗하게 제거하여 라이브러리의 전체 용량을 줄이고, 외장하드 등에 백업하는 것이 좋습니다. 제대로 백업을 해 놓지 않으면 이후 수정 작업이 발생할 때 어려움을 겪을 수 있기 때문입니다.

라이브러리 용량 줄이기

분명 편집을 시작할 때 100MB 이하였던 라이브러리가 몇십 혹은 몇백 기가바이트로 늘어나는 경우가 부지기수입니다. 편집을 하면서 쌓인 각종 렌더링 파일들 때문입니다. 그러므로 최종 백업 전에는 이런 렌더링 파일을 삭제하는 것이 좋습니다. 사이드바에서 영상 편집을 마치고 백업할 라이브러리를 선택한 후 인스펙터의 Library Properties를 보면 가장 상단에 라이브러리 용량이 표시됩니다.

용량을 줄이기 위해 라이브러리를 선택했다면 메뉴 바에서 [File - Delete Generated Library Files]을 선택한 후 팝업 창에서 정리할 종류를 선택하고 [OK] 버튼을 클릭하면 끝입니다.

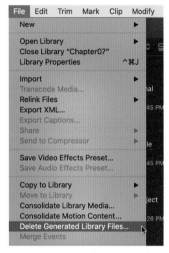
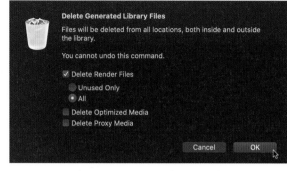

- **Delete Render Files:** 옵션에 체크한 후 [Unused Only]를 선택하면 사용하지 않는 렌더링 파일을, [All]을 선택하면 모든 렌더링 파일을 삭제

- **Delete Optimized Media:** 옵티마이즈 미디어 삭제

- **Delete Proxy Media:** 프록시 미디어 삭제

모든 항목에 체크한 후 정리했더니 확연히 줄어든 용량을 확인할 수 있습니다.

라이브러리와 소스 파일 완벽 백업하기

여기저기 흩어져 있는 소스 파일을 불러와서 영상을 편집하고 이후 실수로 원본 소스 파일을 삭제한다면 완성 영상을 수정하는 데 매우 곤란해질 수 있습니다. 따라서 편집이 완료된 후에는 사용한 소스 클립들을 한 곳에 모아서 백업하는 것이 좋습니다. 백업하기 실습 파일은 별도로 제공하지 않습니다. 임의의 라이브러리를 이용해 실습해 보세요.

01 **백업 시작** 백업할 라이브러리를 선택하고 인스펙터의 Library Properties에서 [Storage Locations] 옵션의 [Modify Settings] 버튼을 클릭합니다.

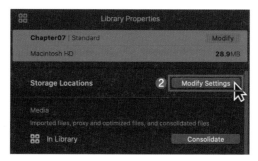

02 **백업 방식 지정** 팝업 창이 열리면 모든 미디어 파일들을 라이브러리의 내부에 저장할지(In Library), 지정한 폴더에 일괄 저장해서 보관할지(Choose) 결정하여 [Media] 옵션 값을 선택하고 [OK] 버튼을 클릭합니다.

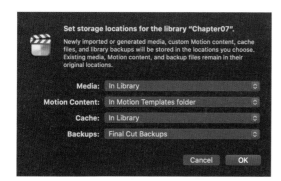
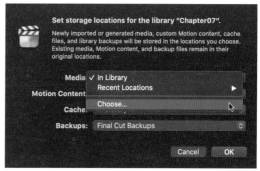

깨알Tip 특정 폴더에 일괄 저장한다면 [Media] 옵션에서 [Choose]를 선택한 후 저장할 폴더를 지정하거나, [New Folder] 버튼을 클릭하여 새로운 폴더를 만들어 지정할 수 있습니다.

03 **Consolidate 실행** Library Properties를 보면 [Media] 옵션에 백업 방식이 표시됩니다. 이어서 전체 미디어 파일을 저장하기 위해 [Consolidate] 버튼을 클릭합니다.

04 **미디어 파일 선택** 새로운 팝업 창이 열리면 [Include] 옵션에서 백업에 포함할 수 있는 미디어 파일 종류인 [Original Media](원본 파일), [Optimized Media](옵티마이즈 미디어), [Proxy Media](프록시 미디어) 중 원하는 항목에 모두 체크하고 [OK] 버튼을 클릭합니다.

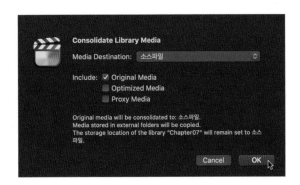

선택한 미디어 파일이 라이브러리 내에 포함되거나 지정한 폴더에 모두 저장됩니다. 이렇게 백업을 실행하면 원본 파일이 옮겨지는 것이 아니라 복제됩니다. 따라서 백업 이후에는 원본 소스를 삭제해도 Final Cut Pro X의 편집본에는 영향이 미치지 않습니다. 그야말로 완벽하게 백업이 된 것이지요.

동영상 강의 — 라이브러리 관리하기

https://youtu.be/v5A3xKwWzPI

Sera의 Tip & Tech

클립에 롤을 지정하고 특정 롤만 출력하기

Final Cut Pro X으로 불러온 미디어 클립들에는 자동으로 롤(Role)이 지정되며, 각 롤을 용도에 맞게 지정해 주면 이후 목적에 따라 특정 롤을 지닌 클립들만 내보낼 수 있습니다.

롤 지정하기

롤을 지정하는 방법은 간단합니다. 타임라인에서 클립을 선택한 후 인스펙터에서 4번째 아이콘인 [Info Inspector] 탭을 클릭합니다. [Info Inspector] 탭에는 선택한 클립 종류에 따라 [Video Roles] 혹은 [Audio Roles] 옵션에서 롤 종류를 확인할 수 있고, 필요에 따라 알맞은 롤로 변경합니다.

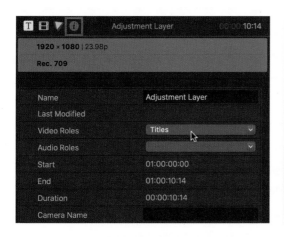 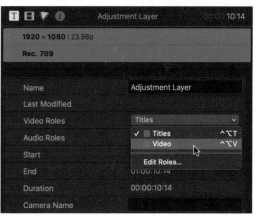

선택한 클립의 롤을 변경하면 그에 따라 타임라인에 있는 클립의 색도 바뀌고, 오디오 클립의 위아래 순서가 변동되기도 합니다만 결과물에는 차이가 없습니다.

롤 추가하기

기본적으로 적용되는 롤은 Title, Video, Dialogue, Effects, Music입니다. 이외에 롤을 추가하면 클립들을 더 세세하게 관리할 수 있겠지요? 3가지 방법으로 롤 편집 모드를 실행할 수 있습니다.

메뉴 바 이용하기: 메뉴 바에서 [Modify – Edit Roles]를 선택합니다.

인스펙터 이용하기: [Info Inspector] 탭에서 [Video Roles] 혹은 [Audio Roles] 옵션 값에 있는 [Edit Roles]을 선택합니다.

Index 이용하기: 타임라인에서 왼쪽 위의 [Index] 버튼을 클릭한 후 [Roles] 탭에서 [Edit Roles] 버튼을 클릭합니다.

3가지 방법 중 원하는 방법을 이용해서 롤 편집을 실행하면 롤 편집 창이 나타납니다. 롤 목록에서 특정 롤 위에 마우스 커서를 올린 후 [Subrole]을 클릭해서 서브 롤을 추가할 수 있으며, [Color] 아이콘을 클릭해서 롤 색상을 변경할 수도 있습니다.

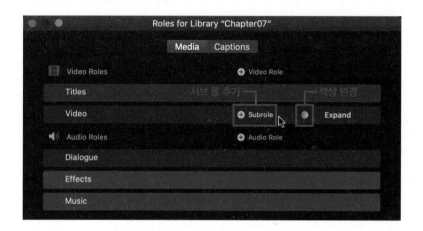

새로운 롤을 추가할 때는 [(+)Video Role] 혹은 [(+)Audio Role]을 클릭한 후 새로운 롤 이름을 지정합니다. 새로 추가한 롤을 다시 제거하려면 롤 위에 마우스 커서를 올리고 [−] 버튼을 클릭합니다. 끝으로 [Apply] 버튼을 클릭해 변경 사항을 저장합니다.

특정 롤 클립만 출력하기

특정 롤만 출력하려면 내보내기 기능을 실행하고(단축키 [command] + [E]) Master File 창이 열리면 [Roles] 탭을 클릭합니다. 가장 위에 있는 [Roles as] 옵션 값이 [QuickTime Movie]로 설정되어 있다면 [Multitrack QuickTime Movie]로 변경해 보세요. 다음과 같이 묶여 있던 비디오/오디오 트랙이 모두 펼쳐지고, 각 트랙이 어떤 롤로 지정되어 있는지 확인할 수 있습니다.

이제 필요 없는 롤은 각 항목의 오른쪽에 있는 [Remove] 버튼을 클릭해 제외시키고 출력을 시작하면 됩니다.

CHAPTER 8

- - - - - - - - - -

Final Cut Pro X
중수로 가는 길

지금까지 과정을 잘 따라 했다면 Final Cut Pro X을 이용해 어느 정도 영상을 편집하고 있을 정도로 실력이 늘었을 것입니다. 마지막으로 여러 카메라로 동시에 촬영한 영상의 싱크를 하나로 맞춰 편집하는 멀티캠과 Final Cut Pro X에 없는 효과를 추가할 수 있는 서드 파티 플러그인을 소개합니다. 영상을 편집하는 데 필수 기능은 아니지만 잘 익히고 활용한다면 좀 더 다채롭고 효과적으로 영상을 편집할 수 있을 것입니다.

Lesson 01 | 여러 카메라로 찍은 영상을 묶는 멀티캠 편집

하나의 장면을 여러 대의 카메라로 동시에 촬영하고 편집한다면 촬영한 영상의 싱크를 맞추는 일부터 비디오, 오디오 트랙을 편집하는 데 상당히 많은 시간이 필요합니다. 이럴 때 싱크를 자동으로 맞추고, 최대 64개의 앵글을 한 눈에 보면서 실시간으로 편집할 수 있는 멀티캠 편집을 사용하면 편리합니다.

자동으로 멀티캠 만들기

멀티캠 시작 전 설정하기

필수 요소는 아니지만 미리 작업해 두면 편리한 설정이 있습니다. [Chapter08] 라이브러리를 더블 클릭해서 실행한 후 [Lesson01] 이벤트의 브라우저에서 멀티캠 편집에 사용할 [SRC01] 클립을 선택합니다. 인스펙터에서 [Info Inspector] 탭을 클릭해서 열고, 왼쪽 아래에서 [Basic] 버튼을 클릭한 후 METADATA VIEWS 영역에서 [General]을 선택하면 다음과 같이 메타데이터 입력 필드가 나타납니다.

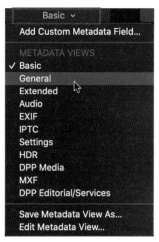

메타데이터(Metadata)는 속성 정보를 의미하며, 멀티캠은 클립의 메타데이터를 기반으로 만들어지므로 미리 메타데이터를 입력해 두면 이후 Final Cut Pro X에서 클립을 분석하고 정렬할 때 도움이 됩니다. 그러므로 촬영한 카메라에 따라 메타데이터 입력 필드 중 [Camera Angle]이나 [Camera Name] 속성에 해당 숫자를 입력해 주면 이후 멀티캠 클립을 만들 때 같은 숫자가 입력된 클립은 같은 트랙에 정렬되며, 오름차순으로 정렬됩니다.

[Info Inspector] 탭에서 [General] 보기로 바꿨다면 브라우저에서 [SRC01], [SRC02], [SRC03] 클립을 순서대로 선택하고, [Camera Angle] 속성에 각각 [1], [2], [3]을 입력합니다.

멀티캠 만들기

[Chapter08] 라이브러리의 [Lesson01] 이벤트에는 3대의 카메라로 동시에 촬영한 [SRC01], [SRC02], [SRC03] 클립이 있습니다. 메타데이터를 입력한 3개의 클립으로 멀티캠 클립을 만들기 위해서 브라우저에 있는 3개의 클립을 모두 선택하고 [보조 클릭](control + 클릭)한 후 [New Multicam Clip]을 선택하거나, 메뉴 바에서 [File – New – Multicam Clip]을 선택합니다.

 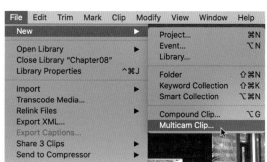

다음과 같이 팝업 창이 열리면 [Multicam Clip Name]에 생성될 멀티캠 클립의 이름을(001 Multicam Clip) 입력하고, [In Event]에서 클립이 생성될 이벤트를 지정한 후 [OK] 버튼을 클릭합니다. 그러면 지정한 이벤트에 새로운 멀티캠 클립(001 Multicam Clip)이 생성되고, 브라우저를 보면 클립 섬네일에서 왼쪽 위에 멀티캠 클립 표시인 작은 사각형 4개가 표시됩니다.

- **Multicam Clip Name:** 생성될 멀티캠 클립 이름을 입력합니다.

- **In Event:** 멀티캠 클립을 저장할 이벤트를 지정합니다.

- **Starting Timecode:** 클립의 시작점 타임코드를 지정합니다.

- **Use audio for synchronization:** 오디오가 함께 녹화된 클립일 때 체크하면 오디오 파형을 기준으로 클립들을 동기화시킵니다. 오디오 녹음 상황에 따라 제대로 싱크가 맞춰지지 않을 수 있습니다.

생성된 멀티캠 클립을 더블 클릭해 보면 타임라인에 멀티캠 클립에 포함된 클립이 각 트랙에 표시되며, 3개의 트랙에서 오디오 파형이 동일한 것으로 보아 싱크가 제대로 맞춰진 것을 알 수 있습니다.

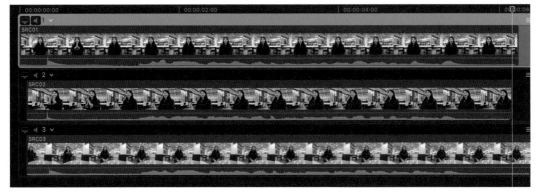

▲ 싱크가 맞춰진 멀티캠 클립의 각 클립

수동으로 멀티캠 만들기

모든 클립에 오디오가 완벽하게 녹음되는 것은 아닙니다. 오디오가 없는 경우도 있지요. 이럴 때는 수동으로 기준점을 만들어서 멀티캠 클립을 만들어야 합니다. 슬레이트나 박수, 빛 등 동일한 움직임이 이뤄지는 지점이 정확하게 있다면 가장 좋지만 가끔은 이 마저도 없을 수 있습니다. [Chapter08] 라이브러리의 [Lesson01] 이벤트에 있는 [Musicbox01], [Musicbox02] 클립이 바로 그런 사례입니다.

01 **마커 표시** 브라우저에서 [Musicbox01] 클립의 섬네일에 커서를 올리고 좌우 방향키를 눌러서 배에 탄 나무 인형이 처음으로 화면 중앙에 위치하는 시점(2:19)을 찾아 마커 표시 단축키인 M을 누릅니다. 같은 방법으로 [Musicbox02] 클립에서도 나무 인형이 처음으로 화면 중앙에 위치하는 지점 (28:17)에서 단축키 M을 눌러 마커를 표시합니다.

02 **멀티캠 클립 생성** 브라우저에서 마커 표시한 [Musicbox01], [Musicbox02] 클립을 선택하고 [보조 클릭]((control) + 클릭)한 후 [New Multicam Clip]을 선택하거나, 메뉴 바에서 [File – New – Multicam Clip]을 선택하고, 팝업 창이 열리면 [Use Custom Settings] 버튼을 클릭합니다.

한 걸음 더 **멀티캠 클립 생성 상세 속성 살펴보기**

[Use Custom Settings] 버튼을 클릭하면 다음과 같은 상세 설정 옵션이 펼쳐집니다.

• **Angle Assembly:** 멀티캠 클립의 앵글 생성 방법을 선택합니다.

속성 값	기능
Automatic	자동으로 생성
Camera Angle	카메라 앵글 속성에 기반
Camera Name	클립의 카메라 이름 속성에 기반
Clips	클립 이름 속성을 사용

• **Angle Clip Ordering:** 멀티캠 클립 내에서 앵글 순서 결정 방법을 선택합니다.

속성 값	특징
Automatic	자동으로 생성(끊어서 촬영하여 여러 개의 클립이 조각조각 생성되었을 때 [Automatic]으로 설정하면 클립들 간의 오디오 파형을 분석하여 녹화되지 않은 구간에 Gap 클립을 넣어 전체적인 타이밍이 정확하게 맞도록 클립 조각들을 정렬합니다.)
Timecode	타임코드를 사용하여 정렬
Content Created	카메라에 녹화된 날짜, 시간 정보를 사용하여 정렬

- **Angle Synchronization:** 앵글 동기화 방법을 선택합니다.

속성 값	기능
Automatic	아래 4가지 옵션 중 최적의 방법으로 자동 동기화
Timecode	클립에 기록된 타임코드 기반으로 앵글 동기화
Content Created	카메라에 녹화된 날짜 및 시간 정보를 기준으로 앵글 동기화
Start of First Clip	각 앵글의 첫 번째 프레임을 기준으로 동기화
First Marker on the Angle	사용자가 지정한 첫 번째 마커를 기준으로 동기화

- **Video:** 포맷, 해상도, 프레임 레이트를 설정합니다.
- **Rendering:** 코덱, 색 공간을 설정합니다.
- **Audio:** 채널, 샘플 레이트를 설정합니다.

03 동기화 기준 설정 상세 설정 옵션이 펼쳐지면 [Angle Synchronization] 속성 값을 [Automatic] 에서 [First Marker on the Angle]로 변경한 후 [OK]를 클릭해서 멀티캠 클립을 생성합니다.

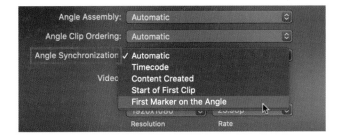

04 결과 확인 브라우저에 생성된 멀티캠을 더블 클릭한 후 타임라인을 보면 각 클립에서 표시한 마커를 기준으로 동기화된 것을 확인할 수 있습니다.

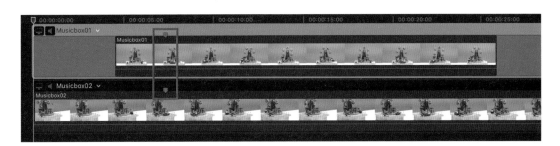

멀티캠 클립 편집하기

이제는 본격적으로 멀티캠 클립을 편집해 보겠습니다. [Chapter08] 라이브러리에서 [Lesson01] 이벤트의 [Multicam] 프로젝트를 더블 클릭해서 열고 실습을 진행합니다.

01 **멀티캠 앵글 보기** 타임라인에는 [001 Multicam Clip] 멀티캠 클립이 배치되어 있습니다. 뷰어에서 오른쪽 위의 있는 [View] 옵션을 클릭한 후 [Angles]을 선택해서 멀티캠 앵글 보기 옵션을 활성화합니다.

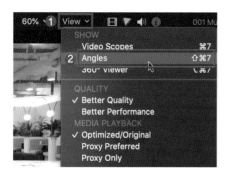

02 **전체 앵글 확인하기** 뷰어 왼쪽에 보조 뷰어가 표시되면서 멀티캠 클립에 포함된 소스 클립들의 앵글이 모두 표시됩니다. 기본 값으로 4개까지 앵글이 표시되는데, 보조 뷰어 오른쪽 위에 있는 [Settings] 옵션을 클릭한 후 표시할 앵글 수를 선택할 수 있습니다.

깨알Tip [Settings] 옵션을 클릭한 후 [Timecode]를 선택해서 타임코드 표시 여부를 결정할 수 있고, [Display Name]을 선택하여 보조 앵글 왼쪽 하단에 표시되는 이름을 앵글명(Angle), 클립명(Clip), 혹은 보이지 않게(None) 설정할 수 있습니다.

03 앵글 변경하기 타임라인에서 spacebar 를 눌러 영상을 재생해 보면 뷰어에서 모두 같은 앵글만 확인할 수 있습니다. 앵글을 변경하기 위해 [플레이헤드]를 [2:21] 지점으로 옮긴 후 ② 를 누르고, [4:08] 지점으로 옮긴 후 ③ 을 누릅니다. 영상을 재생해 보면 앵글이 [SRC01]에서 [SRC02], [SRC03]으로 바뀌는 것을 확인할 수 있습니다.

위 실습에서 알 수 있듯이 보조 뷰어에서 맨 위에 있는 앵글부터 숫자 키 ①, ②, ③…과 매칭되며, 타임라인에서 앵글을 바꾸고 싶은 시점으로 [플레이헤드]를 옮기고 매칭되는 숫자 키를 누르거나 보조 뷰어에서 원하는 앵글을 클릭하면 해당 시점에 점선 모양으로 편집 점이 생기고 앵글이 바뀝니다.

이후 바꾼 앵글을 다른 앵글로 바꾸고 싶다면 정확하게 편집 점으로 [플레이헤드]를 옮긴 후 같은 방법으로 숫자 키나 보조 뷰어를 이용하여 원하는 앵글로 변경합니다. 편집 점이 아닌 곳에서 앵글을 바꾸면 새로운 편집 점이 생기면서 앵글이 바뀌니 주의하세요.

깨알Tip Trim 편집과 마찬가지로 편집점을 잡고 드래그하면 해당 앵글의 길이를 조절할 수 있습니다.

비디오/오디오 따로 편집하기

직접 멀티캠 클립을 편집해 보았다면 한 가지 아쉬운 점을 발견했을 겁니다. 바로 오디오 문제입니다. 촬영한 카메라의 종류와 위치가 서로 다르니 어떤 앵글은 오디오가 선명하게 들리고 어떤 앵글은 희미하게 들리거나 잡음이 많이 들어가 있는 등 앵글에 따라 오디오 상태가 고르지 않게 됩니다. 이런 현상은 비디오와 오디오를 따로 선택해서 사용한다면 해결될 것입니다.

보조 뷰어의 멀티캠 스위칭 아이콘 파악하기: 우선 보조 뷰어의 왼쪽 위에 있는 3개의 멀티캠 스위칭 아이콘을 잠깐 살펴볼까요? 왼쪽부터 차례로 [Enable video and audio switching], [Enable video-only switching], [Enable audio-only switching] 아이콘입니다. 현재는 맨 왼쪽 아이콘이 선택되어 있으므로 앵글을 변경하면 비디오와 오디오 모두 바뀝니다.

비디오만 변경하기: 멀티캠 스위칭 아이콘 중 두 번째인 [Enable video-only switching] 아이콘을 클릭한 후 앵글을 클릭하거나 앵글에 부여된 숫자 키를 눌러 보세요. 음성은 그대로 유지된 채 화면만 바뀝니다.

▲ [SRC01] 클립의 오디오와 [SRC02] 클립의 비디오를 사용 중일 때

오디오만 변경하기: 보조 뷰어의 멀티캠 스위칭 아이콘 중 마지막에 있는 [Enable audio-only switching] 아이콘을 클릭한 후 바꿀 앵글을 클릭하거나 앵글에 부여된 숫자 키를 누릅니다. 이번에는 화면은 그대로 유지된 채 오디오만 바뀝니다.

▲ [SRC02] 클립의 비디오와 [SRC03] 클립의 오디오를 사용 중일 때

이처럼 멀티캠 스위칭 아이콘을 이용하여 비디오 혹은 오디오만 변경할 수 있으며, 변경한 후 보조 뷰어를 보면 어떤 기능으로 편집했는지에 따라 노란색 테두리(비디오/오디오), 파란색 테두리(비디오만), 초록색 테두리(오디오만)로 쉽게 구분할 수 있습니다.

Lesson
02
파일 용량을 자유롭게 조절하는 컴프레서 사용하기

Final Cut Pro X의 기본 기능인 Share 기능은 화질과 용량을 자유롭게 조절할 수 없다는 큰 단점이 있습니다. 따라서 파일 형식이나 압축률을 자유롭고 세부적으로 조절하려면 여기서 소개하는 컴프레서와 같은 외부 프로그램을 사용해야 합니다.

컴프레서 인터페이스 살펴보기

컴프레서(Compressor)는 애플에서 만든 미디어 파일 변환 프로그램입니다. Final Cut Pro X에서 불러올 수 없는 소스 파일을 편집에 적합한 포맷으로 변환해 주고, 용량이 큰 미디어 파일을 압축하여 가볍게 변환할 수도 있습니다. 애플 [App Store]에서 다운로드할 수 있으나 유료입니다. 컴프레서를 다운로드 및 설치한 후 실행하면 역할에 따라 Current, Active, Complete 총 3개의 뷰로 구분됩니다.

Current View

Current View는 컴프레서를 실행하면 나타나는 기본 창입니다. 여기서 인코딩할 미디어를 가져오고 배치하는 작업을 합니다.

- **Preview Area:** 변환된 이후의 미디어 파일이 어떻게 보일지 미리 볼 수 있는 영역이며, 메타데이터와 마커를 추가할 수 있습니다.

- **Batch Area:** 컴프레서로 임포트한 미디어를 'job'이라 말하며, (하나 이상의) job을 변환하는 행위를 'Batch'라 합니다. 즉 Batch Area에서는 컴프레서로 임포트한 하나 이상의 미디어를 어떤 포맷으로 변환하고, 어디에 저장할지 출력 목록을 보여 주는 곳이라 할 수 있습니다.

Active View

도구 막대에 있는 [Active] 탭을 클릭하면 Active View가 표시되고, 현재 변환 중인 Batch 상태 정보가 표시됩니다. 진행률을 확인하고 변환 작업을 일시 중지하거나 취소할 수 있습니다.

Completed View

도구 막대에서 [Completed] 탭을 클릭하면 Completed View가 표시되고, 여기서는 변환을 완료했거나 실패한 작업에 대한 정보를 볼 수 있습니다.

목록 오른편의 돋보기 모양 아이콘을 클릭하면 [Finder] 창에서 미디어 파일을 확인할 수 있고, 맨 아래에 있는 [Clear History] 버튼을 클릭하여 목록을 모두 지울 수 있습니다.

파일 가져오기

다음 3가지 방법 중 하나를 이용하여 변환할 파일을 컴프레서로 가져옵니다.

- Current View에서 Batch Area에 표시되는 [Add File] 아이콘을 클릭

- 메뉴 바에서 [File – Add File Compressor – New Batch]를 선택

- 단축키 command + I

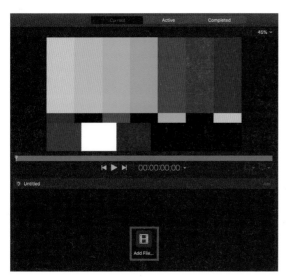

가져올 파일을 선택하면 어떤 포맷으로 변환할지 선택할 수 있습니다. 명확하게 만들고자 하는 프리셋이 있다면 선택하고, 추후에 선택할 것이라면 [Cancel] 버튼을 클릭한 후 일단 가져오기만 합니다. 가져온 파일은 Batch Area에 표시됩니다.

Final Cut Pro X에서 컴프레서로 바로 보내기

보통은 Final Cut Pro X에서 출력한 마스터 파일을 컴프레서로 가져오는 방식으로 활용하지만, 출력 과정과 시간을 줄이기 위해 Final Cut Pro X에서 편집한 영상을 바로 컴프레서로 보내기도 합니다. Final Cut Pro X의 메뉴 바에서 [File – Send to Compressor – New Batch]를 선택하면 컴프레서 가 실행되고 편집본이 Batch Area에 표시됩니다.

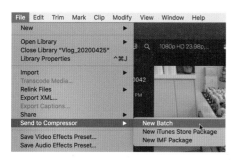

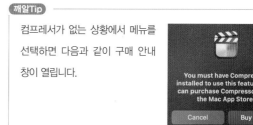

깨알Tip

컴프레서가 없는 상황에서 메뉴를 선택하면 다음과 같이 구매 안내 창이 열립니다.

출력 포맷, 저장 위치 추가하기

컴프레서의 최상단 도구 막대 왼쪽에 있는 [사이드바] 아이콘을 클릭하면 [Settings]과 [Location] 탭이 표시되며, 각 탭에서 파일 변환 프리셋과 저장 위치를 선택할 수 있습니다. Batch Area의 job(컴프레 서로 임포트한 미디어 파일)으로 드래그하여 출력 포맷 설정 값과 저장 위치를 쉽게 추가할 수 있습니 다. 도구 막대 오른쪽 끝에 있는 [인스펙터] 아이콘을 클릭하면 출력 파일의 속성을 조정할 수 있는 인 스펙터 창이 나타납니다.

출력 프리셋 사용하기

컴프레서 사이드바의 [Settings] 탭에서 유튜브에 적합한 프리셋인 [Video Sharing Service] 항목을 펼쳐 보면 몇 가지 기본 설정이 표시됩니다. 이 중에서 무난하게 사용하는 [HD 1080p]를 선택한 후 Batch Area에 있는 job으로 드래그하여 적용해 보면 job의 창이 하얗게 변하고 마우스 커서에 초록 색 [+] 아이콘이 표시됩니다.

Batch Area에 출력 목록이 표시되면 클릭해서 선택한 후 오른쪽 인스펙터 창에 표시된 상세 옵션들을 확인합니다. 인스펙터 창의 [General] 탭에서는 파일 뒤에 붙는 이름과 메타데이터를 설정하고, [Video] 탭에서는 출력 파일의 비디오 설정 값을 조절할 수 있으며, 해상도, 프레임 레이트, 비트레이트 등도 모두 수정할 수 있습니다. [Audio] 탭에서는 출력 파일의 오디오 설정 값을 조절합니다.

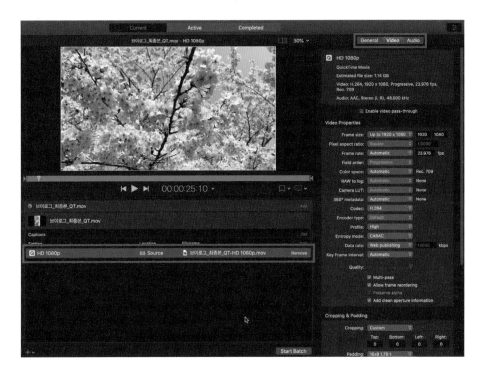

다양한 속성 중 영상의 화질과 용량을 좌우하는 비트레이트를 설정하는 것은 매우 중요한 일입니다. 고화질이 좋다고 비트레이트를 무조건 높이면 파일의 용량이 너무 커져서 파일을 전달하거나 공유할 때 비효율적입니다. 유튜브의 권장 사항도 그렇고, 흔히 15,000 이하의 비트레이트를 사용합니다.

SDR 업로드 시 권장 동영상 비트 전송률

4K 해상도의 신규 업로드 동영상을 보려면 VP9을 지원하는 기기나 브라우저를 사용하세요.

유형	동영상 비트 전송률, 표준 프레임 속도 (24, 25, 30)	동영상 비트 전송률, 높은 프레임 속도 (48, 50, 60)
2160p(4K)	35~45Mbps	53~68Mbps
1440p(2K)	16Mbps	24Mbps
1080p	8Mbps	12Mbps
720p	5Mbps	7.5Mbps
480p	2.5Mbps	4Mbps
360p	1Mbps	1.5Mbps

HDR 업로드 시 권장되는 동영상 비트 전송률

유형	동영상 비트 전송률, 표준 프레임 속도 (24, 25, 30)	동영상 비트 전송률, 높은 프레임 속도 (48, 50, 60)
2160p(4K)	44~56Mbps	66~85Mbps
1440p(2K)	20Mbps	30Mbps
1080p	10Mbps	15Mbps
720p	6.5Mbps	9.5Mbps
480p	지원되지 않음	지원되지 않음
360p	지원되지 않음	지원되지 않음

▲ 유튜브 권장 동영상 비트 전송률

인스펙터에서 [Video] 탭의 [Data rate] 속성을 살펴보세요. 기본적으로 [Web publishing]으로 설정되어 있으며, [Custom]으로 변경하면 입력란이 활성화됩니다. 여기에 원하는 비트레이트를 입력하면 비트레이트 값에 따라 출력 파일의 용량이 달라집니다.

MP4 설정 값 만들기

나만의 MP4 포맷 프리셋을 만들어 사용할 수 있습니다.

01 **새로운 설정** 사이드바의 [Settings] 탭에서 가장 아래에 있는 [+] 버튼을 클릭한 후 [New Setting]을 선택합니다.

02 **포맷과 이름 지정** 팝업 창이 열리면 [Format] 옵션에서 [MPEG-4]로 설정하고, [Name] 입력란에 사용할 이름(MP4)을 입력한 후 [OK] 버튼을 클릭합니다.

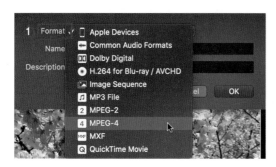

03 **비트레이트 변경** 사이드바의 [Settings] 탭에서 [Custom] 항목에 있는 새로운 프리셋을 확인합니다. 프리셋을 클릭해서 선택한 후 인스펙터의 [Video] 탭에서 [Data rate] 속성을 [Custom]으로 변경하고, 적당한 비트레이트 값을 입력합니다.

04 **프리셋 적용** 사이드바에서 새로 만든 프리셋을 선택한 후 Batch Area로 드래그해서 적용합니다.

저장 위치 변경하기

컴프레서는 기본적으로 원본 소스 파일의 위치에 출력 파일을 저장합니다. 출력 파일을 다른 위치에 저장하고 싶다면 사이드바의 [Locations] 탭에서 저장할 위치를 지정한 후 job으로 드래그합니다.

Batch Area에서 저장 위치를 수정할 때는 [보조 클릭]([control] + 클릭)한 후 [Location − Other]를 선택해 원하는 경로를 지정할 수 있습니다.

배치 삭제하기

Batch Area의 목록 중 출력하고 싶지 않은 목록이 있다면 선택하고 [Remove] 버튼을 클릭하거나 backspace 를 눌러 삭제합니다.

파일 출력하기

job에 출력 설정을 추가하면 Currents View에서 Preview Area에 슬라이더가 생깁니다. 슬라이더의 왼쪽은 원본, 오른쪽은 변환 후 화면입니다. 슬라이더를 좌우로 드래그하여 변환 전후를 미리 볼 수 있으며, 확인이 끝나면 Batch Area의 [Start Batch] 버튼을 클릭하여 파일 변환을 시작합니다.

이후 Active View에서 현재 변환 중인 파일 목록을 확인하거나 파일 변환을 잠시 멈추거나 취소할 수 있으며, Completed View에서 변환이 완료된 목록을 확인합니다.

Lesson 03 | 서드 파티 플러그인 사용하기

Final Cut Pro X에서 기본으로 제공하는 비디오/오디오 효과 이외에 애플의 모션 5와 같은 전문 합성 프로그램이나 서드 파티 플러그인, 템플릿을 사용하면 더욱 풍성한 효과를 연출할 수 있습니다. 여기서는 유명한 서드 파티 플러그인 웹사이트와 사용법을 소개합니다.

템플릿을 제공하는 사이트 살펴보기

LenoFX

LenoFX(https://lenofx.com)에서는 무료 및 유료 템플릿을 제공합니다. [FCPX Templates − Free Templates]을 선택해 보면 유용한 무료 템플릿을 다운로드할 수 있으며, 다운로드한 *.dmg 파일을 더블 클릭하면 자동으로 Final Cut Pro X에 해당 템플릿이 설치됩니다.

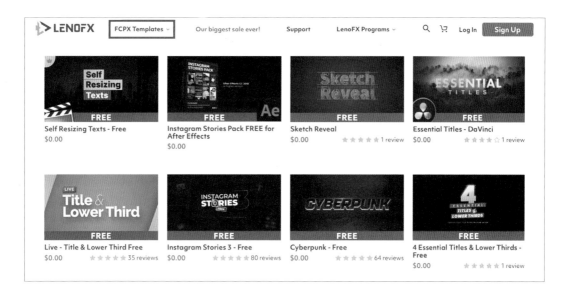

Pixel Film Studio

Pixel Film Studio(https://www.pixelfilmstudios.com)에서 제공하는 무료 템플릿은 그다지 실용적이지 않습니다. 하지만 합리적인 가격에 퀄리티가 좋은 유료 템플릿을 구할 수 있습니다. 합성 프로그램에서만 구현할 수 있는 트래커(Tracker)나 드로잉 툴(Drawing Tool) 기능을 Final Cut Pro X에서도 실행할 수 있게 해 주는 플러그인도 있으며, 다른 곳보다 저렴한 가격에 판매하고 있습니다. 물론 타사의 고가 플러그인보다 옵션이 간소하지만 그만큼 쉽게 사용할 수 있다는 장점이 있으며, 대부분의 작업을 처리하는 데 전혀 무리가 없습니다.

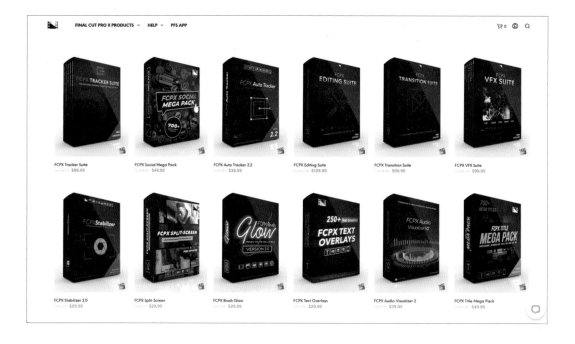

motionVFX

motionVFX(https://www.motionvfx.com)는 가격대가 높지만 그만큼 품질이 우수한 플러그인과 템플릿을 판매합니다. 검색 창에서 [FREE] 태그를 클릭하면 무료만 확인하고 다운로드할 수 있습니다. 구매하는 용도 이외에도 유료 템플릿 미리 보기 영상들을 보면서 모션 그래픽 레이아웃의 영감을 얻기에도 좋습니다.

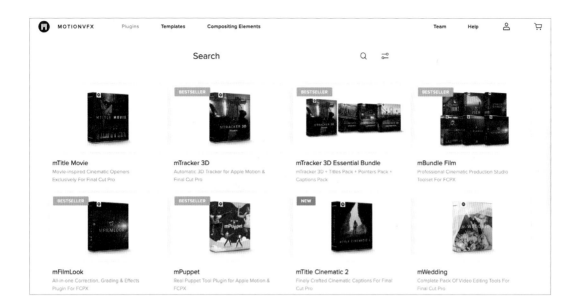

envato elements

envato elements(https://elements.envato.com)는 연간 혹은 월간 이용료를 지불하고 무제한으로 템플릿과 스톡 소스들을 다운로드할 수 있는 곳입니다. 템플릿이나 플러그인을 개별 결제해야 하는 다른 사이트들과 달리 envato elements에서는 일정 금액만 내면 무한으로 다운로드할 수 있어 매우 경제적입니다. 최근에는 비디오, 오디오 스톡 소스들을 공격적으로 추가하고 있으므로 품질 좋은 자료들을 사용하고 싶을 때 매우 유용한 곳이라고 할 수 있습니다.

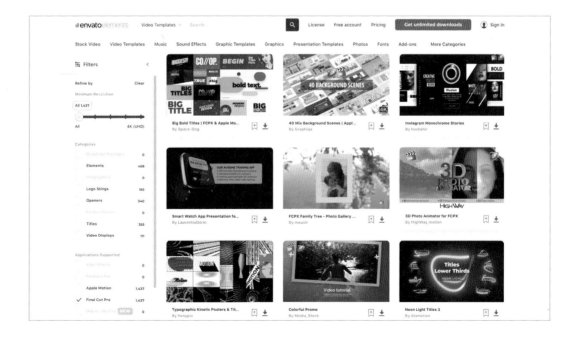

서드 파티 플러그인 사용 방법

대부분의 서드 파티 플러그인은 설치 파일과 사용 설명서가 함께 포함되어 있습니다. *.dmg나 *.pkg 확장자의 파일을 다운로드했다면 더블 클릭하고 순서에 맞게 설치합니다.

깨알Tip Titles, Lower Third Titles, Opener 등은 [동영상 – Motion Templates – Titles] 폴더에 설치되고, 화면 효과는 [동영상 – Motion Templates – Effects] 폴더에, 트랜지션은 [동영상 – Motion Templates – Effects] 폴더에 설치됩니다.

LenoFX(lenofx.com)에 접속한 후 'Super Starter Kit'라는 무료 타이틀 템플릿을 찾아 다운로드해 보세요. [super-starter-kit.dmg] 파일이 다운로드되면 더블 클릭하여 실행한 후 순서에 따라 설치를 완료합니다.

템플릿 사용하기

설치가 끝나면 Final Cut Pro X의 사이드바에서 [Titles & Generators] 탭을 클릭한 후 [Titles]에서 [LenoFX Super Starter Kit]을 찾습니다. 이후의 사용법은 보통의 타이틀 템플릿과 같습니다. 브라우 저에서 원하는 타이틀 클립을 선택하고, 타임라인으로 드래그하여 적용한 후 인스펙터에서 내용과 색 상, 크기 등을 설정하면 됩니다.

템플릿/플러그인 삭제하기

사용 빈도가 낮은 템플릿이나 플러그인을 삭제하려면 브라우저에서 해당 템플릿을 선택하고 [보조 클릭]([control] + 클릭)한 후 [Reveal in Finder]를 선택합니다. 해당 템플릿이 담긴 폴더가 열리면 해당 폴더를 선택하고 [command] + [delete]를 누르거나, [보조 클릭]한 후 [휴지통으로 이동]을 선택합니다.

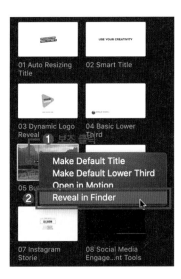
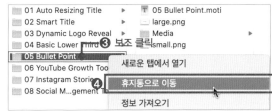

자주 사용하는 Final Cut Pro X 단축키

생성 및 클립 관리

단축키	기능	단축키	기능
command + O	라이브러리 열기	option + N	새 이벤트 만들기
command + N	새 프로젝트 만들기	command + D	프로젝트 복제하기
shift + command + N	새 폴더 만들기	command + I	미디어 파일 임포트하기
option + command + G	비디오/오디오 싱크 맞추기	command + backspace (delete)	클립 휴지통으로 보내기
backspace (delete)	브라우저 내에서 클립 무시하기(Reject)	F	브라우저 내에서 클립 즐겨찾기(Favorite) 표시
U	클립의 무시하기(Reject), 즐겨찾기(Favorite) 삭제	I / option + I	시작점(In Point) 지정하기 / 지우기
O / option + O	끝 점(Out Point) 지정하기 / 지우기	shift + I	시작점으로 이동하기
shift + O	끝 점으로 이동하기	option + 클릭 (option + X)	시작점, 끝 점 모두 지우기
Q	클립 연결하기(Connect)	W	클립 삽입하기(Insert)
D	클립 덮어쓰기(Overwrite)	E	맨 끝으로 클립 붙여넣기 (Append)

편집 관련

단축키	기능	단축키	기능
A	Select(선택) 도구	T	Trim 도구
P	Position(위치) 도구	R	Range Selection 도구
B	Blade(자르기) 도구	Z	Zoom 도구

단축키	기능	단축키	기능
H	Hand(화면 이동) 도구	S	스키머 켜기/끄기
shift + S	오디오 스키밍 켜기/끄기	N	스내핑 켜기/끄기
↑	이전 편집점으로 이동	↓	다음 편집점으로 이동
←	한 프레임 이전으로 스키머 혹은 플레이헤드 이동	→	한 프레임 이후로 스키머 혹은 플레이헤드 이동
Fn + ←	타임라인 맨 앞으로 이동	Fn + →	타임라인 맨 뒤로 이동
spacebar	재생	shift + /	스키머 혹은 플레이헤드 앞 뒤 2초씩(설정 변경 가능) 미리보기
C	스키머 혹은 플레이헤드가 위치한 클립 선택하기	X	스키머 혹은 플레이헤드 가 위치한 클립 범위 선택 (Range Selection)하기
command + A	클립 전체 선택하기	command + B	프라이머리 스토리라인의 클립 또는 선택한 클립을 스키밍 바나 플레이헤드 위치에서 바로 자르기
shift + command + B	스키머 혹은 플레이헤드 위 치에서 여러 개의 클립 바로 자르기	backspace (delete)	클립 삭제하기
shift + backspace	Gap 남기고 클립 삭제하기	option + [	스키머가 있는 지점으로 시작점 트림하기
option +]	스키머가 있는 지점으로 끝 점 트림하기	option + \	선택된 구간 트림하기
command + C	복사하기	command + V	붙여넣기
option + command + V	효과 붙여넣기	shift + command + V	속성 붙여넣기
command + X	잘라내기	control + D	클립 길이 조절하기
command + Z	이전 작업으로 되돌리기	shift + command + Z	마지막 작업으로 되돌리기
V	타임라인의 클립 활성화/ 비활성화	,	선택한 클립을 한 프레임 왼쪽으로 이동하기
.	선택한 클립을 한 프레임 오른쪽으로 이동하기	shift + ,	선택한 클립을 열 프레임 왼쪽으로 이동하기
shift + .	선택한 클립을 열 프레임 오른쪽으로 이동하기	command + G	선택한 클립들을 스토리라 인으로 만들기

단축키	기능	단축키	기능
option + G	선택한 클립들을 컴파운드 클립으로 만들기	shift + command + G	컴파운드 클립 해체하기
M	마커 추가하기	control + M	스키머 혹은 플레이헤드의 마커 삭제하기
control + ;	이전 마커로 이동하기	control + '	다음 마커로 이동하기
control + V	비디오 애니메이션 에디터 보기	control + A	오디오 애니메이션 에디터 보기
control + ,	애니메이션 에디터에서 이전 키프레임으로 이동	control + K	애니메이션 에디터에서 다음 키 프레임으로 이동
option + K	애니메이션 에디터에 키 프레임 추가하기	command + E	미디어 파일 출력하기

오디오 관련

단축키	기능	단축키	기능
option + command + A	선택한 오디오 클립 자동 향상 (Audio Enhancements)	control + +	선택한 클립 볼륨 1dB 높이기
control + −	선택한 클립 볼륨 1dB 낮추기	option + 클릭	오디오 키프레임 추가하기
control + S	오디오 클립 확장하기/합치기	control + shift + S	비디오/오디오 클립 분리하기
option + S	오디오 클립 솔로하기		

효과 관련

단축키	기능	단축키	기능
command + T	기본 트랜지션 적용하기	control + T	기본 자막 적용하기
shift + T	뷰어에 트랜스폼 컨트롤러 나타내기	shift + C	뷰어에 크롭 컨트롤러 나타내기
shift + H	스키머나 플레이헤드가 위치한 프레임을 정지화면으로 만들기	command + R	리타임 에디터 보이기/숨기기
option + command + R	시간 조절 효과 리셋하기	control + R	선택한 구간 렌더하기
shift + control + R	전체 프로젝트 렌더하기		

창 열고 닫기

단축키	기능	단축키	기능
command + +	타임라인 확대	command + −	타임라인 축소
shift + Z	화면에 맞게 자동 확대/축소	command + 0	기본 작업창으로 리셋하기 (Default Workspaces)
command + 4	인스펙터 보이기/숨기기	command + 5	이펙트 브라우저 보이기/숨기기
command + 6	컬러보드 보이기/숨기기	command + 7	비디오 스코프 보이기/숨기기
command + 9	백그라운드 태스크 열기	command + .	설정창 열기
shift + command + 8	오디오 미터 보이기/숨기기	shift + command + F	전체 화면 보기
command + H	Final Cut Pro 숨기기	command + M	Final Cut Pro 최소화하기
command + Q	Final Cut Pro 종료하기	option + command + K	키보드 단축키 설정하기

찾아보기